AF522851

Klaus G. Förg

Unglaubliches überstanden

Klaus G. Förg

Unglaubliches überstanden

Ein Soldatenschicksal im Zweiten Weltkrieg

Zeitzeugenbericht von Eberhard Dennerlein

Edition Förg

www.rosenheimer.com

Umschlagfotos vorne und hinten: Edition Förg GmbH, Rosenheim
Bildnachweis: Alle Fotos stammen aus dem Privatarchiv von Eberhard Dennerlein mit Ausnahme Seite 155: Willy Steinberg, München
Lektorat und Satz: Dr. Helmut Neuberger, Ostermünchen
Bildbearbeitung: Dieter Stragenegg, Oberaudorf
Druck und Bindung: CPI books GmbH, Leck
Printed in Germany

ISBN 978-3-96600-022-2

Inhalt

Beim Reichsarbeitsdienst (RAD). 35
Feldzug in Polen 57
Unternehmen Seelöwe 209
Intermezzo in der Heimat 221
Russland 225
Die letzten Kriegswochen 245
Flucht 249
In Gefangenschaft – Tabor (CSSR) 265
Der Transport 273
Im Lager Rustawi 277
Lager Rustawi 1947 289
Bulatschauri 321
Kiew 331
Heimkehr 339

Ein Porzellanfigürchen namens Bibelot

Dass ich als Kleinkind so zart wie ein Porzellanfigürchen war, möchte ich stark bezweifeln. Fotos aus jener Zeit beweisen eher das Gegenteil. Jedenfalls verpasste man mir diesen aus dem Französischen stammenden Spitznamen, der eigentlich »Schmuckstück« bedeutet. Wer diesen Namen erfunden hat und auch, ob man wusste, was das französische Wort »Bibelot« bedeutet, ist mir bis zum heutigen Tag verborgen geblieben. Derartige Ziergegenstände waren ja damals, zu Beginn des 20. Jahrhunderts, sehr beliebt, und so standen unzählige Porzellanfigürchen auf Vertikos und Etageren herum. Sei's drum. Wenn man mich mit einem beliebten Gegenstand betitelte, dann ist das ja positiv zu bewerten, und meine ersten Freunde wussten sowieso nicht, was dieser Name, der »Bibilo« ausgesprochen wurde, bedeutet. So konnte ich deshalb nicht gehänselt werden.

Geboren wurde ich im Hause meiner Großeltern an einem 8. September in der Mainstadt Aschaffenburg im nordwestlichsten Zipfel von Franken. Auf diesen Tag bin ich immer etwas stolz gewesen, ist er doch auch der Geburtstag der heiligen Maria. Das Jahr meiner Geburt, 1917, war dagegen weniger berauschend. Der Erste Weltkrieg ging in sein viertes Jahr, die Menschen hungerten. Weil es kaum etwas anderes als Kohlrüben zu essen gab, nannten die Menschen den darauffolgenden Winter »Kohlrübenwinter«. Diesem Mangel verdanke ich allerdings, dass meine Mutter mich fast neun Monate stillte. Man sagt, dass Menschen, denen solches widerfährt, von ausgeglichenem Temperament seien. Da kann ich meiner Mutter nur danken.

Wer lebte sonst noch in meinem Geburtshaus? Mein Vater Max war als Pionieroffizier im Krieg, meine Mutter somit »alleinerziehend«, jedenfalls in meinen ersten Lebensjahren. Diesen Begriff gab es damals allerdings noch nicht, und in der Tat war sie ja auch nicht allein. Sie hatte noch eine Schwester Elisabeth, von allen »Tant Lissele« genannt. Sie war stets eine liebe, mir herzlich zugetane Tante, die ich später oft in meinen Ferien besuchte. Mit ihren beiden Söhnen Hans-Helmut, der noch in den letzten Kriegstagen bei Berlin fiel, und dem jüngeren Hatto, später Professor für alte Geschichte, verstand ich mich immer glänzend. Onkel Walther, der Mann vom Lissele, arbeitete viele Jahre lang als Kinderarzt in Aschaffenburg. Er meinte manchmal scherzhaft, die halbe Stadt sei mit seiner Hilfe zur Welt gekommen.

Ein weiterer Bruder meiner Mutter hieß Engelbert, genannt Bert, war Tierarzt und damals schon verheiratet mit meiner Tante »My«. Und dann gab es noch den Onkel »Luc«, der als das schwarze Schaf der Familie galt. Er hatte eine Vorliebe für Autos, aber keinen richtigen Beruf. Soweit ich weiß, war er zuletzt der Fahrer eines SS-Obergruppenführers. Sein weiteres Schicksal ist unbekannt. Ich hatte ihn ungeachtet seines leichtsinnigen Lebenswandels ins Herz geschlossen, weil ich, als ich schon etwas größer war, gelegentlich auf seinem schweren Motorrad der Nürnberger Marke »Mars« mitgenommen wurde und mir dabei natürlich ungeheuer heldenhaft vorkam.

Die zentrale Figur im Haus war zweifellos mein Großvater Karl Haertle. Er zählte als Bezirkstierarzt des Landkreises Aschaffenburg zu den lokalen Honoratioren und prangte bei festlichen Anlässen in seiner bayerischen Be-

Max Dennerlein als Oberleutnant im Dezember 1914

amtenuniform mit Zweispitz und Degen. Von seiner Umgebung wurde er respektvoll mit »Herr Rat« angesprochen. Er war ein liebenswerter, gutmütiger Mensch, zu dem ich mich oft flüchtete, wenn ich als kleiner Steppke wieder einmal glaubte, dass mir Unrecht angetan worden sei.

Als mein Vater glücklich aus dem Krieg heimgekehrt war, bemühte er sich natürlich um ein gutes Verhältnis zu seinem Filius. Solange er mit mir spielte, nannte ich ihn »Max«. Wenn er aber strengere Saiten aufziehen zu müssen glaubte, lief ich zu meinem Großpapa und rief heulend: »Darf mich der Mann denn hauen?« Damals war ein Klaps auf den Popo noch gängige pädagogische Praxis und galt keineswegs als Zeichen von elterlicher Verrohung oder Ursache von psychischen Traumata.

Noch einmal zurück zu meinem Großvater Karl, von dem ich auch einen meiner Vornamen habe. Er war nicht sehr groß, korpulent von Statur und trug einen kleinen »Embonpoint«. Heute würde man das als »Bäuchlein« bezeichnen. Er pflegte täglich am späten Vormittag in seiner Stammkneipe ein Schöppele Wein zu trinken. Mich nahm er gelegentlich mit, und ich durfte dabei auch ein Schlückchen trinken. Das hörte erst auf, als meine Mutter merkte, dass ich an solchen Tagen recht lustig und beschwingt heimkam und offensichtlich einen kleinen Schwips nach Hause brachte. Das hat mir aber offensichtlich nicht allzu sehr geschadet. Jedenfalls wurde ich nicht zum Abstinenzler erzogen, und dafür sei meinem Opa heute noch gedankt.

Als Tierarzt war mein Großvater natürlich viel unterwegs. Vor dem Krieg besaß er einen Zweispänner, in dem er zu den Höfen fuhr, auf denen gerade eine Kuh zu verkalben drohte oder ein Pferd lahmte. So fuhr er gemächlich die Landstraßen entlang und rief mal dem einen, mal dem anderen Bauern einen Gruß zu. Seine Pferde folgten dabei schön brav dem Straßenverlauf. Als fortschrittlicher Mensch schaffte er sich dann ein Automobil an und fuhr damit über Land. Dabei geriet er jedoch manchmal in den

Straßengraben, denn das Auto fuhr stur geradeaus, wenn er seinen Kunden zuwinkte. Viel passiert ist dabei wohl nicht, denn die Geschwindigkeit war kaum höher als die des Pferdewagens. Also beschloss der Familienrat, einen Chauffeur einzustellen. Das funktionierte auch ganz gut. Dann aber kam der Krieg, und der Chauffeur wurde zum Militär eingezogen. Was nun? Die Pferde und die Kutsche waren ja abgeschafft worden.

Die Retterin in der Not war meine Mutter. Sie war damals mit meinem Vater erst verlobt – denn er war noch nicht im Hauptmannsrang und hätte für die Heiratserlaubnis eine Kaution von 10000 Goldmark hinterlegen müssen, was er nicht konnte. Jedenfalls ließ sie sich zum Automobilchauffeur ausbilden – für eine Frau in der damaligen Zeit ein geradezu skandalöses Unterfangen. Neben dem Erlernen der Fahrkunst hatte sie sich einer wochenlangen Unterweisung in einer Werkstätte zu unterziehen, wo sie lernte, das Automobil zu zerlegen und wieder zusammenzubauen. Nach dieser sicher eher männlichen Ausbildung durfte sie zwar meinen Großvater chauffieren, aber unter den missbilligenden Kommentaren sowohl der Presse als auch der Bevölkerung. Man bezeichnete sie als »Mannweib«, weil sie noch dazu einen Lederanzug mit Hosen trug. Der war durchaus berechtigt, denn im Auto saß man damals völlig ungeschützt. Selbst das sogenannte Allwetterverdeck, eine Zeltplane, die man aufspannen konnte, wenn es ganz schlimm kam, schützte nicht vor Seitenwind. Auch wenn man befürchtete, diese Frau am Volant eines daher rasenden Automobils sei eine Gefahr für die Bevölkerung, gewöhnte man sich langsam an die Motorkutsche des Herrn Rat und seine Chauffeuse.

Schon bald nach meiner Geburt wurde ich auf den Dienstreisen meines Großvaters mitgenommen. Wenn es losging, legte man mich als Wickelbündel auf den Hintersitz. Meine Mutter erzählte mir, ich sei sofort in tiefen Schlaf gefallen, sobald der Motor ansprang. Während der ganzen Fahrtzeit hätte ich fest geschlafen und sei nur aufgewacht, wenn ich in den Zeiten, in denen mein Großvater seine Tierarztbesuche machte, die Brust bekam.

Das Auto meines Großvaters hatte noch keine elektrischen Scheinwerfer, sondern wurde mit Karbidlampen beleuchtet. Bei normalen Temperaturen funktionierte das gut. Wenn aber Frost herrschte – mein Großvater musste ja jederzeit ausrücken – konnte es geschehen, dass das zum Betrieb der Lampen erforderliche Wasser einfror. Das bedeutete, dass die Scheinwerfer nicht leuchteten. Also mussten wir den nächsten Bauernhof ansteuern und um ein paar Liter warmen Wassers bitten. Das wurde in die vereisten Lampen eingefüllt, und die Fahrt konnte weitergehen.

Meine Großmutter hörte auf den ungewöhnlichen Namen »Bibiana«. Sie war sicher eine gute Hausfrau in einem großen Haushalt, stand aber zeitlebens im Schatten meiner Urgroßmutter und wurde von dieser immer überwacht und dirigiert. Die Urgroßmutter schaute täglich in die Kochtöpfe und kritisierte, wenn ihr etwas nicht gefiel. Sie hatte einfach das Heft in der Hand. Ich kann mich noch sehr gut an sie erinnern: eine asketische, hagere Frau, zu der ich aber einen guten Draht hatte. Denn sie spielte gerne mit mir »Mensch ärgere dich nicht« oder »Halma«. Allerdings gehörte sie zu den Menschen, die nicht verlieren können. Wenn sie verlor, wollte sie nicht weiterspielen, ich aber schon. Also ließ ich sie oft absichtlich gewinnen.

Weihnachten kam näher. Wer durfte den Baum schmücken? Natürlich nur die Urgroßmutter! Sie stieg auf einen Schemel und fiel prompt herunter: Schenkelhalsbruch. Der zugezogene Arzt meinte: »Lasst die alte Frau doch in

Frieden sterben.« Denn Operationen gab es damals noch nicht, und eine allgemeine Sepsis war das reguläre Ende. Aber meine Urgroßmutter erholte sich wieder, humpelte zwar, ging am Stock, aber gab ihr Regiment deswegen nicht ab.

Meine Mutter kehrte einmal im Winter von einer Fahrt mit meinem Großvater zurück. Wie üblich hupte sie bei der Rückkehr mit der Ballonhupe rechts außen an der Wagentür, worauf meine Urgroßmutter – kein anderer konnte das ja machen – die vereiste Rampe hinunterlief, um die Garagentür zu öffnen. Dabei rutschte sie aus und stürzte. Meine Mutter konnte den Wagen auf der Rampe nicht mehr zum Stehen bringen und streifte mit dem Kotflügel die Urgroßmutter. Bevor man aussteigen und ihr zu Hilfe kommen konnte, war sie schon verschwunden und hatte sich in ihrem Zimmer eingeschlossen. Am nächsten Morgen brachte man ihr wie gewohnt das Frühstück. Sie saß in ihrem Lehnstuhl und hatte einen Schwamm, mit dem sie ihre Blattpflanzen vom Staub zu reinigen pflegte, auf dem Kopf. Diesen Schwamm hatte sie in das nicht mehr sehr klare Wasser ihres Waschlavoirs getaucht und kühlte sich damit ihre Wunden vom Vortag. Wie bei einem skalpierten Indianer war ihre Kopfhaut auf einer ziemlich großen Fläche abgerissen. Ein anderer Mensch wäre an einer Blutvergiftung gestorben, nicht aber unsere Urgroßmutter!

Ihr Tod war wie ihr Leben. Sie pflegte sehr früh und sehr reichlich zu frühstücken. Daher brachte man ihr schon um fünf Uhr morgens ihr Frühstück, das aus Kaffee und Schwartenmagen bestand. So auch an ihrem Todestag. Als ihr »Tant Lissele« das Tablett ans Bett stellte, schlug sie ihr ein bisschen unwillig auf die Hand, sagte in ihrem fränkischen Dialekt: »Hobt ihr mich alt Fraa denn ganz vergess?«, drehte sich um und war tot. Sie war dem Vernehmen nach nie krank, nicht einmal ein Schnupfen soll sie jemals geplagt haben. Solche Menschen sind ausgestorben!

So richtig heimelig wurde es in unserem Haus, wenn die Abenddämmerung hereinbrach. Wir hatten noch Gasbeleuchtung, und das Anzünden der Gaslampe im Wohnzimmer war eine besondere Zeremonie. Die Lampe, die an einer Eisenkette hing, wurde heruntergelassen, das Gas wurde aufgedreht und der Docht mit einem »Fidibus« angezündet. Diese Fidibusse durfte ich herstellen, meist indem ich Postkarten in lange Streifen schnitt. Ich reichte sie dem jeweiligen Anzünder, und wir warteten gespannt, bis der Glühstrumpf aufleuchtete. Dann wurde die Lampe wieder hochgezogen und erleuchtete das Zimmer mit ihrem magischen Schein. Gleichzeitig schaute ich gespannt auf das Telegrafenamt, das schräg gegenüber lag. Jedes Gespräch wurde damals ja noch von Hand vermittelt. Man hob ein hölzernes Hörrohr von dem an der Wand befestigten Apparat ab, dann meldete sich das »Fräulein vom Amt«, man nannte die gewünschte Rufnummer, und das »Fräulein« stellte durch entsprechendes Umstöpseln der vielen Leitungen die gewünschte Verbindung her. Diese Arbeitsplätze bildeten eine lange Reihe, und man konnte sie von unserer Wohnung aus sehen. Wenn nun der Abend kam, schalteten die Frauen über ihrem Arbeitsplatz Lampen mit grünem Schirm an. Die wurden damals schon mit Strom betrieben. Wenn dann die ersten Lämpchen leuchteten, rief ich verzückt: »Guckt alle her, das ›Güne‹ ist da!« Mit dem »R« tat ich mich noch längere Zeit schwer, denn das »Zungensegel« unter meiner Zunge musste erst gelöst werden.

Eine besondere Attraktion war der Blick vom ersten Stock unseres Hauses, das genau gegenüber dem »Ascheberger« Hauptbahnhof lag. Jedes Mal, wenn ein Zug ankam, strömten die Reisenden heraus, und ich konnte sie beobachten. Wenn Markttag war, kamen die Bäuerinnen aus der Umgebung mit ihren landwirtschaftlichen Produkten. Transportiert wurden diese in einem Korb, und diesen Korb trugen sie, wie sonst nur in südlichen Ländern üblich, auf dem Kopf. Damit der Korb nicht zu sehr auf den Kopf drückte, hatten sie ein kleines, rundes Kissen untergelegt. Ich habe immer wieder bewundert, wie sie dabei das Gleichgewicht hielten.

Mein Vater, der als Pionierhauptmann den Krieg unbeschadet überstanden hatte, war nach dem Waffenstillstand arbeitslos. Soldaten waren nicht mehr gefragt, schon gar nicht diejenigen, die nicht beim »Roten Soldatenbund« mitmachten. Dann aber wurde die Reichswehr aufgebaut, und die Aschaffenburger Zeiten näherten sich ihrem Ende. Mein Vater erhielt die Nachricht, dass er in Ingolstadt eine Reichswehrkompanie aufstellen solle. Mithilfe seiner alten Kameraden aus der Kriegszeit gelang ihm das auch. Es hieß aber Abschied nehmen von Aschaffenburg und »Auf nach Ingolstadt!« Dies war der erste unserer schier unzähligen Umzüge in den kommenden Jahren.

Schulzeit – und immer auf Achse

Nun waren wir also in Ingolstadt gelandet. Nachdem mein Vater die Pionierkompanie aufgestellt hatte und diese nach München verlegt worden war, wechselte er auf einen speziell für ihn geschaffenen Dienstposten. Er bekleidete hinfort bei der Standortkommandantur den Rang des »Pionieroffiziers vom Platz der Feste Ingolstadt«. Damit war er für den Zustand, die Pflege und Instandhaltung aller Ingolstädter Festungswerke verantwortlich, wobei er von einer sogenannten »Wallmeistergruppe« unterstützt wurde, die sich aus altgedienten Pionierfeldwebeln zusammensetzte. Ich war auch meinen Spielkameraden gegenüber mächtig stolz darauf, dass mein Vater über alle diese Anlagen herrschte.

Die ersten Nachkriegsjahre bis 1923 – ich war damals sechs Jahre alt – waren politisch ziemlich unruhig. Der sogenannte »Muttergottesgeneral« Ritter von Epp kämpfte mit seinem Freikorps gegen die Münchner Räterepublik und die kommunistischen Aufständischen an der Ruhr. Wir sangen voller Begeisterung das Kampflied der »Brigade Ehrhardt«, eines für seine Brutalität berüchtigten völkischen Freikorps: »Hakenkreuz am Stahlhelm, schwarzweiß-rotes Band ...«.

Besonders toll fand ich, dass ich eines Tages einen richtigen Stahlhelm unter der Ingolstädter Brücke fand, auf den vorne ein großes Hakenkreuz gemalt war. Für meine Freunde war ich, so schien es mir damals, mit diesem Besitz der Größte.

Noch ein Umstand machte mich stolz: Unsere Wohnung lag in der Theresienstraße, der Hauptstraße von Ingolstadt, genau gegenüber der Stiftskirche. Es war damals das einzige vierstöckige Haus der Stadt, und wir bewohnten den vierten Stock. Von dort hatte man einen herrlichen Blick über Stadt und Umgebung.

Die erste persönliche Erinnerung, die ich von Ingolstadt habe, ist der nächtliche Feuerschein eines brennenden Hauses, den ich von unserem Balkon aus beobachtete. Meine Mutter hatte mich wohl geweckt, um mir das Schauspiel zu zeigen. Ich muss davon sehr beeindruckt gewesen sein, weil es einen so nachhaltigen Eindruck auf mich hinterlassen hat. War das die Vorahnung künftiger Flächenbrände?

Es ging aber normalerweise friedlicher bei uns zu. Da war meine Puppe Wolfgang. »Buben spielen doch nicht mit Puppen!«, war die allgemeine Meinung. Ich aber liebte heiß und innig meinen Wolfgang, für den meine Aschaffenburger Tante Liesl immer neue Anzüge strickte.

Das volle Geläut des Münsters gegenüber unserem Haus beeindruckte mich tief, und auch vom Ritus einer Messe in dem hohen Haus war ich ergriffen, zumal meine Mutter mit mir vorne im Chorgestühl Platz zu nehmen pflegte, wo ich der heiligen Handlung ganz nahe war. Es endete jedoch mit einem Eklat: Genau während der Wandlung, als absolute Stille im Kirchenschiff herrschte, fragte ich angesichts der beiden Ministranten: »Du Mutti, sind das dem Herrn Pfarrer seine beiden Söhne?«

Seitdem saßen wir nicht mehr vorn im Chorgestühl. Jedenfalls gefiel mir das feierliche Zeremoniell am Altar. Wir hatten in dieser Zeit ein Dienstmädchen, wie man damals die Haushaltshilfen nannte. Mit ihr feierte ich »Messe«. Dazu waren auf einem Tisch ein Buch und ein Glas aufgebaut, das als Kelch diente. Ich hatte ein Betttuch umgehängt und zelebrierte unsere Messe. Die Franzi musste ab und zu das Buch von der einen auf die andere Seite tragen, ich verschränkte die Arme, wie ich es im Gottesdienst gesehen hatte, und beschloss die Messe mit den Worten: »Heiliger Sakradi!« Die Franzi verkniff sich das Lachen und machte es tapfer mit.

Die Zeit meiner Einschulung kam näher. Aber es gab da ein Problem: Meine Mutter, so hatte ich jedenfalls das Gefühl, hätte lieber ein Mädchen als einen Buben gehabt. Sie hatte mir nicht nur die Puppe geschenkt, ich musste obendrein auch noch mit einem Pagenkopf herumlaufen, der damals modischen Damenfrisur. Das kam mir immer wie ein Schandmal vor. Einmal war meine Mutter mit mir zum Einkaufen bei unserem Metzger. Der wollte mir ein Raderl Wurst schenken mit den Worten: »Da hast a Wurscht, Mädi.«

Ich stampfte vor Zorn mit dem Fuß auf, verschmähte die begehrte Wurst und verließ verärgert den Laden.

Weil ich wegen meiner Haartracht künftige Verwicklungen mit meinen Klassenkameraden befürchtete, steckte ich mich hinter meinen Vater. Der hatte ein Einsehen, und wir schlossen ein Komplott. Eines Nachmittags nach der Schule ging ich zu meinem Vater in dessen Büro. Gemeinsam suchten wir einen Friseur auf, der mir meine Lockenpracht auf normale Bubenlänge kürzte. Erleichtert lief ich zu meiner Mutter, die gerade hoch oben auf einer Leiter in unserem Garten bei der Zwetschgenernte war. Ich stand unter dem Baum und sagte, weil sie keine Anstalten machte, mich zu begrüßen: »Was ist, Mutti?«

Da merkte sie, dass dies ihr geschorener Sohn war und wäre beinahe vom Baum gefallen. Die Haare aber blieben kurz. Allerdings wurde ich beim nächsten Kinderfasching noch einmal als Page verkleidet, aber mit einer Perücke im Pagen-Look. Ich habe es überstanden!

An Ostern des Jahres 1924 wurde ich also in der Katholischen Knabenschule zu Ingolstadt eingeschult. Wir lernten die damals aktuelle deutsche Kurrentschrift.

Genau ein Jahr später wurde mein Vater an die Infanterieschule nach Ohrdruf in Thüringen versetzt, allerdings nur für ein halbes Jahr. Das war ein Truppenübungsplatz, an dem die Offiziersanwärter der Reichswehr ausgebildet wurden. Mein Vater war als Pionierlehrer tätig. Aus dieser Zeit stammt sein Spitzname »Schlammlatte«, unter dem er überall bekannt war. Noch zu Zeiten, als ich selbst schon Offizier war, wurde ich von älteren Kameraden bei der Nennung meines Namens angesprochen: »Ach, sind Sie nicht der Sohn von der Schlammlatte?«

Damit hatte es folgende Bewandtnis: Beim sogenannten Behelfsbrückenbau, der mit Balken und Bohlen betrieben wird, wird der untere waagerechte Balken eines Schwelljochs Schlammlatte genannt, weil er das Einsinken in den Untergrund verhindern soll. Und da mein Vater sehr schlank und groß war und diese Bezeichnung doch etwas ungewöhnlich klang, bekam er, da er sie den Offiziersanwärtern beibrachte, diesen Namen. Und da alle künftigen Offiziere von ihm unterrichtet wurden, kannte auch jeder ihn und seinen Spitznamen.

Für mich bedeutete der Umzug nach Thüringen einen Schulwechsel. Dort lernten die Kinder inzwischen die von dem Grafiker Ludwig Sütterlin 1911 im Auftrag der preußischen Regierung entwickelte Schulausgangsschrift. Das war zwar auch eine deutsche Schrift, aber sie hatte im Gegensatz zu der zuvor gelernten viele Rundungen und war rechtsläufig. Also totale Umstellung! Und in Erdkunde gab es plötzlich »Thüringen« statt »Bayern«.

Es gab aber dort auch viel Positives. Der Truppenübungsplatz bot uns Kindern jede Entfaltungsmöglichkeit für »Räuber und Gendarm«-Spiele. Und wir waren stolz, wenn wir bei den in die Unterkünfte zurückkehrenden Fahnenjunkern den Helm oder gar das Gewehr ein Stück tragen durften.

Noch einen Vorteil brachte das Soldatenleben mit sich: Meinem Vater stand ein Dienstpferd zu, das an seinen Dienstposten gekoppelt war. Außerdem besaß er ein Privatpferd, denn private Autos gab es damals kaum. Das Dorf Ohrdruf lag etwa vier Kilometer vom Lager entfernt, und häufig kam unser Bursche Sesselmann morgens vor Schulbeginn mit beiden Pferden zu unserer Wohnbaracke. Da er die Tiere ohnehin bewegen musste, ließ er mich auf eines aufsitzen und ritt mit mir fröhlich zur Schule. Der Schulranzen wippte auf dem Rücken und die Stricke mit Schwämmchen und Tafellappen flatterten. Mein Pferd war mit einem Beizügel am anderen befestigt, so konnte nichts passieren, und ich habe auf diese Weise im wahrsten Sinn des Wortes spielend das Reiten gelernt.

Das sogenannte gesellschaftliche Leben war äußerst unkompliziert. Wenn zum Beispiel ein Ehepaar Gäste zu sich einladen wollte, hieß es: »Stühle mitbringen!« Denn die Wohnbaracken waren streng nach Vorschrift und Bewohnerzahl möbliert. Einem Drei-Personen-Haushalt standen drei Stühle zu. Basta! Dazu ein Schrank oder ein Tisch. Aber ich glaube, gerade dieses einfache Leben brachte die Menschen viel näher zusammen, zumal Radio und Fernsehen noch unbekannt waren. Also musste man die Abende gemeinsam verbringen.

In diesem Sommer bekam ich meinen ersten Heuschnupfenanfall, eine Krankheit, die mich Jahrzehnte lang plagen würde. Wir Kinder spielten auf einer Wiese. Ein Mädchen hatte ein Sträußchen aus blühenden Grasrispen gesammelt und stupfte sie mir in die Nase. Ich antwortete jedes Mal mit einem »Hatschi!«. Doch plötzlich war mein

»Hatschi« nicht mehr freiwillig, sondern entlud sich zwanghaft. Ich litt seitdem immer während der Gras- und Getreideblüte daran. Antiallergika gab es damals noch nicht, man bekam Protargol in Nase und Augen geträufelt. Daran habe ich noch heute eine unangenehme Erinnerung.

Als ich etwa 15 Jahre alt war, wollte ich mir wieder ein Fläschchen Protargol kaufen. Der Apotheker schaute mich strafend über seine Nickelbrille an und sagte: »So jung und schon so verdorben.« Ich wusste nicht, wie mir geschah. Erst später erfuhr ich, dass es als quecksilberhaltiges Medikament auch zur Behandlung von Geschlechtskrankheiten verwendet wurde.

Der rund um Ohrdruf gelegene Thüringer Wald lud zu schönen Spaziergängen und Ausflügen ein, zu Fuß und auch mit dem Rad. Ich besaß damals noch kein eigenes und saß auf einem Kindersattel auf der Längsstange des Rades meines Vaters. Bei allen Steigungen versuchte ich, meinen Vater durch wechselseitiges Drücken auf die Beine etwas zu entlasten. So durchstreiften wir so gut wie jedes Wochenende die nähere Umgebung. Und bei dieser Gelegenheit habe ich dann auch das Radfahren gelernt.

Auf dem kargen Boden des Truppenübungsplatzes gediehen prächtige Champignons. Ich glaube, mich niemals mehr so viel wie damals von Pilzen ernährt zu haben. Meine Mutter, die ja immer sehr gesundheitsbewusst war, schickte uns regelmäßig zum Schwammerlsuchen. Da wir nicht alle verzehren konnten, wurden sie geputzt, auf Schnüre aufgereiht und getrocknet. Im Winter gab es davon dann leckere Pilzsuppen.

Der ereignisreiche Sommer 1925 in Ohrdruf ging schnell vorüber, und wir zogen wieder zurück nach Ingolstadt: gleiche Wohnung, gleiche Umgebung, gleiche Schulklasse. Aber wir wussten: Im nächsten Frühjahr würde es

Meine erste Freundin hieß Ursula Feyerabend

wieder nach Thüringen gehen! Mein Klassenlehrer schrieb mir im März 1926 ins Zeugnis: »Ein gescheiter Knabe mit feiner Empfindung und reger Empfänglichkeit für alle Eindrücke«. Na, bitteschön!

Dann wieder nach Ohrdruf, wie gehabt. Gleiche Umgebung, gleiche Schulklasse. Und erneut die Schreibschrift umstellen mit dem Resultat: »Sauklaue!«

Im Herbst 1926 zeichnete sich eine neue Situation ab: Die sogenannte Infanterieschule, die nur im Sommer existierte und der Ausbildung junger Offiziere diente, wurde nach Dresden verlegt. Später wurde sie als Kriegsschule bezeichnet. Also wieder Koffer packen und diesmal mit dem ganzen Hausrat nach Dresden!

Dort erwartete uns eine schöne Wohnung im Norden der Stadt, wo drei Mehrfamilienhäuser für die Offiziere der Schule bereitstanden. Da trafen sich natürlich die alten »Ohrdrufer« wieder, auch wir Kinder. Neben der Siedlung lag der Jägerpark. Dort wohnten in mehr oder weniger behelfsmäßigen Unterkünften sozial schwache Familien. Wir nannten sie Kommunisten, und so ganz falsch war diese Einschätzung wahrscheinlich nicht. Wir Offizierskinder lieferten uns täglich Straßenschlachten mit den Kindern vom Jägerpark, ausgetragen mit Bohnenstangen als Lanzen und Zaunlatten als Schwertern. Dabei gab es oft blutige Köpfe, und wir gingen nie einzeln, sondern nur in Gruppen zur Schule.

Die zweite Hälfte meines dritten Grundschuljahres musste ich natürlich wieder an einer anderen Schule verbringen, und zwar an einer Privatschule mit Lehrerseminar. Ich glaube, dass ich dort allerhand gelernt habe, zumindest in der Geographie des Landes Sachsen – und auch die sächsische Sprache. Dort wurde mir eine hohe Ehre zuteil: Als die neue Schule für Offiziersanwärter vom damaligen Reichspräsidenten Generalfeldmarschall von Hindenburg feierlich eingeweiht wurde, hatte ich die Aufgabe, ihm vor versammelter Mannschaft einen Blumenstrauß zu überreichen, natürlich im damals obligatorischen Matrosenanzug.

Mein drittes Schuljahr ging im Frühjahr 1927 abrupt zu Ende, denn meine Schule stellte ihren Betrieb ein. Was nun? Mein Vater versuchte, für mich eine Ausnahmeregelung für die Aufnahme am Gymnasium aufgrund meiner besonderen Situation zu erwirken, was tatsächlich gelang. Allerdings gegen eine Gebühr von drei Reichsmark. So bekam ich für drei Reichsmark ein ganzes Schuljahr geschenkt! Mein Vater versprach mir, bei zu erwartenden künftigen Schulwechseln und der erhöhten Gefahr des Sitzenbleibens kein böses Wort zu verlieren. Es war aber nicht nötig, denn ich habe bis zum Schluss Klasse für Klasse durchgehalten. Ich musste noch eine ärztliche Untersuchung und einen Sondertest über mich ergehen lassen und war dann stolzer Gymnasiast mit einer farbigen Mütze auf dem Kopf, wie es damals noch Brauch war.

Die Hoffnung auf eine längere Verweildauer in Dresden erfüllte sich wieder nicht. Laut Entlassungszeugnis des Bischöflichen St. Benno Gymnasiums war dort am 29. November mein letzter Schultag. Diesmal ging es nach Schwaben, nach Ulm. Mein Vater wurde »Major beim Stabe« des dortigen Pionierbataillons 5. Das entspricht heute der Funktion eines stellvertretenden Bataillonskommandeurs. Der Zeitpunkt für unseren Umzug erwies sich als äußerst ungünstig. Es war der berüchtigte kalte Winter 1927/28. Der Vormieter hatte unsere Wohnung in Neu-Ulm zwar geräumt, aber in einem total verwahrlosten Zustand hinterlassen. Die elektrischen Leitungen hingen wie Girlanden von der Decke, und die Wände mussten dringend gestrichen werden. Aber der Möbelwagen stand schon vor der Tür, man musste einziehen.

Zu allem Überfluss bekam ich eine üble Grippe mit hohem Fieber. So wurde für mich ein Zimmer mit einem Kohleofen beheizt, in dem mein Bett als einziges Mobiliar stand. Drumherum werkelten Maler, Elektriker und sonstige Handwerker. In meinem Krankenzimmer wurden auch dic Kakteen meines Vaters und die Blattpflanzen meiner Mutter abgestellt, weil es der einzige beheizte Raum war und eine Außentemperatur von minus zwanzig Grad herrschte. Manche Pflanzen haben es nicht überstanden. Ich schon!

Unsere Wohnung lag, aufgestockt auf ein altes Fabrikgebäude, in Neu-Ulm. Zwischen Ulm und Neu-Ulm fließt die Donau. Sie trennt Württemberg von Bayern. Und wie! Für die Ulmer begann der Balkan bereits in Neu-Ulm. Auf meinem Schulweg überquerte ich täglich diese Grenze. Sie war durch einen roten Strich auf Fahrbahn und Bürgersteig mitten auf der Donaubrücke markiert. Unsere Wohnung lag also nicht nur auf dem »Balkan«, sondern auch unmittelbar neben dem Güterbahnhof. Vor unseren Fenstern wurden jeden Tag Güterzüge zusammengestellt und rangiert. Ich höre heute noch die Rufe »Oane – a halbe!«, und dann kam das »Rumms«, wenn der rollende Waggon auf den stehenden auflief. Wir nahmen diese Geräusche schon bald nicht mehr wahr, aber wir wachten auf, wenn am Samstagabend der Rangierbetrieb eingestellt wurde und Ruhe herrschte.

Es war schwer, mitten im Schuljahr in eine neue Klasse versetzt zu werden. Man galt zunächst als Fremdling. Es verwunderte deshalb nicht, dass beim ersten Schulausflug in die Umgebung die Klasse beschloss, mich in Klassenkeile zu nehmen. Als der Lehrer gerade mal nicht präsent war, stürzten sich alle auf mich und versuchten, mich zu verdreschen. Es gelang mir, an ihre Fairness zu appellieren, sodass ich nacheinander mit jedem Einzelnen kämpfen durfte. Den größten Brocken haben sie sich bis zum letzten Kampf aufgehoben. Er war zwei Jahre älter als wir anderen, weil er schon zweimal durchgefallen war, brachte mich in den Schwitzkasten und ließ nicht mehr los. Die Klasse triumphierte.

Später fragte ich die Klassenkameraden, warum sie mich denn so in die Mangel genommen hätten. Die verblüffende Antwort: »Woischt, du bisch a Preuß, und Preußa wöllet mer dahanna itta.« Auf Hochdeutsch: »Weißt du, du bist ein Preuße, und Preußen wollen wir hier nicht.«

Auf dem Weg zum Schwimmen mit meiner Mutter Fanny

Da kam also ein sächsisch sprechender Bayer nach Württemberg und wurde als vermeintlicher Preuße verdroschen!

Von da an hieß es: »Schwäbisch lernen!« Auf diese Weise spreche ich noch heute Sächsisch ebenso gut wie Schwäbisch. Meine Integration in die Klasse machte in dem Maße meiner Schwäbischkenntnisse Fortschritte. Der Kerl, der mich bei der Klassenkeile bezwungen hatte, wurde sogar mein bester Freund.

Ulm entpuppte sich als ein ebenfalls sehr schöner Standort. Wir machten viele Ausflüge auf die Schwäbische Alb und zum Blautopf. Hier verbrachten wir die für eine Offiziersfamilie enorm lange Zeitspanne von dreieinhalb Jahren, also von Herbst 1927 bis Frühjahr 1931. Der Grund unseres neuerlichen Standortwechsels war die Versetzung meines Vaters nach München. Er wurde dort Kommandeur des Pionierbataillons 7.

Der Umzug war schon reine Routine. Diesmal bezogen wir eine schöne Wohnung in der Ainmillerstraße in Schwabing. Als Schule bot sich das in der Nähe liegende und sehr renommierte Maximiliansgymnasium an. Also ging mein Vater mit mir zum Schuldirektor, um mich anzumelden.

Beim Anblick meiner Ulmer Zeugnisse begann sich seine Stirn zu runzeln, und er meinte, solch schwache Schüler könne er nicht aufnehmen. Ihm war nicht bewusst, dass in Württemberg ein anderes Notensystem gebräuchlich war als in Bayern. In Ulm war die Note 8 »vorzüglich« und die 1 »ganz ungenügend«. In Bayern war die Note 1 die beste und die 5 die schlechteste. Meine Noten schwankten zwischen 3 und 6, was »nicht ganz genügend« bis »gut« entsprach. Nachdem dieses Missverständnis aufgeklärt war, wurde ich in Gnaden in das »Max«, wie es liebevoll genannt wurde, aufgenommen.

Das Eingewöhnen in die Klasse bereitete im Gegensatz zu Ulm überhaupt keine Schwierigkeiten. Es gab da eine Clique von Schulkameraden, die alle in Schwabing wohnten. Wir waren per Rad unterwegs und versammelten uns vor Schulbeginn bei »Bitz« Lempp, dem Sohn des Besitzers der Buchhandlung »Bücher-Kaiser« im Rathaus. Von dort radelten wir freihändig und zu dritt oder zu viert an den Schultern eingehängt durch Schwabings Straßen bis zur Schule. Das war damals natürlich auch schon verboten, aber angesichts des minimalen Autoverkehrs ohne weiteres möglich.

Mittlerweile war der Friedensvertrag von Versailles, der oft auch als »Schandvertrag« bezeichnet worden ist, faktisch Makulatur. Hitlers Vertragsbrüche begeisterten die Massen, eine nationale Welle schwappte über das ganze Land. Im Nachhinein kommt einem das Ganze verrückt vor und das, was einmal daraus geworden ist, schien damals undenkbar. Wie angespannt die politische Lage trotz aller Begeisterung wirklich war, beleuchtete ein Vorfall, den ich aus nächster Nähe miterlebt habe:

Als mein Vater um die Jahreswende 1932/1933 als Kommandeur des Pionierbataillons 7 und gleichzeitig Kasernenkommandant die vorgeschriebenen Sicherheitsmaßnahmen für die Kaserne überprüfen wollte, löste er eines Tages mittels eines Stichwortes den Alarm aus. Er hatte dies von einer Telefonzelle aus getan und blieb zunächst unauffindbar. In der Folge wurde die Truppe in Alarmbereitschaft versetzt, es folgten aufgeregte Telefongespräche mit den anderen Münchener Garnisonen, die sofort mobil machten. Das »Braune Haus«, die NSDAP-Zentrale, bekam das Ganze auch mit und reagierte mit Alarmierung von SA und SS. Jeder glaubte, der andere bereite einen Putsch vor. Die Wogen wurden erst langsam wieder geglättet, als mein Vater auf dem »Schlachtfeld« erschien und sich das Ganze als ein Probealarm entpuppte. So misstrauisch begegneten einander damals die regulären und paramilitärischen Verbände.

Meine Hoffnung, bis zum Abitur in München und im »Max« bleiben zu können, zerschlug sich leider. Wieder einmal stand eine Versetzung ins Haus. Im Frühjahr 1934 wurde mein Vater zum »Höheren Pionieroffizier beim Heeresgruppenkommando II«, befördert. Es gab in der damaligen Wehrmacht zwei solche Gruppenkommandos, eines in Ost und eines in West. Das »Westliche« war in Kassel stationiert. Also ab nach Kassel!

Dort angekommen, trat ich dem Wilhelmsgymnasium bei und wurde im April 1935 in die Oberprima, also die Abiturklasse, versetzt. Dass ich als Zugereister zum Klassensprecher – damals hieß das Klassenführer – gewählt wurde, machte mich schon ein wenig stolz.

Im September fuhren die vier Oberklassen unseres Gymnasiums für vier Wochen zu einem Arbeitslager auf die Nordseeinsel Borkum. Das waren etwa sechzig Schüler samt dem Schuldirektor und allen dazugehörigen Lehrern. Ich gehe deshalb etwas ausführlicher auf dieses Unternehmen ein, weil es zeigt, wie wir, noch dazu mit Elan und Begeisterung, in das Dritte Reich und den Nationalsozialismus als Weltanschauung hineingeraten sind.

Wir fuhren je zur Hälfte mit der Bahn und per Rad, streng gegliedert in Marschgruppen mit den jeweils eingeteilten Führern und Unterführern. Das Haus Waterdelle, in dem wir wohnten, hatte den Charakter einer Jugendherberge. Über dem Ganzen stand das Motto: »Seid allezeit fröhlich!«

Frühmorgens pfiff der eingeteilte Tagesführer mit der Trillerpfeife zum Wecken, dann schlüpften wir schnell in die Badehosen, und es ging im Laufschritt zum nahe gelegenen Meer. Am Strand folgten erst Gymnastik, dann

Schwimmen und sofort wieder »zurück marsch-marsch!«. Nach dem Waschen hieß es zum Flaggenappell im Viereck antreten. Dabei mussten wir uns die Hände reichen und im Chor skandieren:

»Führer! Wir wollen wahrhaftig sein!
Führer! Wollen voller Tatkraft sein!
Führer! Unser Leben soll Deutschland sein!«

Anschließend gab es Frühstück und Unterricht, der in den verschiedenen Fächern von Griechisch bis zur Mathematik unserem Umfeld angepasst war. Der Stundenplan hieß nicht mehr Stundenplan, sondern nach militärischem Vorbild Dienstplan. Zweimal wurden wir mitten in der Nacht alarmiert und mussten ein bis zwei Stunden auf der Insel umhermarschieren. Der Turnlehrer, der uns geführt hatte, schickte uns mit markigen Worten zurück in die Betten: »Dieser Nachtmarsch ist eine kleine militärische Vorübung. Der Militärdienst ist Dienst an Volk und Vaterland. Mancher wird vielleicht sagen, er hätte lieber schlafen mögen. Wer so spricht, ist ein Jämmerling!«

Bald nach unserer Rückkehr nach Kassel und dem Fortgang des normalen Schulbetriebes begannen für mich die Vorbereitungen für das vorgezogene Abitur. Diejenigen, die sich als Offiziersanwärter meldeten und angenommen wurden, machten ihr Abitur schon im vorhergehenden Dezember, um dann noch ein Vierteljahr Arbeitsdienst anstelle des üblichen halben Jahres abzuleisten. Zu den Vorbereitungen gehörte die Ausarbeitung eines Vortrags, für den ich als Thema die neuen Reichsautobahnen wählte. Es war immerhin ein Projekt, das viele Arbeitsplätze schuf und in seinem System des kreuzungsfreien Verkehrs ohne Beispiel war.

Zusätzlich musste ich mich verschiedenen Prüfungen unterziehen, zunächst im April bei meinem anvisierten Truppenteil, dem Münchener Pionierbataillon, dann Ende

Mai bei einer speziellen Prüfungsanstalt zur sogenannten »Psychotechnischen Prüfung«, die drei Tage dauerte. Großer Wert wurde dabei auf die körperliche Leistungsfähigkeit gelegt. Es gab aber auch knifflige Fragen in verschiedenen Sachgebieten von Geschichte bis Mathematik, die uns vorgelegt wurden. Diese Tests habe ich bestanden.

Durch dieses vorgezogene Abitur habe ich also Ende Dezember 1935 mein Abitur nach weniger als zwölf Jahren abgeschlossen, und das ungeachtet aller Schwierigkeiten, die sich durch die häufigen Schulwechsel ergeben haben. Dazwischen machte ich noch den Führerschein der Klasse 3 für PKW und war natürlich stolz auf dieses Papier, das zu erwerben mir meine Eltern zum 18. Lebensjahr ermöglichten.

In meinem Abiturzeugnis steht, und das ist typisch für die damalige Zeit: »Gesund und kräftig, körperlich gut durchgebildet. Immer gleichbleibend ruhig und freundlich; mit festen Grundsätzen. Gut begabt und dementsprechend gute Erfolge. Besitzt das Reichsjugendsportabzeichen und das A-Sportabzeichen für Gleitflieger. Mitglied der HJ-Fliegergefolgschaft (Kameradschaftsführer).« Es folgen die einzelnen Noten. Dabei: »Physikalische Arbeitsgemeinschaft: gut (Fluglehre). Er hat die Reifeprüfung gut bestanden. Zusatz: Er verwaltete mit außerordentlicher Zuverlässigkeit längere Zeit die erdkundliche Kartensammlung der Schule.«

Zur Flieger-HJ kam ich nicht aus politischer Begeisterung. Vielmehr gab es eine Art Gruppenzwang, mit dem die Jugendlichen in die politischen Jugendorganisationen gedrängt wurden. Irgendwie musste man einfach dabei sein. Und die normale HJ war mir mit Exerzieren und Heimabenden zu blöde. Da erfuhr ich, dass es auch eine HJ-Gefolgschaft gab, in der die Jungen Segelfliegen lernen konnten. Ich also nichts wie hin! Es erwies sich als ein richtiger Glücksfall. Ich wurde angenommen, und wir übten an jedem Wochenende, soweit es das Wetter erlaubte, auf dem Dörnberg bei Kassel mit selbstgebastelten Segelflugzeugen. Das »selbstgebastelt“ war nur möglich, weil ein großer Teil der Kameraden im Reichsbahnausbesserungswerk Kassel als Lehrlinge angestellt war. Und die bauten mit Anleitung unsere »fliegenden Kisten«, primitive Holzgestelle mit Tragflächen.

Der Flugbetrieb bei dieser völlig neuen Sportart verlief folgendermaßen: Oben auf der Hangkuppe war das Flugzeug aufgestellt, mit der Nase gegen den Wind. Der Pilot, der gerade dran war, wurde auf seinem Sitz, der völlig im Freien lag, angeschnallt. Am Sporn der Maschine saßen mehrere Kameraden und hielten sie fest. Auf das Kommando: »Ausziehen!« fingen die übrigen an einem doppelten Gummiseil zu ziehen an, dann folgte das Kommando: »Laufen!«. Das Seil spannte sich auf etwa dreißig Meter. Der Flugleiter rief »Los!«, die Haltemannschaft ließ los, das Flugzeug schnellte auf seinen Kufen nach vorn, das Gummiseil klinkte sich aus, und man schwebte in der Luft. Nun hieß es Kurs halten, langsam auf Landekurs gehen, und nach ein paar Hopplern war man wieder am Boden. Es erfolgte dann der Rücktransport des Flugzeugs, an dem sich die ganze Mannschaft beteiligte. Ein zweiräderiger Handwagen wurde heruntergefahren, das Flugzeug aufgebockt und im Handzug wieder den Hügel hinaufgeschoben.

Nach einiger Zeit, nachdem wir die A-Prüfung bestanden hatten, durften wir sogar auf der berühmten Wasserkuppe schulen. Das Ziel war die B-Prüfung, für die man mehrfach Schlangenlinien fliegen musste. Mein vorgezogenes Abitur beendete jedoch das Segelfliegen vorzeitig. Damit war meine Schulzeit abgeschlossen, und der vielzitierte Ernst des Lebens begann.

Beim Reichsarbeitsdienst (RAD)

Zuerst einmal musste ich meinen Pflichtarbeitsdienst absolvieren. Ich bekam meinen Einstellungsbefehl nach Schlüchtern in der Rhön – wie sich herausstellte, ein gottverlassenes Nest, dessen Bedeutung allein darin bestand, dass es ein Eisenbahnknotenpunkt war, an dem zwei D-Zug-Linien sich kreuzten. Dort wies die Strecke eine so starke Steigung auf, dass die Züge bergauf eine zusätzliche Schublokomotive benötigten.

Die Weihnachtsferien wollte ich als frischgebackener Abiturient noch zum Schifahren ausnützen und ging daher auf die »Pionierhütte« am Ross- und Buchstein südlich des Tegernsees. Die Hütte trug diesen Namen, weil sie auf eine Anregung meines Vaters hin als Ausbildungszentrum für den Gebirgsdienst der Pioniere samt Anfahrtsweg durch Arbeitseinsätze der Kompanien des Pionierbataillons 7 gebaut worden war. Die drei Gebäude konnten eine komplette Kompanie aufnehmen. Als Hüttenwart fungierte ein ehemaliger Feldwebel. Da der Weg für Fahrzeuge zu schmal und zu steil war, gehörte zum ständigen Inventar auch ein Muli, der Verpflegung und sonstiges Material von Wildbad Kreuth hinaufzutragen hatte. Zusammen mit meinen Eltern traf ich dort viele alte Bekannte aus München, für Spaß war also gesorgt.

Für den Silvesterabend hatten sich ein paar junge Leutnants etwas Besonderes ausgedacht: Sie hatten Leuchtpistolen mit einer Menge Leuchtmunition dabei. Um Mitternacht gab es einen großen Feuerzauber, der die Rehe im

Wald sicher erschreckt hat. Ich war natürlich mitten dabei, und zufällig drückte ein Leuchtraketenschütze unmittelbar neben meinem Ohr ab. Es knallte so laut, dass mein Trommelfell überdehnt wurde. Von diesem Augenblick an hörte ich nichts mehr, und mit dieser Behinderung fuhr ich am 1. Januar 1936 mit meinen Siebensachen zu meinem neuen Standort.

Dort stieß ich auf dieselben Schwierigkeiten wie damals beim Schulwechsel in Ulm: Die Mannschaft war schon ein Vierteljahr beisammen. Nun kam ein Neuling hinzu, von dem man munkelte, dass er nur die Hälfte des Arbeitsdienstes ableisten müsse, weil er Offizier werden wolle. Also was Besseres! Vielleicht irgend so ein arroganter Adeliger mit einem Monokel im Auge!

Der »Kammerbulle« sah meine Klamotten, die schifahrermäßig in einem Rucksack untergebracht waren, und war sehr zugeknöpft bei der Ausgabe der Uniformstücke. Ich bekam ein Paar uralte, gebrauchte Knobelbecher, an denen innen am Knöchel Lederflicken angenäht waren, die mir bei jedem Schritt Schmerzen verursachten. Dass die Stimmung gegen mich auch von oben her angeheizt wurde, war mir klar, als ich erfuhr, dass unser Lagerkommandant, ein Feldmeister, unehrenhaft aus der Reichswehr ausgeschieden war, weil er Untergebene misshandelt hatte. Da musste schon allerhand passiert sein, denn zimperlich war der Umgangston dort wahrhaftig nicht!

Jeden Samstagvormittag war der sogenannte »Appell« angesagt. Wir mussten mit all unseren Klamotten antreten und wurden bis zur letzten Hosennaht gefilzt. Wer auffiel, durfte übers Wochenende nicht in Urlaub. Ich konnte machen, was ich wollte, ich fiel immer auf und wusste bald: Da steckte System dahinter!

Meine Situation veränderte sich schlagartig zum Besseren, ohne dass ich das zunächst erwartet hätte, und das kam so: Es gab im Lager noch keine WCs, sondern nur Plumpsklos. Wenn die Grube voll war, musste sie von uns geleert werden – natürlich am Samstag, natürlich von den »Aufgefallenen«, und selbstverständlich war auch ich dabei.

Der Betondeckel der Grube wurde geöffnet, ein Mann fischte mit einem Schöpfeimer, der an einer Stange befestigt war, die Scheiße heraus und kippte sie in Eimer. Die anderen trugen dann jeweils zwei davon in den lagereigenen Garten zum Düngen. Als man mit der Schöpfkelle nichts mehr erwischen konnte, sich aber noch Reste in der Klogrube befanden, befahl der diensthabende »Vormann«, dass ein Freiwilliger hinabsteigen sollte, um den Rest zusammenzukratzen. Einer Eingebung folgend, meldete ich mich. Großes Staunen! Der Offiziersanwärter meldet sich zu dieser, im wahrsten Sinn des Wortes, Scheißarbeit! Ich zog mich bis auf die Unterhose aus, schlüpfte in ein Paar Holzpantinen, zündete mir eine dicke Zigarre an und stieg paffend in den Orkus hinab. Nach getaner, zugegebenermaßen unappetitlicher Arbeit kam ich wieder hoch, ging zum Duschen und bekam sogar noch Sonntagsurlaub. Was ich nicht erwartet hatte: Diese Tat sprach sich schnell im Lager herum, und von da an hat mich keiner mehr gehänselt!

Mein Image sollte sich aber noch weiter verbessern. Für den Sommer war ein großes Manöver geplant, und zwar im Umkreis der Rhön. In dem landwirtschaftlich wenig genutzten Gebiet würden sich die Flurschäden in Grenzen halten. Der Stab des Heeresgruppenkommandos in Kassel bereitete vor Ort die beabsichtigten Gefechtshandlungen vor. Mein Vater, inzwischen schon Generalmajor, war für den Pionierbereich verantwortlich und bereiste das vorgesehene Manöverfeld. So kam er auch nach Schlüchtern. Er wusste ja von meinem Verbleib, rief im

Arbeitsdienstlager an und fragte an, ob er mich besuchen könne. Das löste eine unerhörte Aktivität im Lager aus: Ein General besichtigt unser Lager! Alles auf Vordermann bringen, Stuben schrubben und so weiter. Ich wurde nochmals auf saubere Uniform und Stiefel überprüft und dann kam der große Augenblick: Mein Vater fuhr am Lagertor vor, nahm seinen Sohn in Empfang und brachte ihn in ein Schlüchterner Café, wo wir uns ungestört eine Stunde unterhalten konnten. Zurück am Lagertor, stand der Feldmeister in devoter Haltung bereit und bot meinem Vater an, ihm das Lager zu zeigen, doch der lehnte dankend ab mit dem Hinweis auf andere Verpflichtungen. Von dieser Stunde an hat mich sogar mein Arbeitsführer korrekt behandelt.

Was hatten wir in Schlüchtern zu tun? Jeden Morgen rückten wir in geschlossener Kolonne aus. Es ging auf den Drasenberg, ein paar Kilometer entfernt, wo wir die Aufgabe hatten, Meliorationsarbeiten für die Landwirtschaft zu leisten. Wir mussten Feldwege an- oder im Rahmen der Flurbereinigung Felder zusammenlegen. Jede Arbeit wurde von Hand mit dem Spaten und mit Loren zum Erdtransport durchgeführt.

Apropos Spaten: Jeder von uns Arbeitsmännern hatte einen Exerzierspaten. Der durfte ja nicht zur Arbeit verwendet werden, sondern war stets auf Hochglanz poliert. Damit wurden Spatengriffe eingeübt, so ähnlich wie Gewehrgriffe im Heer.

In meine Dienstzeit fiel eine besondere Veranstaltung in Fulda – es könnte wieder einmal zu Hitlers Geburtstag gewesen sein. Zuvor exerzierten wir wesentlich häufiger als üblich und vernachlässigten dafür unsere eigentliche Arbeit. Ich weiß noch: Wir marschierten im Gleichschritt durch Fulda und präsentierten dann unsere Spaten. Das muss ganz gut geklappt haben. Und wirklich: Wenn plötzlich hundert Spatenblätter auf Kommando gedreht werden und in der Sonne blinken, ist das schon ein Effekt. Und auf derlei Inszenierungen verstanden sich unsere damaligen Oberen in perfekter Weise.

Das Vierteljahr im Arbeitsdienst ging zu Ende. Ende März wurde ich entlassen mit dem Vermerk: »Zum Vormann geeignet«. Vormann war das, was beim Militär dem Gefreiten entsprach. Da stand mir ja noch eine große Laufbahn bevor, so dachte ich damals, ohne zu wissen, was wirklich auf mich zukommen würde.

Wehrmacht

Im April 1936 trat ich in das Pionierbataillon 47 in München ein. Das war eine wirkliche Zäsur in meinem Dasein, denn ich verpflichtete mich auf Lebenszeit. In einer Baracke am Rande des Oberwiesenfeldes in der Nähe des bekannten Moosacher Gaskessels wurden alle Offiziersanwärter von Bayern zusammengezogen. Es waren etwa dreißig. Dort wurden wir, abgeschieden von den übrigen Truppenteilen des Bataillons, nach allen Regeln der Kunst geschliffen. Rückblickend muss ich heute feststellen: Die Ausbildung war zwar hart, aber nicht gemein oder verletzend. Und wenn unser Gefreiter Stöffler aus der Pfalz am Abend einen Eimer Wasser in unser Zimmer goss und rief »Die Bud werd g'schrubbt«, dann nahmen wir das gelassen hin.

Zwischendurch wurden wir vereidigt und zum »Fahnenjunker-Gefreiten« befördert. Gleichzeitig mussten wir die Führung einer Pioniergruppe von zwölf Mann übernehmen. Damit waren wir auch in das Unteroffizierskorps aufgenommen, mussten uns allerdings den damals geltenden Ritualen unterziehen: Es gab etwa zwölf Unteroffiziere in einer Kompanie. Zu der Zeremonie kam jeder mit einem Glas Schnaps zu mir, um mir zuzuprosten. Jeder hatte eine andere Sorte. Ich bekam ein Tablett mit zwölf Schnäpsen und musste nun jedem mit »seinem« Schnaps Bescheid geben. Das war die Härteprobe. Ein Blödsinn, aber so war es eben. Ich habe die Prüfung zwar bestanden, war aber drei Tage lang krank.

Es folgte der tägliche Dienst, der die mir anvertraute Pioniergruppe befähigen sollte, all das zu leisten, was Pioniere alles können müssen: Brücken bauen, Sprengdienst, Sperrdienst mit Minen und Sprengladungen. Es war ein interessantes Tagesprogramm. Eine Abwechslung brachte die Teilnahme an einer »Lehrsperrübung« im Raum Landshut. Dort wurde uns vorgeführt, wie man sich vor dem angreifenden Feind durch Sperren kräftesparend verteidigen konnte. Natürlich war da auch wieder mein Vater beteiligt. Er leitete die ganze Übung, wusste, dass sein Söhnchen auch in der Nähe war, und fragte in aller Unschuld nach, ob er mich denn einmal sprechen könne.

Die Reaktion war die gleiche wie beim Arbeitsdienst: Mein Spieß, der einzige Preuße in unserer Kompanie, ließ mich zu sich kommen, verkündete mir, der Herr General wünsche mich zu sprechen, und befahl, ich solle mich in 15 Minuten appellfähig machen. Ich bürstete also meine Uniform auf, wichste meine Stiefel und meldete mich wieder bei meinem Kompaniefeldwebel. Natürlich wurde ich einiger angeblicher Mängel wegen noch einmal zurückgeschickt. Also erneut antreten: »Warum nicht gleich!« Dabei hatte ich nichts mehr zu meiner weiteren Verschönerung getan.

Ein Kübelwagen brachte mich nach Landshut in die Gaststätte, wo der Kommandostab untergebracht war. Ein Offizier, sozusagen der Türsteher, empfing mich ziemlich unwirsch und fragte, was ich denn hier wolle.

»Herrn General Dennerlein sprechen!«

Sein Gesicht versteinerte sich. »Wieso?«

»Ich bin sein Sohn.«

Sein Gesicht hellte sich auf. »Einen Moment, ich melde Sie dem Herrn General!«

Ich wartete eine Weile, dann kam mein Vater heraus ins Foyer. Ich machte stramm mein »Männchen«. Wir zogen uns dann eine Weile zurück, plauderten wie Vater und Sohn, kamen wieder hervor ins Foyer, ich salutierte wieder und verabschiedete mich von ihm.

Im Januar 1937 wurde ich an die Kriegsschule Dresden abkommandiert. Die kannte ich ja schon, bloß aus einer anderen Perspektive. Wir lernten alles, was ein Offizier wissen musste oder was man glaubte, dass er wissen müsse, von der Taktik bis zum Veterinärwesen. Ein spezielles Fach war das Heerwesen. Dahinter verbarg sich alles, was mit dem Wort »Etikette« zu umschreiben wäre. Und das waren zum Teil verstaubte Gepflogenheiten, die selbst damals uns junge Menschen zum Lachen reizten.

Zum Beispiel: Wie mache ich bei meinen Vorgesetzten einen Antrittsbesuch? Ein solcher war Pflicht für jeden neu an den Standort und in seine neue Einheit Versetzten. Das lief ungefähr folgendermaßen ab: Man nahm sich von der Einheit eine Kutsche, fuhr damit am Wohnsitz des zu besuchenden Vorgesetzten vor und klingelte. Das obligate und schon vorgewarnte »Dienstmädchen« knickste, man fragte, ob die Herrschaften Besuch empfangen würden. Zeitpunkt der Veranstaltung war in der Regel am Sonntag gegen elf Uhr. Das Mädchen teilte dann mit »Die Herrschaften lassen bitten!«

Der Besucher holte zwei Visitenkarten heraus, die für diesen Zweck eigens gedruckt worden waren, und legte sie auf ein dargereichtes Silbertablett. Das Mädchen verschwand, kam ohne Tablett wieder und führte den Besucher in das Empfangszimmer, wo ihn die Besuchten erwarteten. Man meldete sich beim Vorgesetzten als zu der und der Einheit versetzt, küsste der Dame des Hauses die Hand, wurde aufgefordert, Platz zu nehmen, setzte sich auf den dargebotenen Stuhl, legte Mütze und weiße Handschuhe neben sich auf dem Boden ab. Als Offizier hatte man schon den reichlich hinderlichen Säbel an der Seite, den man nun auch aushängen und an der Hüfte entlang ablegen durfte. Natürlich trug man seine beste Ausgehuniform. Man sprach mehr oder weniger locker über dies und das. Angeboten wurde einem nichts, höchstens ein paar Kekse, die man dankend abzulehnen hatte. Nach spätestens einer Viertelstunde hatte man aufzustehen und sich zu verabschieden. Das »Mädchen« begleitete einen hinaus, die Tortur war beendet.

Wer jetzt glaubt, ich hätte übertrieben, der irrt. Wir wurden tatsächlich auf solche, auch für uns schon überlebte Rituale getrimmt. Dass dann draußen in den Garnisonen die meisten Vorgesetzten lockerer mit den Dingen umgingen, steht auf einem anderen Blatt.

Auch für das Schreiben von Briefen an Vorgesetzte wurden uns ähnlich strenge Regeln beigebracht. Beispielsweise mussten wir uns grundsätzlich der »deutschen« Schrift bedienen. Nur Orts- und Eigennamen waren lateinisch zu schreiben. Das galt auch für Prüfungsaufgaben. Verstöße gegen diese Schreibregeln wurden als Fehler angekreidet.

Großer Wert wurde auf den Sport gelegt. Wir wurden fast so vielseitig wie Zehnkämpfer gefordert. Ein besonderer Höhepunkt war das Boxen. In der Person von Hugo Murero hatten wir einen berühmten Lehrer, der sich später als Sportreporter einen Namen machte. Wir lernten also die verschiedenen Schläge und Abwehrmaßnahmen. Am Ende des Boxunterrichtes, gleichzeitig die Grundlage für die Sportnote in unserem Abgangszeugnis, war ein Kampf über drei Runden angesagt. Etwa gleich starke und gleich schwere Gegner mussten gegeneinander antreten. Mein Partner war ein Kamerad, mit dem ich mich gut verstand. Wir verabredeten, zwar wacker aufeinander loszuboxen, uns aber nicht allzu weh zu tun. Überraschend erschien zu unserem Kampf der Kommandeur der Schule,

General Lemelsen, um zuzuschauen. Das beflügelte natürlich unseren Kampfgeist. Wir legten also wie verabredet los. Ich hatte dabei das Handicap, dass ich kurzsichtig war und normalerweise eine Brille trug, die ich natürlich abnehmen musste. Dadurch konnte ich einen Schlag meines Kontrahenten nicht rechtzeitig im Ansatz erkennen. Er traf mich mit voller Wucht auf die Nase. Ich sah im wahrsten Sinn des Wortes rot, schlug ebenfalls kräftig zu und traf seine Mundpartie. Erfolg: Auf beiden Seiten floss Blut, der Kampf wurde abgebrochen, wir bekamen die Bestnote für unseren Kampfeinsatz und wurden in das Krankenrevier geführt. Dort wurde diagnostiziert, dass mein Nasenbein angebrochen war. Die Nase wurde längere Zeit durch ein Klebepflaster in gerader Stellung gehalten. Und meinem Freund und Kontrahenten hatte ich die beiden vorderen Schneidezähne ausgeschlagen und den Kiefer gebrochen. Obwohl wir Zurückhaltung vereinbart hatten, waren wir beide übel verletzt worden.

Im Sommer, etwa zur Mitte unserer Kriegsschulzeit, wurden wir nach einer bestandenen Prüfung vom Fahnenjunker-Unteroffizier zum Fähnrich befördert. Wir traten mit einer neuen Verzierung auf unseren Schulterklappen einen Heimaturlaub an und begannen dann mit dem zweiten Abschnitt unserer Ausbildung zum Offizier.

Schön und interessant war unsere sogenannte Belehrungsreise, die uns zu verschiedenen Truppenteilen nach Schlesien führte. Jede besuchte Truppengattung führte uns Ausrüstung und Waffen unter Einsatzbedingungen vor. Unter anderem veranstaltete die Artillerie ein Gefechtsschießen auf dem Truppenübungsplatz Neuhammer. Wir standen auf einem Aussichtshügel, und die Artillerie feuerte über uns hinweg auf Zielattrappen. Das war eine neue Erfahrung. Die Granaten zischten über uns nach vorne, und dann erst hörten wir den dumpfen Knall des Abschusses hinter uns, dicht gefolgt vom Krach des Einschlags vor uns.

Plötzlich schrie ein kriegserfahrener Offizier: »Volle Deckung!«

Wie oft geübt, warfen wir uns zu Boden, und gleich danach detonierte eine Granate in der Nähe unserer Gruppe. Jener Offizier hatte gehört, dass das Geschoss auf uns zuflog und konnte uns noch warnen. Der Beinaheunfall wurde damit erklärt, dass wir auf unserem Beobachtungshügel direkt unter der Flugbahn der Geschosse standen und der Richtschütze dessen Höhe unterschätzt hatte, sodass die Granate sozusagen am Hügel hängen blieb und dort detonierte. Außer dieser brenzligen Situation verlief die Reise wie geplant, und wir bekamen einen Einblick in die Tätigkeiten und Kampfweise aller Truppenteile.

Unsere Freizeitgestaltung auf der Schule war unterhaltsam, wird aber heute bei manchem ein Lächeln hervorrufen. Zunächst einmal bekamen wir, wenn wir nichts angestellt hatten, Wochenendurlaub am Samstag und Sonntag. In Zivil durfte man nur fort, wenn man als Grund zum Beispiel »Wandern in der Sächsischen Schweiz« angab. Man musste dann aber sogenannte Knickerbockerhosen anziehen. Mit Knickerbockers durfte man andererseits nicht in ein Tanzlokal, wo es uns natürlich mehr hinzog als in die Sächsische Schweiz. Wenn man offiziell zum Tanzen gehen wollte, was grundsätzlich erlaubt war, musste man Uniform tragen. Der Ausweg aus dem Dilemma war, dass viele Kameraden und auch ich ein Ziviljackett mit zwei Hosen hatten, nämlich Knickerbockers und langen Hosen. Man ging in Knickerbockers zum Kasernentor hinaus, hatte die »Lange« in einer Aktentasche dabei und zog sich dann in der Toilette des Schnellzuges einfach die andere Hose an. Der Trick kam nie auf, vielleicht, weil unsere Aufsichtsoffiziere ein paar Augen zudrückten.

Berlin war als Urlaubsort sehr beliebt. Der letzte Zug zurück nach Dresden traf dort am Sonntagabend zwanzig Minuten vor Mitternacht ein – wenn er pünktlich war. Wir hatten grundsätzlich nur bis Mitternacht Ausgang. Das wussten auch die Dresdener Taxifahrer, und so warteten am Ausgang Scharen von Taxis auf uns. Ankunft des Zuges, im Laufschritt zu den Taxen, immer vier Mann rein und ab zur Schule, die in Dresden-Neustadt lag und eine gute Viertelstunde Fahrzeit benötigte. Meistens haben wir es gerade so geschafft, und wenn nicht, dann war der nächste Wochenendurlaub flöten.

Es war uns übrigens strikt verboten, mit Mädchen »engeren Umgang« zu pflegen. Wenn so etwas herauskam, wurde man sofort vom Lehrgang suspendiert. Dagegen hatten wir dienstlich verordnete Tanzstunden zu absolvieren, weil dies ja auch zur Etikette in den »besseren Kreisen« gehörte. Die dafür erforderlichen Mädchen wurden von den höheren Mädchenschulen Dresdens »gestellt« und fuhren selbstverständlich zum Ende der Veranstaltung geschlossen wieder ab. Da war natürlich nichts zu machen.

Ausgerechnet der katholische Militärpfarrer bot uns seine Hilfe an, indem er Kontakte mit christlichen Familien vermittelte. Ich meldete mich aus Neugier, bekam auch eine Adresse, machte dort meinen Besuch, und siehe da, es gab eine Tochter im Hause. Weil ich wusste, dass künftige Offiziere bei Dresdener Familien als künftige Schwiegersöhne begehrt waren, wurde ich misstrauisch. Es wurde für den nächsten Sonntag eine gemeinsame Fahrt mit dem Auto vereinbart, was alles andere als üblich war. Dabei zeigte es sich, dass das Töchterlein bereits einen Freund hatte, der mit von der Partie war. Ich war erleichtert und genoss fortan unbeschwert die wirklich wohlgelungenen Familienausflüge in die nähere und weitere Umgebung.

Das Jahr ging zu Ende und damit unser Offizierslehrgang. Es gab noch eine umfassende Prüfung, bei der unser gesamtes neu erworbenes Wissen abgefragt wurde, dann wurden wir zum Oberfähnrich befördert. Als solcher hatte man schon einen Säbel zur Paradeuniform zu tragen, die bis auf die Schulterklappen der eines Offiziers entsprach – aber selbst beschafft werden musste. Von der Kriegsschule wurden wir dann noch bis Ende Januar auf die Pionierschule geschickt, um unser Fachwissen zu vertiefen.

Dann aber ging es mit stolzgeschwellter Brust und natürlich in der neuen Uniform nach München zu meiner alten Kompanie. Der Erste, der mir dort begegnete, war der alte preußische Spieß. Er sah mich, schlug die Hacken zusammen, stand stramm und gratulierte mir zur Beförderung. Ich stand nun im Rang über ihm. Trotzdem arbeiteten wir gut zusammen. Er erkannte mich an, ich ihn auch. So meldete er mir zum Beispiel am Morgen die Kompanie, was ihm überhaupt keine Schwierigkeiten bereitete. Das militärische Prinzip von Befehl und Gehorsam funktionierte unter allen Bedingungen.

Am 5. Februar 1938 rückte meine Kompanie zum Winterschießen und Gebirgsdienst auf die Pionierhütte am Ross- und Buchstein in die Tegernseer Berge ab. Aber damit war es bald vorbei. Bereits nach fünf Tagen, also am 10. Februar, klingelte das alte Feldtelefon, die einzige Verbindung mit unserer Münchener Garnison. Das Gespräch war nicht lang, aber bedeutungsvoll. Es wurde nämlich das Codewort für die Mobilmachung durchgegeben. Es war gegen 22 Uhr, die meisten schliefen schon. Raus! Aufstehen! Klamotten packen! Eine Stunde Fußmarsch hinunter auf dem Pionierweg zur »Schwarzen Tenn«, wo unsere Gefechtsfahrzeuge warteten. Aufsitzen zur Fahrt nach München. In der Kaserne scharfe Munition und

Sprengstoff laden – ein wohlorganisierter Ameisenhaufen. Wir waren morgens um drei Uhr in der Kaserne angekommen und konnten schon um sieben Richtung Süden losfahren. Es war dies der Beginn des »Unternehmens Otto«, der Militäraktion zum Anschluss Österreichs an das Reich, und damit der Anfang einer Reihe von Annexionen, die dann im Zweiten Weltkrieg ihr Ende fanden.

Da man nicht sicher war, wie sich das österreichische Bundesheer des Bundeskanzlers Kurt Schuschnigg verhalten würde, waren wir vorsichtig und auf das Schlimmste gefasst. Unser Bataillon hatte den Auftrag zu erkunden, ob die Brücken über die Salzach vor Salzburg noch intakt oder gesprengt oder zur Sprengung vorbereitet seien. In letzterem Falle sollten sie im Handstreich genommen werden. Mir fiel die Ehre und die Verantwortung des Vorauskommandos zu. Vor der regulären Truppe ein Pionierkübelwagen mit aufgesatteltem MG, dahinter mein Wagen und wieder dahinter eine Pioniergruppe mit Gefechtsfahrzeug, auf dem Führerhaus wieder ein MG. So ging es am 12. März 1938 über die deutsch-österreichische Grenze gen Salzburg. Je näher wir kamen, desto zahlreicher wurde die Bevölkerung am Straßenrand, die uns begeistert zujubelte. Bald war die Straße von Menschen so überfüllt, dass wir nicht mehr weiterfahren konnten. Wir wurden aus unseren Wagen gezerrt, auf irgendwelche Schultern gehoben und herumgetragen.

Auftragsgemäß musste ich ja melden, was mit den Salzachbrücken los sei. Ich fragte in all dem Trubel die Leute, ob diese Brücken wohl noch in Ordnung seien. Sie brüllten: »Ja, ja, freili! Die Heimwehr ist auf und davon und hat ihre Uniformen auszogen!«

Daraufhin wagte ich den Funkspruch nach hinten, dass auf den Brücken keine Gefahr drohe. Im Triumphzug und im Schritttempo erreichten wir als erste deutsche Truppe

Salzburg. So habe ich den Anschluss erlebt. Wir fuhren im Laufe der nächsten Tage weiter durch das Land mit der Aufgabe, alle Brücken, vor allem im Bereich der Mur, zu verstärken, die unserem Militärstandard nicht entsprachen. Da bewährte sich unsere Ausbildung im Behelfsbrückenbau, weil wir diese Verstärkungen berechnen und mit Balken und Bohlen aus den umliegenden Sägewerken umsetzen konnten.

Solch ein Brückenbau hielt uns manchmal auch mehrere Tage an einem Ort fest, so zum Beispiel in Frohnleiten an der Mur, wo wir im Schloss der Familie von Meyer-Möllnhoff einquartiert waren. Der Baron war offensichtlich kein Freund Hitlers, was aber der herzlichen Gastfreundschaft keinen Abbruch tat. Wir wurden von livrierten Dienern geradezu verwöhnt, und auch die beiden Baronessen waren sichtlich davon angetan, dass ihr scheinbar recht eintöniger Tagesablauf eine Abwechslung erfuhr. Der Quartiermacher hatte vorausschauend meinen Freund Schorschl, Leutnant Georg Freiherr von Schatte, mit in das Schloss eingeteilt. So blieb alles einigermaßen standesgemäß. Die beiden Baronessen haben uns im Übrigen später einmal zum Fasching in München besucht.

Zum Ende des »Unternehmens Otto« fand dann eine große Feldparade in Graz statt, bei der ich zum ersten Mal als Fahnenoffizier eingeteilt war, wieder mit meinem Freund Schorschl. Alle Teilnehmer an diesem Einsatz bekamen danach noch eine Medaille an die Brust geheftet, die auf der Vorderseite zwei Jünglinge zeigte, nackt und nach oben schreitend, der eine mit Hakenkreuzfahne, der andere, wie er seine Fesseln zerbricht. Auf der Rückseite steht die von fast allen Österreichern bis zur Heiserkeit gebrüllte Parole: »Ein Volk – ein Reich – ein Führer« und das Datum des Anschlusses Österreichs an das Deutsche Reich, der 13. März 1938.

Ende März in die Garnison zurückgekehrt und demobilisiert, ging es Schlag auf Schlag weiter. Schon Mitte April wurde ich mit mehreren Offizieren in die Pfalz geschickt zu einer Erkundung für eine geplante »Sperrübung Pfalz«. Als das ganze Bataillon nachrückte, erwies sich diese »Übung« als Vorbereitung für den Ernstfall, einen künftigen Krieg gegen Frankreich. Zug um Zug wurde die Westgrenze des Deutschen Reichs mit einer 630 Kilometer langen Befestigungslinie gesichert, die nach der nationalsozialistischen Bautruppe »Organisation Todt« offiziell »Todt-Linie« genannt wurde. Später bürgerte sich dafür die Bezeichnung »Westwall« ein.

Mein Vater wurde kurze Zeit später Inspekteur der Westbefestigungen mit Sitz in Wiesbaden und war für die taktische und operative Führung verantwortlich. Die Ausführung übernahmen die genannte Organisation Todt sowie zivile Baufirmen. Vielleicht hat sich in der Personalabteilung jemand daran erinnert, dass mein Vater schon vor dem Ersten Weltkrieg in den Festungen Metz und Ingolstadt eingesetzt war.

Unsere Aufgabe als Pioniere bestand im Bau feldmäßiger Sperren. So wurden Wälder abgeholzt, wobei die Bäume in 1,50 Metern Höhe abgeschlagen wurden. Waldwege wurden durch quer über den Weg geschlagene Bäume gesperrt, an freien Stellen wurden Stücke von Eisenbahnschienen senkrecht in den Boden gerammt, Brücken wurden auf ihre Sprengmöglichkeiten erkundet, Sprengpläne angefertigt und die erforderliche Sprengmunition in der Nähe bereitgestellt. An Brennpunkten wurden sodann die ersten »Panzer-Tetraeder« aus Stahlbeton aufgestellt, die ein unüberwindliches Hindernis für Kettenfahrzeuge darstellen sollten.

Im Nachhinein erscheint mir diese ganze Aktion als ein mehr politisch zu bewertender Reflex, um zu zeigen, dass sich »Großdeutschland« nunmehr jedwede Einflussnahme auf sein Territorium verbitte.

Mit den Pfälzern kamen wir blendend aus. Man verstand sich als ein Teil Bayerns. Ich musste nur meine Soldaten daran gewöhnen, dass man Wein nicht wie Bier literweise trinken kann, ohne Schaden zu erleiden.

Um diese Erkenntnis reicher traten wir den Rückmarsch nach München an, wo uns schon der nächste Einsatzbefehl erwartete. Wir waren dazu bestimmt, als Organisationstruppe für den Reichsparteitag in Nürnberg zu fungieren. Da viele Besucher zu erwarten waren, mussten wir an verschiedenen Stellen der Stadt Übergänge schaffen, sodass die Besucherströme die Straßenkreuzungen leichter überqueren konnten. Außerdem galt es besondere Vorbereitungen zu treffen für den Tag der Wehrmacht auf dem sogenannten Märzfeld. Es war dies eine Riesenshow, wie man heute sagen würde, bei der zum ersten Mal deutsche Panzer, allerdings sehr kleine Exemplare, paradierten. Durch den Versailler Vertrag waren uns ja grundsätzlich Panzer verboten worden. Das Volk jubelte! Sinnigerweise hieß dieser Parteitag »Parteitag des Friedens«. Man wollte die Welt glauben machen, dass Deutschland nur friedliche Absichten hegte. Der Rest ist bekannt!

Inzwischen verdichteten sich die Nachrichten über die Unstimmigkeiten mit den Westmächten wegen der Pläne der Reichsregierung zur Okkupation der Tschechoslowakei. Hitler hielt eine Brandrede. In diesem Zusammenhang ist wirklich kurios, dass ich als späterer Kommandeur des Pionierbataillons 10 der Bundeswehr in Ingolstadt im Jahre 1966 die Aufgabe hatte, alle zwölf Türme des damaligen Reichsparteitagsgeländes in Nürnberg-Langwasser zu sprengen, um dieses Relikt der Nazizeit auszulöschen. Sic transit gloria mundi – so vergeht der Ruhm der Welt!

Kaum in die Garnison zurückgekehrt, erwartete uns ein neuer Auftrag. Ende September 1938 wurde unser Bataillon unter Gefechtsbedingungen nach Niederbayern verlegt. Unsere Kompanie landete in Ortenburg. Das sollte für mich eine schicksalhafte Wendung bedeuten.

Mein Freund Schorschl wurde in der Fellermühle einquartiert, einem renommierten Betrieb mit Sägewerk, Mühle und Landwirtschaft. Ich traf es etwas schlechter. Eines Tages sagte Schorschl zu mir: »Komm doch einmal vorbei, da sind zwei nette Mädels in der Familie!«

Ich besuchte die Familie, und der gutmütige Vater stellte uns für das nächste Wochenende seinen komfortablen »Wanderer«-Pkw für einen gemeinsamen Ausflug zur Verfügung. Wir spielten »High Society«: Im Fond saßen Schorschl und Melanie als die adligen Respektspersonen. Vorn am Steuer nahm ich als Chauffeur Platz, neben mir Karin als Hausdame. Wir haben viel Quatsch gemacht, merkten während der Fahrt jedoch, dass uns das Benzin ausging. Also haben wir unsere Kreuzer zusammengetan und gerade noch fünf Mark zusammengebracht, um bis nach Ortenburg bei Passau zurückzukommen. Peinlich! Das war dann gar nicht High Society gemäß.

Im Zuge der »Befreiung des Sudetenlandes« wurden wir im Oktober von Ortenburg nach Haidmühle verlegt. Der Schlagbaum zur tschechischen Grenze wurde weggeräumt, und wir rückten in bislang nicht zum Deutschen Reich gehörendes Land ein. Im Gegensatz zur Besetzung Österreichs war der Beifall hier schon schwächer. Wir richteten Straßen, Wege und Brücken her in dem Land, das Adalbert Stifter so treffend und naturverbunden beschrieben hat. Auch vom Urwald am Kubany waren wir sehr beeindruckt.

Ende Oktober waren wir wieder in unserer Garnison, der Alltagsdienst nahm uns in Anspruch. Da ich als einer der Wenigen schon einen Führerschein besaß, kam ich zur Ausbildung als Fahrlehrer. Nach Bestehen der militärischen Fahrlehrerprüfung in allen drei Klassen, also Pkw, Lkw und Krad Mitte Dezember war meine Aufgabe die Schulung von Bataillonsangehörigen zu Kraftfahrern.

Das neue Jahr begann zunächst ganz undramatisch mit normalem Ausbildungsdienst. Mitte März braute sich wieder etwas zusammen. Dieses Mal ging es um die »Rest-Tschechei«. Der Meinungskrieg wurde heftiger. Die Hoffnung der Nazis, es käme vielleicht wieder zu einem »Münchner Abkommen«, zerschlug sich. Am 12. März 1939 hieß es: »Marschbereitschaft herstellen!« Das lief nun fast automatisch ab, da wir es schon zweimal geübt hatten.

Am nächsten Tag rückte unser Bataillon »feldmarschmäßig« mit scharfer Munition aus. Diesmal ging es über das Fichtelgebirge nach Eger. Es war eine harte Fahrt und eine Meisterleistung unserer jungen Fahrer, denn es tobte ein unerbittlicher Schneesturm, der die Straßen in höheren Lagen verwehte. Die Pioniere schaufelten die Straßen zwar frei, aber nach kurzer Zeit waren diese schon wieder zugeweht.

Völlig erschöpft trafen wir zunächst in Eger ein und erreichten nach einem Ruhetag unseren Bestimmungsort Rokycany. Einen Tag später, am 16. März, wurde das »Protektorat Böhmen und Mähren« ausgerufen. Die Westmächte griffen, vermutlich zähneknirschend, trotz dieser eklatanten Völkerrechtsverletzung nicht ein. Hitler hatte wieder einmal Glück gehabt.

Rokycany liegt unweit der Bierstadt Pilsen, was uns nicht unangenehm war. Zum Essen gab es »Böhmisch Knedlik«, beides schmeckte uns richtig gut. Unsere Aufgabe war es, Kanonen, Panzer und andere schwere Waffen der sang- und klanglos entwaffneten tschechischen Armee zum Abtransport ins Reich zu verladen. Wir besuchten auch einmal die alte Kaiserstadt Prag und waren tief beeindruckt.

Ende März ging's dann wieder zurück nach München, um relativ langweiligen Routinedienst zu schieben. Zwischendurch gab es glücklicherweise auch mal einige Tage Urlaub.

Feldzug in Polen

Die Nachrichten aus Polen wurden mittlerweile immer bedrohlicher, und Mitte August 1939 wurde so langsam auch dem letzten Zweifler klar, dass offensichtlich ein Angriff auf dieses Land propagandistisch vorbereitet wurde. In aller Stille trafen wir in München die nötigen Maßnahmen für einen Einsatz, und es klappte auch alles wie am Schnürchen – dank der drei vorhergegangenen »Generalproben« mit den Einmärschen in Österreich, dem Sudetenland und der Tschechei.

Am Samstag, dem 19. August 1939, wurde unsere Kompanie an der uns inzwischen wohlbekannten Laderampe in München Laim verladen und fuhr am darauf folgenden Sonntag um sechs Minuten nach Mitternacht Richtung Osten ab. Selbstverständlich begann sofort ein großes Rätselraten über das genauere Ziel unserer Fahrt, das mit den verschiedensten Vermutungen endete. Ich selbst zog es vor, mich überraschen zu lassen, und begab mich in den »dritten Stock« hinauf, um mich in meiner Hängematte von den Strapazen eines Verladeoffiziers auszuruhen. Unter mir baumelte die Hängematte von Leutnant Behringer, und wieder einen Stock tiefer lag Otto auf dem Pfühl des altmodischen Abteils der Zweiten Klasse. Abgehärtet gegen Seekrankheit ruhte ich bald in Morpheus' Armen, und unbemerkt von mir rollte unser Zug Richtung Wien. Die Route führte über Salzburg, Linz und St. Pölten nach Tulln.

Am Morgen schien mir die Sonne auf die Nase und weckte mich. Ich gab mich in meiner Hängematte baumelnd meinen Gedanken hin. Unsere Stimmung war heiter und erwartungsfroh, wenn sich auch jeder des Ernstes der Stunde bewusst war und im Stillen mit seinem bisherigen Leben abschloss, um unbeschwert in einen neuen Lebensabschnitt einzutreten. Für einen Soldaten, der bislang nur immer auf dem Kasernenhof gestanden und befohlen hatte: »So muss das gefechtsmäßig gemacht werden!«, kam nun die Stunde, da sich seine bisherige Erziehungsarbeit und sein eigener Charakter im Gefecht zu bewähren hatten. Und da schlich sich doch so ganz geheim die Angst ein. Es war weniger die Furcht vor der Gefahr an sich als die Angst zu versagen, wenn einem zum ersten Mal die Kugeln um die Nase pfeifen. Man kannte sich selbst ja noch nicht und wusste nicht, wie man sich in solch einer Lage verhalten und bewähren würde. Darüber hinaus fragte man sich immer wieder insgeheim, was das Ziel des Ganzen sein sollte.

Später, im Verlauf unserer Gefechte, machte ich die Erfahrung, dass mich im Ernstfall plötzlich eine große Ruhe überkam, die sich dann auch auf meine Leute übertrug und manche schwierige Lage meistern half. Wenn man dies einmal erfahren hat, verliert sich auch die unbestimmte Angst vor der Furcht. Man weiß, dass man jeder Lage ruhig und besonnen begegnen würde. Und das machte einen frei.

In Linz gelang es mir sogar, mich zu waschen, was mit großem Hallo auf einem Bahnsteig erledigt wurde. Die schönste Strecke im Donautal fuhr ich mit Behringer auf dem Fahrersitz eines Kraftfahrzeuges, das auf einem offenen Güterwaggon stand. Hier saßen wir luftiger, sahen mehr und konnten nicht zuletzt den vielen Leuten, die uns von überall her grüßten, zuwinken.

Während der zweiten, wiederum verschlafenen Nacht fuhren wir durch das »Protektorat Böhmen und Mähren«,

Im Polenfeldzug

und zwar auf der Strecke Lundenburg–Göditz–Napajedla–Prerau, nach Olmütz. Hier wurden wir am 21. August gegen neun Uhr ausgeladen, wobei ich wieder der leitende Offizier war. Es herrschte schon zu dieser frühen Zeit eine drückende Schwüle, die einen lähmte. Die Unterkunft der Kompanie befand sich in einem burgartigen ehemaligen Kloster, der sogenannten Jesuitenkaserne.

Hier entdeckten wir zum einen ein Massengrab mit den Gebeinen von etwa dreißig Patres in einem der vielen unterirdischen Katakombengänge, und zum anderen machten wir die Bekanntschaft mit kleineren Hausbewohnern in Form von fetten Wanzen. Beide für uns nicht alltäglichen »Anschauungsobjekte« wurden mit jungenhaftem Forscherdrang, aber auch mit etwas Skepsis besichtigt. Es gelang, uns in einem noch nicht verwanzten Stockwerk häuslich einzurichten. Ich selbst bezog die ehemalige Behausung eines Brigadegenerals, das hieß in der Praxis, ich schlug zwei Mauerhaken in die Tapetenwand und hängte daran meine Hängematte in eineinhalb Metern Höhe auf.

In aller Herrgottsfrühe wurde ich allerdings durch einen heftigen Fall unsanft geweckt. Ich prüfte meine am Boden liegenden Gebeine und stellte dabei fest, dass ich mir mein Steißbein ganz gewaltig geprellt hatte, sodass ich in den nächsten Tagen langsamer dahinschleichen musste. Einer der scharfen Mauerhaken hatte den Strick langsam, aber sicher zernagt, bis er meinem Gewicht nicht mehr standhielt. Um eine Erfahrung reicher, hängte ich die Hängematte künftig nur noch dreißig Zentimeter über dem Erdboden auf. Ansonsten hat sie sich aber großartig bewährt, gerade auch im Hinblick auf die missliebigen »Untermieter«. Tatsächlich schlief es sich bei trockenem Wetter wesentlich besser unter freiem Himmel zwischen zwei Bäumen oder Kraftfahrzeugen als in einem stinkenden Bauernhaus.

24. August 1939
Im Laufe dieses Tages wurde der Abschluss des deutsch-sowjetischen Nichtangriffspakts bekannt. Das bestätigte unsere bisherigen Vermutungen. Nun wurde es endgültig klar, dass ein Angriff auf Polen geplant war. Außerdem wurde ich zum dritten und letzten Male gegen Typhus geimpft, was wieder mit ziemlichen Schmerzen verbunden war.

Nach einem verbummelten Vormittag brachen wir gegen zwanzig Uhr mit Kraftfahrzeugen auf und fuhren über Sternberg, Jägerndorf, Leobschütz und Gnadenfeld bis nach Grenzen (Grzendin) , das wir nachts um zwei Uhr erreichten. Die Unterbringung bei einem netten Pfarrer ließ nichts zu wünschen übrig. An diesem Ruhetag herrschte eine unheimliche Hitze. Wir richteten uns auf einen längeren Aufenthalt ein, doch am Abend kam bereits der Abmarschbefehl. Als erste Mobilmachungsmaßnahme wurden die Soldbücher ausgeschrieben.

25. August 1939
Um 4.30 Uhr fuhren wir nach Reigersfeld, zum ersten Mal mit vollkommener Kriegsausrüstung. Weitere Mobilmachungsmaßnahmen wurden durchgeführt. Es entwickelte sich ein reges und geschäftiges Treiben auf unserem Appellplatz, denn das Codewort »Dreschen beginnt« war durchgegeben worden. Jeder empfing scharfe Munition für die Handwaffen, seinen Feldfilter für die Gasmaske, die Erkennungsmarke und das Soldbuch. Handgranaten und Behelfssperren wurden scharf gemacht, kurz, wir verwandelten uns in ein richtiges Waffenarsenal. Die Spannung erreichte den Siedepunkt, denn wir alle wussten, dass der nächste Tag die Entscheidung bringen würde.

Der Morgen brach an, wir wurden jedoch nicht zur befohlenen Zeit geweckt. Was war los? Keiner konnte diese

Frage beantworten oder sich die Gründe dafür denken. Aber wozu auch? Unsere Führung würde schon wissen, warum es nicht losging. Das Warten wurde unerträglich. Am Abend erfuhren wir endlich, dass der Einmarsch um acht Tage verschoben worden war. Die deutschen Truppen waren schon fast jenseits der Grenzen, als sie in letzter Minute gestoppt wurden. Nun wussten wir endlich, woran wir waren.

Ein Kompanieabend am Lagerfeuer ließ auch die unverwüstlich gute Stimmung wieder aufleben. Nichts wirkt zermarternder als eine Spannung, bei der man nicht weiß, wann sie sich entlädt. Alles fieberte auf diesen befreienden Moment hin und hoffte, dass endlich der entscheidende Tag herankäme. So warteten wir in Reigersfeld den Beginn des Einsatzes ab und versuchten, uns zu beschäftigen, damit die Tage nicht gar so langsam verstrichen.

Wir hatten eine neue Brückenkolonne bekommen und machten zur Abwechslung einen Übungsbrückenschlag über die Oder, um unsere Zusammenarbeit zu verbessern. Es klappte auch ganz ordentlich. Später stellte sich heraus, dass dieser Brückenschlag sinnvoll war, da wir im Verlauf des Einsatzes viele hundert Meter Brücken zu bauen hatten.

Einige Tage später feierten wir die Beförderung des Oberstabsarztes Dr. Hradatsch, des Majors Ingenieur Schneider und des Leutnants Börkey. Die Feier wurde feucht-fröhlich dank einer Anzahl gut gebratener Gänse und guten Weines. Die Heimkehr von Leutnant Behringer und mir ins Quartier vollzog sich mit Hindernissen, da unsere Mansarde zugesperrt war. So mussten wir, um ins Zimmer zu gelangen, in das Fenster über einer Laube einsteigen, wobei wir einen Telefonmasten und mehrere Dachrinnen zu Hilfe nehmen mussten. Und das um drei Uhr früh mit einer gehörigen Menge Alkohol im Blut!

31. August 1939

Es war der Tag der Bekanntgabe der 16 Punkte Hitlers und gleichzeitig deren Ablehnung durch die Polen. Dass diese »Vorschläge« der polnischen Regierung nie vorgelegt und von dieser daher auch nicht abgelehnt worden waren, wurde dabei tunlichst verschwiegen. Nun glaubten wir auch zu verstehen, warum eine Woche zuvor der Einmarsch abgeblasen worden war. Dass dessen Verschiebung auf Intervention Mussolinis erfolgt war, erfuhren wir ebenfalls nicht. Für uns sah es so aus, als versuche der »Führer« bis zum letzten Augenblick, den Frieden zu wahren. Mit Berichten über angebliche polnische Propagandakampagnen, die von einem Marsch auf Berlin faselten, heizte man die Stimmung in der Truppe weiter auf. Wir glaubten, es sei es an der Zeit zu zeigen, dass auch wir unsere Waffen zu gebrauchen wüssten.

Am Abend erhielten wir den Abmarschbefehl für den nächsten Morgen. Endlich war die Zeit des Wartens um! Nun würde es sich zeigen, was in jedem Einzelnen steckte. Getrost sahen wir dem nächsten Tag entgegen.

1. September 1939

Am Morgen dieses denkwürdigen Septembertages begann unser Vormarsch Richtung Haselgrund, einem Ort in der Nähe der polnischen Grenze. Um 4.45 Uhr war der Beginn des Einmarsches. Während der Fahrt, die ohne jedes Licht und in Fliegermarschtiefe, also mit doppeltem Abstand, erfolgte, hörten wir von Ferne schon das Rattern von Maschinengewehren, dazu die dumpfen Abschüsse und etwas helleren Einschläge unserer Artillerie. Über uns flogen in tadelloser Ordnung zwei Kampfgeschwader Richtung Osten. Plötzlich tauchten ganz fern am Horizont zwei polnische Jagdflugzeuge auf, dicht gefolgt von mehreren deutschen Flugzeugen. Nach kurzem Luftkampf verschwanden die beiden Polen vom Himmel. Weiter ging die Fahrt.

Währenddessen lief dauernd unser Kompanieradio und verbreitete die neuesten Meldungen, die ich mir durch einen Kradfahrer überbringen ließ. Ich hörte damals, dass die Polen in der Nacht vorübergehend den Reichssender Gleiwitz und Hohenlinden, einen Grenzort zehn Kilometer westlich von uns, besetzt hätten. Hier sei es schon in der Nacht zu Kämpfen gekommen. Später hat sich das aber als falsch herausgestellt, denn die SS inszenierte diesen Überfall, um Hitler einen Vorwand für den Überfall auf Polen zu liefern.

Außerdem wurde eine Erklärung des Danziger Senatspräsidenten verlesen, wonach die freie Stadt Danzig ihren Anschluss an Deutschland erklärt hatte. Die Nachrichten überschlugen sich. Auf unserem Vormarsch überholten wir eine Batterie schwerster Mörser, die nun bald auch ein gewichtiges Wort in dem kommenden Tanz mitreden würden.

In Haselgrund angekommen, brachten wir so schnell wie noch nie zuvor unsere Fahrzeuge in Fliegerdeckung. Wir lagen als Korpsreserve da und knirschten mit den Zähnen, weil wir noch nicht eingesetzt worden waren. Kurz vor zehn Uhr kam die Meldung, dass unsere Truppen bereits die Stadt Rybnik besetzt hatten. Das Tempo war vom ersten Tag an unglaublich hoch.

Um zehn Uhr lauschte die ganze Kompanie am Radio gebannt der Rede des »Führers« im schnell einberufenen Reichstag. Der nahe Kanonendonner verlieh den pathetischen Worten, die dieser »erste deutsche Soldat« an sein damals noch weitgehend auf ihn eingeschworenes Volk richtete, ein besonderes Gewicht. Danzig wurde durch das Reichsgesetz deutsch. Wir fühlten alle, dass diese Stunde von geschichtlicher Bedeutung war.

Nachmittags feierten wir den Geburtstag meines Stellvertreters, des Oberfeldwebels Wallstein, mit extra aufbewahrtem und sorgsam behütetem Bohnenkaffee und Geleebroten. Etwas später hatten wir einige Panzersperren, also in die Straße gegrabene tiefe Löcher, zu beseitigen. Wir ließen die polnische Bevölkerung ordentlich mitarbeiten, was diese in sichtlicher Todesangst und mit verbissenem Schweigen taten. Während des Schaufelns schauten die Leute stumm zu Boden, nur ab und zu traf uns ein scheuer Blick.

Immer wieder kamen neue Sondermeldungen zwischen der unaufhörlich gesendeten Marschmusik: Unsere Luftwaffe bombardierte polnische Flughäfen und die Flotte im Hafen von Gdynia, während England bereits mobilmachte. Die deutschen Truppen erreichten alle ihre Tagesziele, das VIII. Armeekorps konnte sogar noch ein Stück weiter vorstoßen. Die ersten Grenzbefestigungen wurden buchstäblich über den Haufen gerannt. Wir richteten uns in Haselgrund für die Nacht ein, gewärtig, jeden Augenblick eingesetzt zu werden.

2. September 1939

Nach einer ruhigen Nacht, in der ich wegen der Aufregung aber nicht ruhig schlafen konnte, machten wir uns gemütlich fertig. Die drei Zugführer genehmigten sich einen Frühschoppen. So verging in einer merkwürdigen Stille der Vormittag.

Am Mittag kam plötzlich unser Abmarschbefehl. Endlich! Darauf hatten wir doch gewartet! Die Fahrt führte uns über die polnische Grenze, über Szczejkowice und Czerwionka nach Belk. Dicht hinter der deutschen Grenze lagen schwere polnische Panzersperren, Stacheldrahtverhaue und Feldstellungen. Wir sahen die ersten zerschossenen Häuser, die ersten Granattrichter in und neben der Straße und an vielen Stellen Straßensperren in Form von breiten und tiefen Gräben, die quer über die Straßen gezogen waren. Doch all dies hatte den deutschen Vormarsch nicht nennenswert aufgehalten. Unterwegs erfuhren wir, dass in der Nacht sogar schon Pleß von unseren Truppen genommen worden war. Dicht dahinter, das wussten wir, erstreckte sich eine polnische Befestigungslinie mit Bunkern und Werken bis hinauf nach Mikołów.

Während unserer Fahrt, die durch Gegenden mit vielen Industriebetrieben führte, riefen die in Mengen an der Straße stehenden Leute zwar noch »Heil Hitler«, doch man konnte sich des Eindruckes nicht erwehren, dass sie das nur aus Angst vor uns taten. Und tatsächlich stellten wir im Nachhinein fest, dass sie alle waschechte Polen waren. Die deutsche Bevölkerung Polens war ins Landesinnere deportiert worden, um Verrat vorzubeugen. Wir blieben daher auf der Hut und ließen uns durch die vorgetäuschte Begeisterung nicht beirren. Meine Pistole steckte von nun an immer in der Hosentasche. So konnte man sich vor Überraschungen schützen.

Kanonendonner war permanent zu hören. Geschwader um Geschwader zog ostwärts. Wir wussten, dass unsere Truppen dabei waren, die Bunker bei Mikołów zu knacken. Die ersten Sanitätswagen fuhren vorüber, später rollten sie in unaufhörlicher Folge vorbei. Wir blieben immer noch untätig liegen. Wir fanden das zum Kotzen! Anscheinend hat man uns ganz vergessen.

Abends kam die traurige Nachricht, dass Leutnant Schumann vor einem Bunker bei Pleß bei einem Angriff der dritten Kompanie, die der fünften Panzerdivision unterstellt war, durch einen Kopfschuss gefallen war.

Er war also der Erste, den es erwischt hatte, und das gleich am Anfang des Einmarsches. Nachdenklichkeit machte sich unter uns breit. Wer würde der Nächste sein?

Mit einem Mal wurde uns allen klar, dass das, was wir taten, kein Kriegsspiel, sondern bitterer Ernst war und dass der Tod vermutlich von nun an unser täglicher Begleiter sein würde.

Später erfuhren wir nähere Einzelheiten. Schumann war mit seinem Stoßtrupp einer Abteilung Kradschützen zugeteilt worden, um bei der Wegnahme eines Bunkers zu unterstützen. Der Angriff kam schlecht vorwärts, die Kradschützen blieben im Feuer liegen. Schumann wollte trotzdem weiter angreifen, lief zu einem MG, um es hervorzuholen, und vernachlässigte fahrlässigerweise seine Deckung. Dabei wurde er von einem Schuss getroffen und war sofort tot.

Die halbe Nacht über rollte in schneller Fahrt die SS-Standarte »Germania«, die dem Korps unterstellt war, nach vorne. Sie sollte anscheinend den letzten Widerstand in der Bunkerlinie brechen. Bei uns war es im Allgemeinen ruhig, nur einmal wurde ein Posten von einem Polen aus dem Hinterhalt angeschossen. Der Zivilbevölkerung konnte man natürlich nicht trauen. Das stellte sich immer mehr heraus. Und urplötzlich konnte von irgendwoher geschossen werden – ein äußerst unangenehmes Gefühl, wenn man jeden Moment in den Rücken getroffen werden konnte. Instinktiv drehte ich mich immer wieder einmal um, um zu sehen, ob irgendjemand auf mich anlegte.

3. September 1939

Wieder einmal war Sonntag. Die wenig passende »Morgenmusik« lieferten unsere Kanonen, deren Donner aus immer größerer Entfernung vernehmbar wurde. Auch ein Bombergeschwader surrte in großer Höhe an uns vorbei.

Ich erhielt an diesem Tag den Auftrag, die Haupträdelsführer der polnischen Widerstandsbewegung, der sogenannten »Powstaince«, festzunehmen. Seit der Abtretung überwiegend von Deutschen bewohnter Gebiete im Zuge des Versailler Vertrags an die Republik Polen hatte es immer wieder Übergriffe von polnischer Seite auf die deutsche Minderheit gegeben, und im Zuge der zunehmenden Spannungen waren viele deutsche Bürger Polens grausam drangsaliert worden.

Von einem Einheimischen hatten wir einen Tipp erhalten, wo sich die Verantwortlichen vermutlich aufhielten. Wir zogen mit Handwaffen und einigen Handgranaten los, umstellten ein Haus nach dem anderen und holten die Männer heraus. Einer lag im Bett und tat, als könne er kein Wässerchen trüben. Als ich ihm mitteilte, dass er verhaftet sei und bei dem geringsten Fluchtversuch erschossen würde, fingen die fünf im Haus befindlichen Frauen, die einen bedauernswert ärmlichen Eindruck machten, zu weinen an und fielen vor mir auf die Knie, um mich davon abzubringen, ihren Mann, Schwager oder Vater fortzubringen. Wahrlich kein schöner Anblick.

Bei einem anderen fanden wir im Fehlboden des Speichers ein Jagdgewehr mit Schrotpatronen größten Kalibers. Hier wiederholte sich die gleiche Szene. Zum Schluss hatten wir fünf dieser Burschen beisammen, die ihren deutschen Mitbürgern in den letzten zwanzig Jahren das Leben zur Qual gemacht hatten. Wir verhörten die fünf und stellten ihnen ihre Opfer gegenüber, die ihre Peiniger natürlich erkannten und berichteten, was sie ihnen angetan hatten. Wir brachten sie dann mit dem Lkw zum Generalkommando in die zuständige Sammelstelle. Wir erfuhren nicht, was aus ihnen geworden ist. Vermutlich hat man sie ohne viel Federlesens erschossen.

Wenn man sich von Deutschen die Schikanen erzählen ließ, denen sie in den vergangenen Jahren in Polen ausgesetzt gewesen waren, dachte man unwillkürlich an blutige Vergeltung, zumal uns die eigene Propaganda den polnischen Gegner stets als fanatisierte Bestie darstellte. Tatsächlich war es fast unmöglich, in der polnischen Zivibevölkerung Freund und Feind auszumachen. Tagsüber riefen sie »Heil Hitler«, und in der Nacht überfielen sie deutsche Meldefahrer und Posten. In uns staute sich jedenfalls eine unbändige Wut an. Derart martialische Gedanken waren nur dadurch zu erklären, dass schlicht und ergreifend Krieg war und es ums nackte Überleben ging.

Am Nachmittag fuhren wir weiter, drehten von Nikołajy ab und fuhren Richtung Pleß. Von da an waren wir der 5. Panzerdivision unterstellt und trafen später wieder mit unserer 3. Kompanie zusammen. In Pleß war die große Brücke gesperrt. Die Umleitung führte durch den wundervollen Schlosspark vorbei an dem Schloss, in dem während des Ersten Weltkrieges das Oberkommando Ost stationiert gewesen war. An einer Verengung des Weges wurden wir mit Bier und Bonbons beschenkt. Hier erkannte man an der großen Begeisterung, dass sich eine starke deutschstämmige Bevölkerung gehalten hatte. Und trotzdem wurde die Einheit, die nach uns durch Pleß fuhr, aus dem Hinterhalt beschossen. Polen war schon ein seltsames Land!

Hinter Pleß sah man an vielen Stellen die Spuren der Gefechte des vergangenen Tages. Kein Dorf stand mehr. Kaum ein Haus, das nicht ausgebrannt war. Überall lag eine Menge Kriegsgerät herum, dazu tote Gäule. Und wir sahen Soldatengräber, die ersten Soldatengräber. Ein Kreuz aus zwei Stämmchen, obenauf ein Stahlhelm – ein polnischer oder ein deutscher. Das war der einzige Unterschied. Später war das Feld zu beiden Seiten von Spuren zerpflügt. Die Gräber mehrten sich.

Auf der linken Seite lag ein deutscher Panzer, ausgebrannt und ohne die rechte Raupenkette. Wir wussten Bescheid: Hier war der polnische Widerstand durch einen

Panzerangriff gebrochen worden. Die Verluste der Polen müssen schrecklich gewesen sein. Kurz darauf fuhren wir durch eine Bunkerlinie. Einzelne Hindernisse und Bunker waren erst halb fertig. Der deutsche Angriff kam für die Polen anscheinend zu früh.

Bei der Weiterfahrt sah das Land wieder etwas friedlicher aus, hier hatten die Polen ganz offensichtlich keine Gelegenheit mehr, sich zu stellen. Ich fuhr mit einem Krad dem Bataillon voraus, um ihm den Weg durch die unzähligen Kolonnen zu bahnen. Alles staute sich und stockte, denn weiter vorn, bei Bojszowy, standen noch einige polnische Verbände und versuchten, den deutschen Vormarsch über den Papro-Bach zu verzögern. Die Brücke über den Bach war zerstört. Ich schlängelte mich mit Reul, meinem Kradfahrer, durch die in zwei und mehr Kolonnen stehenden Fahrzeuge hindurch, weil ich mit dem Kommandeur, der schon vorn am Bach war, Verbindung aufnehmen sollte.

Rechts standen auf einem Acker zahlreiche deutsche Panzer, die sich von ihrem Angriff bei Pleß erholten und sich zum nächsten Einsatz bereit machten. Die Burschen mit ihren schwarzen Hemden und den völlig verdreckten und verölten Gesichtern hatten hier schon allerhand geleistet. Außerdem hatte man ihren Hass auf den Feind mit der Behauptung angestachelt, die Polen würden keine Gefangenen machen.

Weiter vorne trafen wir die Fahrzeuge der 3. Kompanie, die hier in Deckung standen. Die Kompanie arbeitete schon fieberhaft am Bau einer Behelfsbrücke über den Papro-Bach. Jetzt kamen wir zu einer Fahrzeugkolonne, deren Fahrer alle im Straßengraben lagen. Wir hielten an und erfuhren, dass sie eben von polnischen Soldaten aus einem Wald etwa 500 Meter neben der Straße beschossen worden waren. Ach was, wir mussten weiter! Wir würden schon sehen, wie lange es möglich wäre. Also mit Volldampf voraus! Und richtig, da ging das Konzert schon los. Ein paar Maschinengewehre versuchten, uns zu schnappen, aber sie schossen glücklicherweise alle zu hoch. Etwas ungemütlich war die Sache doch. Manchmal sauste so ein Ding mit lautem »Psssst« verdammt nahe über uns hinweg, sodass wir gerne den Kopf einzogen.

Endlich gelangten wir zum Bach. Dort sahen wir, dass die Polen an dieser Stelle zwar schon über den Bach zurückgewichen waren, doch das Ufer war auf beiden Seiten vom Feind noch schwach besetzt. Auch den Kommandeur trafen wir. Sein Wagen hatte in der Tür einen Einschuss, verletzt wurde jedoch niemand. So langsam kam mir zu Bewusstsein, dass ich ja nun zum ersten Mal die Kugeln pfeifen gehört hatte. Mit dieser Feststellung war ich gerade beschäftigt, als es auch schon wieder knallte. Also Kopf weg! Zum Nachdenken war einfach keine Zeit.

Wir mussten wieder zurückfahren, da wir stark beschossen wurden und keine Möglichkeit sahen, den Bach zu überqueren. Das Krad stand in Deckung. Dann sprangen wir auf die Maschine und schauten, dass wir weg kamen. Schneller und schneller wurde die Fahrt, wir rasten die Straße entlang. Da winkte plötzlich jemand im Straßengraben und rief uns zu, dass wir anhalten sollten. Eine Kurve, der Hinterreifen rutschte, und schon waren wir im Graben. Was war bloß los?

Vor uns bewegte sich die eigene Infanterie und beschoss die Ruinen, die brennend direkt vor uns waren, in der Meinung, sie seien noch von den Polen besetzt.

»Ungemütlich! Wirklich ungemütlich, wenn die Kugeln um deinen Kopf pfeifen!«, schrie ich in dem Inferno meinem Beifahrer zu.

Eine weiße Leuchtkugel wurde hochgejagt. Noch eine. Da kam ein deutscher Panzer um die Ecke. Er wurde angehalten und zur Infanterie geschickt, um ihr mitzuteilen, dass sie nicht weiter auf uns schießen soll. Es klappte. Also sprangen wir wieder aufs Krad und brausten weiter. Im Karacho ging's durch Bojszowy zur Erkundung der Fahrzeugaufstellung für das Bataillon.

Eine halbe Stunde später bekam eine deutsche Abteilung in demselben anscheinend ausgestorbenen und brennenden Dorf Feuer aus einigen Häusern. Wir hatten also wieder mal Glück gehabt. Wieder ging es auf die alte Straße zurück. Diesmal wurde das Feuer stärker. Die Polen zielten jetzt auch besser. Ich sah immer etwa zwanzig Meter links von mir die kleinen Staubwölkchen, die anzeigten, dass hier die MG-Garben hineinfetzten. Ab und zu zwitscherte dann wieder ein Querschläger an uns vorbei und bewirkte, dass wir schleunigst eine kleine Verbeugung auf unserem Krad machten. Immer besser schossen sich die Polen ein. Wir mussten für kurze Zeit anhalten und Deckung im Straßengraben suchen. Sobald sich das Feuer beruhigt hatte, fuhren wir wieder weiter.

Auf einmal verstummten die Einschläge, denn das Feuer der feindlichen MGs richtete sich auf ein paar Panzer, die nun in kurzer Zeit diesem Spuk ein Ende machten und alles niederwalzten, was sich ihnen in den Weg stellte. Dankbar sahen wir ihnen nach.

Dann holten wir auf dem erkundeten Weg das Bataillon nach vorn – eine schwierige Aufgabe, da sämtliche Straßen wieder verstopft waren. Ab und zu bekamen wir auch noch etwas Schützen- und MG-Feuer. Wir vermuteten aber, dass dies von unseren eigenen Leuten stammte. Die bunte Leuchtspurmunition, mit der da herumgeballert wurde, bot ein faszinierendes Schauspiel, dem jeder von uns interessiert zuschaute. Ich vergaß dabei fast die Gefahr. Der Tod ist manchmal näher, als man glaubt. Aber im Krieg denkt man einfach nicht daran.

So kamen wir endlich nach großer Mühe nach Bojszowy, das mittlerweile fast ganz niedergebrannt war. Zwei Züge wurden noch vorne an der Brückenstelle eingesetzt, mein Zug blieb in Bereitstellung und erhielt den Befehl, den Ort von Einwohnern zu »säubern«. Es war ein schreckliches Unterfangen! Frauen, Kinder oder Alte wurden vertrieben, Männer einfach erschossen und liegen gelassen. Eine fanatisierende Propaganda und verbrecherische Befehle haben uns zu Mördern werden lassen.

In unsere Decken gewickelt versuchten wir, etwas zu schlafen, aber gar zu oft störte mich jemand, der dies und jenes haben oder wissen wollte. So verbrachten wir die Nacht. Es war lausig kalt, und meine Gedanken waren immer wieder bei den Menschen, die bei der widerlichen Aktion des letzten Tages ihr Leben oder zumindest ihr Zuhause verloren hatten.

4. September 1939

Noch in der gleichen Nacht ging es weiter, tiefste Dunkelheit rings um uns her. Wir fuhren vollkommen ohne Licht, denn der Feind sollte angeblich nahe sein. Plötzlich Halt. Erkundungstrupps wurden gebildet, Holz wurde besorgt: Eine große Eisenbrücke über die Przemsa war von den Polen in die Luft gesprengt worden.

Im Morgengrauen begann nach kurzem Artilleriefeuer der Angriff der Infanterie über den Fluss. Gleichzeitig sollte ich mit einem Erkundungstrupp und der Infanterie an den Fluss, um den Brückenschlag vorzubereiten. Ich döste frierend noch eine Stunde in einem Wagen.

Um 5.30 Uhr begann in der Dämmerung der Feuerüberfall der Artillerie. Von weit hinten hörte man die Abschüsse unserer Kanonen, die schweren Koffer zischten vernehmbar über uns hinweg und schlugen kurze Zeit später mit großem Krawall am jenseitigen Ufer ein. Der

Feuerzauber wurde immer heftiger. Das Dorf, das auf der anderen Seite des Flusses stand, war vor lauter Rauch nicht mehr zu sehen. Eigentlich war das Gelände für den Feind sehr günstig, da von einer dort befindlichen Höhe das ganze Angriffsgelände einzusehen war.

Nach den ersten Schüssen fuhren wir los. Mit dabei war mein unverwüstlicher Reul und Unteroffizier Marchand. Wir kamen bis zu einer Straßenbiegung, hundert Meter von der ehemaligen Brücke entfernt, und warteten aus nächster Nähe das Ende des »Morgensegens« der Artillerie ab.

So langsam kam auch die Infanterie nach vorne. Ein Unteroffizier hatte eine bunte Studentenmütze gefunden, die auf dem Boden lag. Wer sie wohl verloren hatte? Darüber nachdenken, dass wir seinem Studentenleben möglicherweise ein jähes Ende bereitet hatten, durften wir nicht. Der Unteroffizier ging mit diesem Kopfputz seiner Gruppe voran. Wir begleiteten sie bis an ein Haus knapp vor dem Fluss und gingen dort in Deckung. Immer noch war das »Bummm-ratsch« der Granaten zu hören. Hundert Meter vor uns schlugen sie ein. Jede Granate traf haargenau das Dorf Chełmek, in dem noch polnische Soldaten vermutet wurden. Bei mir waren noch Leutnant Bergerhoff, Schmalzl und Eder. Später kam auch der Kommandeur mit Major Höland, also eine ganz ordentliche Ansammlung von Pionieroffizieren.

Während wir alle dicht zusammengedrängt hinter dem Haus warteten, krachte plötzlich in nächster Nähe ein Schuss und ein Unteroffizier der Kradschützen, der unmittelbar zwischen Schmalzl und mir stand, fiel laut schreiend mit einem Oberschenkelschuss zu Boden. Sofort lagen alle im Dreck. Unteroffizier Marchand holte den verletzten Unteroffizier aus dem Feuer, in dem er noch immer lag, und brachte ihn zu einem Sanitäter. Nun schlich ich mich durch einen Gemüsegarten und besah mir, zwischen dicken Kürbissen liegend, den Fluss und die gesprengte Brücke. Die weitere Erkundung wurde vom Dachboden des Hauses ausgeführt, von wo aus man verschiedene große Holzfähren sehen konnte, die gleich in unserer Meldung verzeichnet wurden.

Inzwischen war es sechs Uhr geworden, der Infanterieangriff begann. Ich wollte gerade vom Dachboden heruntersteigen, da hörte ich unten ein lautes Gebrüll. Schnell stürzte ich hinunter und sah, wie ein schwer verletzter Schütze von Leutnant Schmalzl in Deckung gezogen wurde. Im selben Augenblick bekam Schmalzl einen Schuss durch die Schulter. Ohne einen Laut sank er zusammen.

»Eberhard, ist es schlimm mit mir?«, flüsterte er mir zu.

Ich tröstete ihn, ließ ihn aber schweren Herzens liegen, da ich zur Brückenstelle musste. Nachher stellte sich heraus, dass sich ein polnischer Scharfschütze auf einem Baum am diesseitigen Ufer verbarg und uns von hinten unter Feuer nahm. Als der polnische Schütze von nachkommenden Truppen entdeckt worden war, wurde er regelrecht vom Baum geschossen.

Otte, der inzwischen auch nach vorne gekommen war, kletterte mit mir zusammen über die Trümmer der Brücke ans andere Ufer zur weiteren Erkundung. Dabei hatten wir ständig ein mulmiges Gefühl, denn wir konnten ja nicht in Deckung gehen und wären ein gutes Ziel für weitere Scharfschützen gewesen.

Während die Infanterie noch mit der Säuberung des Ortes beschäftigt war, kam schon die Kompanie nach, und in kurzer Zeit stand eine zwanzig Tonnen schwere Behelfsbrücke. Die 2. Kompanie baute gleichzeitig eine Kriegsbrücke über die Przemsa. Die Brückenlänge betrug dreißig Meter, die Bauzeit betrug lediglich drei Stunden. Kurz nach zehn Uhr rollten bereits die ersten Panzer, später auch Artillerie und Gefechtsfahrzeuge über unsere beiden Brücken.

Gegen Mittag ging es weiter. Wir kehrten Chełmek den Rücken zu und fuhren durch ein Gebiet, das noch kein deutscher Soldat betreten hatte: zu einer Kriegsbrücke über die Weichsel bei Broszkowice, deren Sicherung wir zu übernehmen hatten. Hier war wieder alles verwüstet worden, ein Zeichen für die heftigen Kämpfe, die stattgefunden hatten. Wir sahen unterwegs zwei Eisenbahnzüge stehen, die man frontal aufeinander hatte prallen lassen, um die die ganze Strecke zu verrammeln. Die beiden Lokomotiven waren regelrecht übereinander getürmt, viele Waggons brannten. Es war ein skurriles Bild, das sich uns hier bot.

In dieser Gegend machten wir auch die ersten Gefangenen. Meine Bewaffnung wurde zudem um ein Gewehr reicher, denn ich hatte mir den Karabiner des bei Chełmek gefallenen Schützen geschnappt, und dieses Gewehr hat mich während des ganzen Feldzuges begleitet.

Der Tag von Chełmek blieb uns allen unvergesslich, weil wir doch einiges geleistet hatten, was auch durch den kommandierenden General persönlich anerkannt wurde, als er kurz nach Fertigstellung an unserer Brücke erschien. Aber auch die furchtbaren Bilder des Todes und der Zerstörung brannten sich in mein Gedächtnis ein.

5. September 1939

Die Nacht in Broszkowice wurde sehr kalt, wir verbrachten sie zusammengekauert in unserem Pkw, sodass wir am Morgen ganz steif aufwachten. Am Vormittag wurde die Temperatur langsam wieder erträglich, und ich fuhr mit dem Kompaniechef zu der Weichselbrücke nach Gora, wo der zweite Zug schon die ganze Nacht über Brückenwache und Sicherung zu stellen hatte.

Unterwegs kamen wir an einer Stätte des Grauens vorbei: Auf einer freien Fläche lagen die Reste eines ganzen polnischen Gefechtstrosses, der von deutschen Panzern aufgerieben worden war. Fahrzeuge, verstreutes Kriegsgerät, tote Pferde und schließlich polnische Soldaten, die alle dalagen, wie sie das Geschick ereilt hatte. Die Schrecken des unmenschlichen Krieges hatten uns schneller eingeholt als wir gedacht hatten.

Ich wollte mir, warum auch immer, einen polnischen Stahlhelm als Erinnerung mitnehmen. Als ich ihn herumdrehte, fiel ein blutiger halber Schädel heraus, dessen Zähne mich auf schauerliche Weise angrinsten – ein Anblick, der mir mein ganzes Leben lang im Gedächtnis geblieben ist. Trotzdem war man schon nach wenigen Tagen Krieg so abgestumpft, dass man in einem solchen Moment innerlich nicht sonderlich berührt wurde. Eigentlich war es eine grässliche Tatsache, aber so war es eben. Wenn der Tod zum ständigen Begleiter wird, dann ist wenig Platz für Gefühle.

Der Verkehr über die Weichselbrücke war sehr groß, da dieser Weg als Korpsnachschubstraße diente. Wir erhielten den Auftrag, die Kriegsbrücke nach Errichtung einer Behelfsbrücke mit zwanzig Tonnen Tragkraft wieder abzubauen, damit die Brückenkolonne wieder verfügbar für neue Aufgaben wurde.

In kürzester Zeit wurde die ganze Umgebung erkundet und das nötige Holz herbeigeholt. Sogar 18 Meter lange Eisenbahnschienen nahmen wir dabei vom nahen Bahnhof mit und entdeckten obendrein eine ganze Ladung bester Seife, die sofort für die Kompanie sichergestellt und später mit großem Hallo verteilt wurde. Die Bauarbeiten begannen um 17.30 Uhr und dauerten einschließlich der Beschaffung des nötigen Holzes bis Mitternacht. In dieser kurzen Zeit hatten wir eine Brücke von 35 Meter Länge und etwa drei Meter Höhe fertiggestellt. Nach den nötigen Aufräumungsarbeiten und nachdem die Kriegsbrücke abgebaut war, ging die Fahrt weiter über Brzezinka–Broszkowice nach Dolny Bobrek.

Hier nahmen wir Quartier in einer winzigen Scheune, die normalerweise vielleicht gerade eine Gruppe hätte aufnehmen können, und alles schlief todmüde auf- und nebeneinander ein. Wenig später wachte ich kurz auf, weil mir eine Maus über das Gesicht lief. Ein Pionier warf einen Stiefel durch die Luft, um ebenfalls eine Maus zu verjagen, und traf dabei den Gefreiten Müller, einen Mordsbrocken von einem Mann, der aus Schwaben stammte. Der rief, aus dem Schlaf gerissen:

»Huch! Wer wirft denn da mit Lähm?«

Die Situation war so komisch, dass ein allgemeiner Sturm der Heiterkeit anhob. Aber kurz darauf waren alle wieder fest eingeschlafen.

6. September 1939

Erst um zehn Uhr war Wecken, dann fuhren wir nach kurzer Katzenwäsche über Babice nach Alwernia weiter. Es war sehr heiß und die Straßen staubig. Deshalb fragte ich mich, warum ich mich zuvor überhaupt gewaschen hatte.

Über diesen Landstrich, den wir gerade durchfuhren, war die Kriegsfurie mit großer Heftigkeit hinweggebraust. Überall das schon genügend bekannte Bild der Verwüstung: Dörfer, die zum Teil noch brannten, denn der Angriff der Panzerdivision hatte erst gestern stattgefunden. Es häuften sich wieder die Soldatengräber, und ab und zu stießen wir auch auf einen ausgebrannten deutschen Panzer, ein Zeichen, dass eben kein Erfolg ohne Verluste zu erreichen ist. Aber konnte man in diesem Zusammenhang überhaupt von Erfolg sprechen?

Weiß, wie mit Mehl gepudert, kamen wir in Alwernia an und begannen das lang ersehnte Großreinemachen. Die Kompanie befand sich wieder einmal in Bereitschaft. Am Abend verbreitete sich in Windeseile die Kunde, dass Krakau ohne großen Kampf gefallen war. Diese Tatsache war mit dem erfreulichen Umstand verbunden, dass mit dem Nachschub auch einige Fässchen Bier angekommen waren, und so ergab sich eine ganz lustige Feier. Dass sich obendrein noch einige arme, obdachlose Hühnchen zu uns in die Bratpfanne verirrt hatten, konnten wir leider nicht verhindern. Hierbei bewiesen Porzel, Zotz und Schwarz, meine drei Zugmelder, ihr hausfrauliches Talent, sodass der Abend in guter Stimmung mit »Hendlessen«, Bier und romantischer Kerzenbeleuchtung verging. Zufrieden sanken wir ins verdiente Stroh.

7. September 1939

Der nächste Morgen verging in aller Stille mit Putzen und verschiedenen Appellen. Um die Mittagszeit traten wir in unheimlichem Staub und großer Hitze die Weiterfahrt an und landeten kurz vor Einbruch der Dunkelheit über Brodła-Kaszów in Bronowice. Hier richteten wir uns am Dorfteich für die Nacht ein, gewärtig, jeden Augenblick in das Łysa-Gebirge aufbrechen zu müssen. Ich schlummerte wieder einmal in meiner Hängematte und wurde drei Mal geweckt.

Hauptmann Stock war inzwischen zur Erkundung nach Krakau gefahren. Dort sollte eine gesprengte Brücke wieder hergestellt werden. Diese Aufgabe erübrigte sich jedoch, da eine Umleitung gefunden worden war. Dann schoss ein Posten, und kurz darauf wurde ein gefangener Pole vorgeführt, den ich vernehmen musste. Kurzum, die Nacht war reichlich unruhig.

8. September 1939
Schon beim Erwachen in der Hängematte kamen die ersten Geburtstagsgäste, um mir zu gratulieren. Sonst hätte ich wahrscheinlich meinen Geburtstag ganz vergessen. So aber kamen viele und brachten rührende kleine Geschenke, über die ich mich sehr freute. Es herrschte eine richtige Geburtstagsstimmung, obwohl die äußeren Umstände eigentlich nicht zum Feiern ermunterten.

Die Front war inzwischen schon wieder weit vorgerückt, das Wetter versprach auch sehr schön zu werden. Trotzdem standen wir immer auf Abruf bereit. Nachmittags fuhr ich mit Behringer in die Großstadt Krakau. Nach dem Elend, dem wir auf dem Land begegnet waren, genoss man den Anblick dieser schönen Stadt in vollen Zügen. Endlich wieder Menschen, die in Kleidern statt in Lumpen steckten! Man nahm wieder Läden und Auslagen in den Schaufenstern wahr. Die Stadt hatte durch den Krieg kaum gelitten, nur ein Bahnhof war durch deutsche Bomber zerstört worden. Sonst ging alles wieder ganz friedlich seiner Beschäftigung nach. Nur das Fehlen von Männern im wehrfähigen Alter erinnerte an den Krieg.

Wir machten einige Einkäufe, besonders hatten es uns Wein und Schnaps angetan. Dann erstand ich noch ein schönes Finnenmesser und verschiedene Kleinigkeiten. Als ich zu unserer Unterkunft zurückkam, überraschten mich meine treuen Zugmelder mit einem Geburtstagsgeschenk besonderer Art: Mit geheimnisvoller Miene führten sie mich in ein Haus, in dem eine Festtafel mit einem herrlichen Gansbraten und vielen Beilagen vorbereitet war. Das Haus gehörte einem deutschen Gärtner, dessen polnische Frau uns das Mahl zubereitet hatte. Dazu stiftete der Mann noch ein paar Flaschen ausgezeichneten Johannisbeerweins. Mit Erzählen und Schmausen verging der Abend, ohne dass wir eingesetzt wurden. Mit dem

Chef leerte ich noch eine beachtliche Flasche echten Gebirgsenzian, sodass ich die nötige Bettschwere mit in meine Hängematte brachte.

9. September 1939

Morpheus hielt mich ziemlich lang in seinen Armen, kein Wunder nach der beträchtlichen Menge Alkohol, die ich in der Nacht konsumiert hatte. Nach einem gemütlichen Morgen traten wir den Weitermarsch an. Die Fahrt ging durch Krakau weiter über Wawreńczyce–Brzesko–Nowe–Koszyce–Bejsce bis Opatowiec am Zusammenfluss von Weichsel und Dunajec.

Kurz hinter dem Flugplatz von Krakau wurden wir Zeugen eines Luftkampfes zwischen zwei polnischen und mehreren deutschen Flugzeugen. Nach einigem Hin- und Herkurven wurden die Polen so von allen Seiten bedrängt, dass sie nicht abgeschossen, sondern zur Landung auf dem Flugfeld gezwungen wurden, wo man sie gefangennahm. Sonst erlebten wir auf dieser Fahrt nichts Besonderes, denn die Tatsache, dass wir am Ende wieder völlig eingestaubt waren, war für uns ja völlig normal. Wir trafen gegen Mitternacht am Ziel ein und ruhten, in Decken gewickelt, auf einem Acker. Nicht gerade ein gemütliches Plätzchen, aber aufgrund der Anstrengungen des Tages konnte man dann doch irgendwie schlafen.

10. September 1939

Um sechs Uhr wurden wir geweckt. Für uns begann der größte Brückenschlag des ganzen Feldzuges. Alle drei Kompanien bauten an dieser Brücke, deren Länge 170 Meter betrug. Wir mussten sämtliches Gerät unserer zwei Brückenkolonnen einbauen und obendrein noch zwei Unterstützungen behelfsmäßig aus Holz herstellen. Nach einer Bauzeit von nur viereinhalb Stunden war die Brücke befahrbar. Da die Weichsel an dieser Stelle nur etwa siebzig Zentimeter tief ist, wurden die Fähren mit Staken eingefahren und die Anker von Pionieren im Adamskostüm im Wasser flussaufwärts getragen. Mein Zug setzte in zweieinhalb Stunden vier Böcke und einen Uferbalken. Danach hatte ich das schwierige Amt des Ablaufoffiziers, der seine liebe Mühe damit hatte, die Kolonnen, die natürlich alle als erste zum anderen Ufer wollten, aufzuhalten und einzureihen, damit es keine Staus gab.

Nach Beendigung des Dienstes genehmigte ich mir nach langer Zeit das erste wohlverdiente Bad, selbstverständlich nicht in einer Badewanne, sondern in der Weichsel. An diesem Tage dröhnte auch die Rede des Generalfeldmarschalls Göring aus dem Kompanieradio, Worte, die Entschlossenheit fördern sollten, durch die Art ihrer Sprache aber irgendwie bedrohlich wirkten.

11. September 1939

Nach kurzem Schlaf hatte ich von zwei Uhr nachts bis acht Uhr als Ablaufoffizier Brückendienst. Das Regeln des Verkehrs war ziemlich schwierig, da jeder in seinem Drang nach vorne als Erster über die Brücke wollte. Nur durch energisches Durchgreifen und drastische Maßnahmen konnte man sich Respekt verschaffen. Nach der so ziemlich durchwachten Nacht tat ein kurzes Nickerchen an einem ruhigen Plätzchen im Schatten ganz gut.

Gegen Mittag erhielt mein Zug den Befehl, zurück nach Bejsce zu fahren, um dort eine Brücke, deren Tragfähigkeit fragwürdig war, wieder zu reparieren. Gerade als wir hinkamen, brach ein schwerer Lkw durch die Brückendecke. Mit Mühe und viel Glück brachten wir den Wagen noch ans andere Ufer, dann war die Brücke unpassierbar.

Am jenseitigen Ufer stauten sich die Kolonnen, aufgeregte oder missmutige Kolonnenführer rannten wütend nach vorne, um den Grund der unliebsamen Verzögerung zu erfahren. Resigniert zogen sie alle von dannen und lagerten am Ufer unseres Flüsschens. So langsam bekamen sie Interesse an den Arbeiten der Pioniere, die wie die Wilden schufteten und mit Balken und Brettern hantierten. Der eine oder andere stellte eine technische Frage, einer bot mir sogar eine deutsche Zigarette an. Mit der Zeit haben wir uns ganz gut angefreundet, und das Warten verging wie im Flug.

Bemerkenswert an der Geschichte war noch die Tatsache, dass ein polnisches Mädchen uns ein nahe gelegenes Sägewerk zeigte, wo wir das nötige Holz bekommen konnten. Da wir seine Sprache nicht verstanden, wurde sie kurzerhand in den Wagen gepackt und musste uns so das Werk zeigen. Der Transport des Holzes erfuhr allerdings eine unliebsame Verzögerung, da auf dem Weg zur Brücke ein Wagen einer Betriebsstoffkolonne in den Graben fuhr und alles versperrte. Nach Beseitigung dieses Hindernisses bekamen wir endlich unser Holz, und die Brücke wurde fertig. Sie war zwar keine Schönheit, aber sie hielt einen Tankwagen von 18 Tonnen und Anhänger von acht Tonnen anstandslos aus. Welche Schönheit kann das sonst von sich behaupten?

Ich verabschiedete mich von den Kolonnenführern wie von guten Freunden. Von einer kriegerischen Stimmung war nichts mehr zu merken. Um 23 Uhr waren die Arbeiten beendet, und um 2.30 Uhr sind wir endlich wieder in Opatowiec angekommen.

12. September 1939

Wir mussten schon wieder eine Nacht fast ohne Schlaf durchhalten, denn um 5.30 Uhr wurden wir bereits aus den Träumen gerissen. Etwas übernächtigt von den letzten Tagen begannen wir mit dem Abbau der Kriegsbrücke. In fünf Stunden war von ihr nichts mehr zu sehen. Die Leute schufteten wie die Lastesel. Doch bei der Arbeit waren alle lustig und in bester Stimmung. Viele hatten sich ausgezogen, um im Wasser zu arbeiten, und rannten nackt und mit Brückengerät beladen durch die seichte Weichsel. Wir anderen schwitzten uns derweilen schier zu Tode, so sehr brannte die Sonne auf uns herab.

Beinahe hätte ich noch ein höchst bemerkenswertes Ereignis vergessen: In der vergangenen Nacht hatte es zum ersten Mal seit vielen Wochen wieder geregnet. Volle zwanzig Minuten! Es kam uns wie das reinste Wunder vor. Doch am nächsten Morgen war der Staub wieder genauso hoch und trocken wie sonst auch immer. Wir waren uns jedoch alle einig, dass wir lieber im Staub ersticken, als im Lehmbrei ersaufen wollten. Ein längerer Regenfall wäre unter diesen Umständen eine Katastrophe gewesen. Doch Petrus hatte ein Einsehen mit uns Soldaten.

Nach beendetem Abbau rückte das Bataillon ohne uns ab nach Niwiska am San, während die erste Kompanie traurig zurückbleiben musste, um einen Fährbetrieb aufrechtzuerhalten. Das besorgte Behringer mit seinem Zug unter sehr schwierigen Umständen, denn das Wasser war sehr seicht, an einer Stelle mitten im Fluss befand sich sogar eine Sandbank, die er bei jeder Fahrt umfahren musste.

Ansonsten sei noch erwähnt, dass unsere Feldküche zur großen Freude aller ein herrenloses Schwein schlachtete und ein anderes zum späteren Verbrauch einfing. Meine Burschen brieten zwei Hühnchen auf offenem Feuer und ich richtete dazu die nötigen Kartoffeln und Maiskolben an. Das Abendmahl am romantischen Lagerfeuer war von gutem Bratenduft und ebenso guter Stimmung geprägt, wenn wir auch hundemüde waren. Die Nacht verbrachte ich in der Hängematte, die zwischen Lkw und Pkw aufgehängt war.

13. September 1939
Heute erlebten wir etwas »ganz Tolles«, was bei der überraschend schnellen und an Wechselfällen reichen Kriegsführung wohl einmal vorkommen kann: Wir wurden um vier Uhr geweckt und erfuhren, dass gerade ein Befehl direkt vom Korps gekommen sei: Die Brücke über die Weichsel müsse sofort wieder gebaut werden! Wir waren darüber sehr verärgert, denn wir kamen uns vor wie auf einem Wasserübungsplatz. An einem Tag baut man eine Brücke, am dritten Tage wird sie abgebaut und am vierten sollte sie wiedererrichtet werden. Nun gut, Befehl ist Befehl! Wir machten dies unseren Leuten klar und gaben gerade den Bau der neuen Brücke in Auftrag, da kam ein vollkommen verstaubter Kradmelder vom Bataillon und brachte einen Gegenbefehl: Die Kompanie folgt sofort dem Bataillon nach Niwiska!

Jetzt war guter Rat teuer. Bequemer wäre es ja gewesen, den zuletzt angekommenen Befehl durchzuführen und die Brücke bleiben zu lassen. Andererseits ging aus der Abgangszeit der Befehle hervor, dass der Befehl zum Brückenbau der spätere und daher gültige zu sein schien. Obendrein trafen am anderen Weichselufer eine Reservepferdestaffel und mehrere Kraftfahrzeugkolonnen ein. Im Interesse der Sache musste man diesen Leuten doch über den Fluss helfen. Unser Chef entschloss sich daraufhin zu folgender Lösung: Ein Melder wurde zum Bataillon geschickt, dazu ein Funkwagen, um nun den endgültigen Befehl zu holen. Inzwischen unterhielten wir auf eigene Faust den Fährbetrieb und wickelten den Verkehr so gut wie möglich ab.

So kam die Mittagszeit heran, ohne dass ein Melder eingetroffen wäre. Das Bataillon war, wie wir später erfuhren, schon wieder weitergefahren und hatte bereits den San erreicht. Nun wurde auch bei uns der Drang nach vorne übermächtig, sodass wir zu dem Entschluss kamen, doch aufzubrechen. Wir fuhren bei schönstem Wetter über Szczucin-Borowa nach Vielec. Ich selbst wurde mit meinem Pkw vorausgeschickt, denn in Niwiska, wo das Bataillon gestern gewesen war, sollte eine Nachricht für uns hinterlegt sein. Nun gut, ich kämpfte mich auf grausam schlechten Straßen bis zu diesem Ort durch. Rechts und links von uns war Sand, durch den zwei Rinnen liefen. Das war die »Straße«. Mehrmals mussten wir anschieben, um überhaupt weiterzukommen.

Inzwischen wurde es dunkel. In Niwiska suchten wir ohne Erfolg irgendeine Spur vom Bataillon und kehrten unverrichteter Dinge wieder nach Mielec zurück, wo uns die Kompanie erwartete. Dabei wären wir fast auf einer zusammengebrochenen Brücke in den Fluss gestürzt. Im letzten Moment gelang es, den Wagen anzuhalten. In Mielec wurde ich noch einmal weggeschickt, um einen besseren Weg zu finden, und kam dabei nach Przyłek.

Die Fahrt ging wieder einmal durch ein von den Polen in wilder Flucht geräumtes Gebiet. Auf der Straße lagen Pferdekadaver, die von Tausenden von Fliegen besetzt waren, im Straßengraben sahen wir tote polnische Soldaten, deren Körper durch die Geschosse schrecklich entstellt waren. Alle möglichen Ausrüstungsgegenstände lagen wild verstreut herum. Da mussten, wie wir an den Trichtern längs der Straße sahen, die Flieger furchtbare Arbeit geleistet haben.

Wir quälten uns wieder durch den ganzen Verhau zurück nach Mielec. Eben, als ich meine Meldung abstattete, knatterte unser Meldefahrer vom Bataillon heran, man höre und staune – mit folgendem Befehl: »Erste Kompanie baut sofort die Brücke über die Weichsel und bleibt vorläufig dort zur Brückenwache.«

»Verdammte Sauerei!« Mehr konnte ich nicht sagen.

Durch diese Worte war unsere Stimmung treffend gekennzeichnet. Na schön, wenn schon! Kleinkriegen ließen wir uns noch lange nicht, und so fuhren wir wieder die achtzig Kilometer auf dem unsäglich schlechten Weg zurück und kamen früh morgens um fünf Uhr todmüde abermals an der Weichsel an.

14. September 1939

Trotz der Schüttelei auf der Schlaglochpiste schlief jeder auf der Stelle ein. Bei der Ankunft fühlten wir uns wie gerädert. Seit drei Tagen hatten wir keinen ausreichenden Schlaf mehr bekommen, dazu die anstrengende Arbeit für die Leute. Aber die schlechte Stimmung verflüchtigte sich relativ rasch. Um Kräfte zu sammeln, schlief die ganze Kompanie bis acht Uhr und begann dann mit neuer Kraft das Werk. Mit 120 Mann bauten wir zwei volle Brückenkolonnen in elf Stunden ununterbrochener Arbeit zu einer Acht-Tonnen-Brücke von 170 Metern Länge zusammen. Dies war eine Leistung, auf die die Kompanie mit Recht stolz sein konnte.

Bei den meisten Soldaten waren die Schultern vollkommen wundgescheuert. Abends war die Kompanie dann allerdings endgültig fertig. In meinem Kalender steht lakonisch: »Restlos am Ende. Umgefallen und gepennt.«

15. September 1939

Wie tot lagen alle bis gegen zehn Uhr morgens in einer Scheune. Wir hatten jetzt Zeit, einen richtigen Ruhetag einzulegen, den ersten seit Beginn des Vormarsches. Es gelang uns, ein Arbeitsbataillon unter Führung von Oberstleutnant Zünkel für unsere Arbeiten zu gewinnen. Der Kommandeur hatte als alter Pionieroffizier auch volles Verständnis für die Lage. Seine Arbeitsdienstmänner übernahmen die Brückenwache und das Ausbessern der

Wege, sodass sich unsere Leute ganz entspannt erholen konnten. Am Nachmittag lief uns noch eine österreichische Brückenbaukompanie über den Weg und wurde sofort angestellt.

Ich machte mit diesen »alten steirischen Vatis von 45 Jahren« noch einige nötige Nach- und Verschönerungsarbeiten, denn es lag überall noch Gerät herum, das wir am Vorabend nicht mehr hatten aufstapeln wollen. So verrann dieser Tag ziemlich gemächlich und still. Es sei noch erwähnt, dass das Wetter etwas schlechter geworden war, sodass ab und zu ein Schauer auf uns niederging.

In der Nacht, die wir in einem verlassenen Schulhaus verbrachten, besuchte uns Schorschl von Schatte als Abgesandter des Bataillons. Der arme Kerl musste meistens in der Nacht umherfahren, denn er war Ordonnanzoffizier und hatte damit kein beneidenswertes Amt. Er brachte uns wieder eine neue Mär, die uns, da wir uns in den vorangegangenen Tagen an allerhand gewöhnt hatten, auch nicht mehr aus der Fassung bringen konnte. Er verkündete uns also:

»Die Brücke muss wieder abgebaut werden.«

Großartig! So ist's recht! Hoffentlich ist es diesmal endgültig! Dies war unser einziger Wunsch, denn inzwischen waren wir so langsam dieser Gegend und unseres Brückenbau-Handwerks überdrüssig. Die Kompanie schien dieses Hin und Her schon nicht mehr ernst zu nehmen und machte sich mit »Feuereifer« zum nunmehr vierten Mal an die Arbeit an dieser Brücke. Die Belastung der Kompanie war auch nicht mehr so groß, denn sie leistete nur noch die fachmännische Arbeit beim Abbau, während der hinzugezogene Arbeitsdienst das Tragen der schweren Teile übernahm. Es machte den Pionieren sichtlich Spaß, den Arbeitsmännern fachmännische Ratschläge zu geben und ihnen recht viel aufzuladen. Dann aber packte sie der

Ehrgeiz, und sie schleppten die Eisenträger mit der Hälfte der Leute im Vergleich zu den Arbeitsdienstlern. Jugendlicher Übermut!

Der Abbau ging in ziemlich gemütlichem Tempo von neun bis zwanzig Uhr vonstatten. Dann waren der letzte Träger und der letzte Ponton aufgeladen und nichts hielt uns mehr an unserem »Wasserübungsplatz« an der Weichsel. Unsere Hauptsorge war der Mangel an Kraftstoff. Der Nachschub kam wegen der schlechten Wege nicht mehr nach, sodass wir mit vollkommen leeren Tanks dastanden und unser für morgen in Aussicht stehender Abmarsch gefährdet erschien. Doch schließlich kam unser Tankwagen mitten in der Nacht mit einer Ladung Diesel zurück von seiner weiten Reise. Er hatte fast bis Krakau fahren müssen, um ein gefülltes Treibstoffdepot zu finden. Benzin besorgten wir uns von einem Tankwagen der Luftwaffe, den wir aus Gnade und Barmherzigkeit noch übergesetzt hatten, obwohl die Brücke schon abgebaut war. Allerdings musste er als Brückenzoll unsere ganze Kompanie auftanken. So gutes Benzin wie diesen Flugzeugsprit hatten wir noch nie bekommen.

Am Abend waren wir froh, dass nun unsere Brückenbauperiode an der Weichsel glücklich zu Ende war. Wir erinnerten uns daran, dass exakt vier Wochen zuvor unser Einsatz begonnen hatte. Mit ein paar ergatterten Fässern Bier feierten wir diese Tatsache.

16. September 1939

Die Sonne leuchtete freundlich, fast schon friedlich über uns, nachdem die letzten Tage etwas bewölkt und regnerisch verlaufen waren. Wir starteten wie zu einer richtiggehenden Urlaubsfahrt auf der alten, schon bekannten Strecke nach Mielec. Unser Reisetag war traditionsgemäß wieder ein Sonntag. In Mielec sollten wir eine Brücke ab-

Kriegsbrücke über den San

bauen, doch sahen wir zu unserer Freude, dass anstelle der von uns abzubauenden Kriegsbrücke schon eine saubere Behelfsbrücke stand. Es blieb uns also nichts anderes übrig, als auf dem Marktplatz unser bescheidenes Mittagsmahl einzunehmen und weiterzufahren. Das Dorf, das wir einige Tage zuvor in Flammen gesehen hatten, war inzwischen nur noch ein Trümmerhaufen, aus dem einige Rauchwölkchen aufstiegen. Brandgeruch lag in der Luft, und die Toten hatte noch niemand beerdigt. Wer auch? Alle Männer waren erschossen, Frauen, Kinder und Alte geflohen. Wirklich grauenvoll! Wozu hatte man uns da nur missbraucht?

Wir fuhren also weiter über Dębica, einem größeren Ort mit einem deutschen Flughafen, dann über Rzeszów und Przeworsk, zwei kleinen Etappenstädtchen, bis Sieniawa, wo das Bataillon lag und bereits eine Brücke über den San schlug. Über die ersten Balken der noch nicht fertigen Brücke turnte ich hinüber und meldete mich beim Bataillon. Ich wurde wie der verlorene Sohn begrüßt und bekam zum ersten Mal seit Beginn des Feldzuges einen großen

Sack voll Feldpost. Ich schleppte ihn über die Brücke zurück und brachte ihn zur Kompanie, die natürlich hocherfreut war. Das Nachtquartier war für heute zur Abwechslung ein richtiges Schloss. Ich zog es jedoch vor, wieder die Nacht in meiner Hängematte zu verbringen, da sämtliche Räume voller unappetitlicher Schmeißfliegen waren. Keine Basis für eine geruhsame Nacht.

17. September 1939

Der nächste Tag begann ganz friedlich, fast zu friedlich, und endete dafür umso blutiger. Wir fuhren durch eine Gegend, die uns im Gegensatz zu den bisher durchfahrenen Gebieten deutlich sauberer erschien. Auch die Menschen dort wirkten auf uns positiver und sympathischer. Es handelte sich hierbei um eine ukrainische Bevölkerung. Bemerkenswert war die Tracht der Männer, die über eng anliegenden weißen Leinenhosen das Hemd trugen. Das sah so aus, als ob sie alle in langen Unterhosen dastünden.

Die Häuser waren aus Holzstämmen gezimmert, die Fugen mit Lehm verschmiert und alles einheitlich blau gestrichen. Die Dächer hatte man sauber mit frischem Stroh gedeckt. An den zahlreichen Teichen standen oder hockten überall Mädchen und Frauen und bearbeiteten mit kleinen Waschbrettchen die Wäsche. Bei unserer Durchfahrt jubelten sie uns allen freundlich zu und besteckten uns mit Blumen. Offenbar waren sie den Polen, von denen sie sich unterdrückt fühlten, feindlich gesinnt.

Die größten Dörfer der Puszta Roszaniecka, durch die wir fuhren, hießen Wola, Roszaniecka, Zamek, Lubliniec und Cieszanów.

Weiter ging die Fahrt, nun wieder durch eine ungepflegte Landschaft, über Płazów nach Narol. Wir wussten, dass wir jetzt erneut nahe der Front waren und die Aufgabe hatten, die offene Flanke unseres Korps zu decken, da das

Nachbarkorps, eine österreichische Einheit, von den Polen ziemlich gerupft worden war. Es herrschte eine fast gespenstische Ruhe, denn nirgendwo sah oder hörte man etwas von den Polen. Das Korps, so erfuhren wir später, war gerade dabei, zwei polnische Divisionen einzukesseln.

Beim Durchfahren des Waldes westlich Narol donnerten plötzlich in unserer Nähe Kanonen. Noch konnten wir nicht unterscheiden, ob es eigene oder polnische Granaten waren, die da einschlugen. Wir fuhren in den Ort hinein und nahmen mit den Fahrzeugen weitestgehend geschützt Aufstellung. Es herrschte aufgeregtes Treiben. Melder flitzten umher, unser Chef wurde zum Kommandeur gerufen. Wir warteten so lange in einer Nebengasse. Ich war, da gerade Zeit vorhanden war, auf der Suche nach einem verschwiegenen Örtchen und fand auch eine dafür vorgesehene Bude aus Holz, die jedoch am Rande eines großen Granattrichters ganz schief und vom Luftdruck umgeweht dastand. Nun, sie hat auch in dieser Lage ihren Zweck erfüllt.

Wir erfuhren, dass die eingekesselten polnischen Verbände ausgerechnet an dieser Stelle einen Ausbruchsversuch unternehmen wollten, da sie hier eine Lücke im Umschließungsring entdeckt hatten. Diese Lücke sollten wir schließen und verhindern, dass die Polen auf der Hauptstraße vorwärtskamen. Dies war also unser erster gefechtsmäßiger Einsatz! Wenn auch einige Erkundungsgruppen schon früher im Feuer gestanden hatten, so stand nun, das fühlte jeder, die eigentliche Feuertaufe der Kompanie bevor. Dass der Ort Narol, in dem wir uns befanden, für unser Bataillon einen besonderen Klang bekommen sollte, war uns zu dieser Zeit noch nicht klar.

Wir fuhren in einem Höllentempo aus Narol hinaus und in den im Westen anschließenden großen Wald hinein. Absitzen! Fahrzeuge kehrt! Erster und zweiter Zug unter meiner Führung, Marschrichtung: die befohlene Verteidigungsstellung. Chef voraus mit Krad zur Erkundung. Der dritte Zug blieb etwas weiter zurück in Bereitstellung liegend. Leise ging es weiter, eine Reihe rechts, eine Reihe links des Weges. Es dämmerte bereits langsam. Fast waren wir an der befohlenen Stelle angelangt, da hörten wir plötzlich von hinten eine wilde Schießerei. So schnell wie noch nie lagen alle auf der Nase, doch war von einem Feind nichts zu sehen. Ich ließ deswegen die befohlene Verteidigungsstellung einnehmen, die eigentlich ungünstig war, da sie mitten durch den dichten Wald lief und Schussfeld auf höchstens dreißig Meter bot. Der einzige Vorteil war ein etwa metertiefer Graben, in dem man in Deckung gehen konnte. Eine bessere Stellung war aber nicht zu sehen, da wir uns in einem großen Wald befanden. Dazu wurde es schnell dunkel. Mein Zug lag rechts einer von Osten auf uns zuführenden Straße, der Zug Otte links davon in sehr großer Ausdehnung, sodass alle zehn Meter etwa ein Mann positioniert war.

Der Zug war also in Stellung und Spähtrupps waren nach vorne geschickt worden, um einen herankommenden Feind möglichst rechtzeitig zu bemerken. Rechts von uns, etwa in Richtung Narol, detonierten andauernd Granaten. MG-Feuer knatterte von rechts vorne, und die Leuchtspurbahnen boten uns ein beeindruckendes Schauspiel. Doch auch hinter uns nahm nun das Gewehr- und MG-Feuer immer mehr zu. Dabei hörte man lautes Gebrüll, das fast wie »Hurra« klang, sich aber dann wie ein allgemeines Wutgebrüll anhörte. Was war da hinten los? Direkt in unserem Rücken saß ohne Zweifel eine polnische Abteilung, denn worauf würden sonst unsere Leute feuern? Das war aber genau die Richtung, in der wir den Zug Behringer vermuteten. Hoffentlich war denen nichts zugestoßen!

Verbindung war keine zu bekommen, obwohl mein braver Reul mit seiner eroberten polnischen 1000-ccm-Maschine einen Versuch dazu machte und mehrere Melder weggeschickt wurden. Die Situation war denkbar kritisch. Uns blieb nichts anderes übrig, als liegen zu bleiben und unter starker Sicherung nach hinten auf den Feind von vorne zu warten. Und der ließ nicht mehr lange auf sich warten.

Wir hörten zunächst ganz in der Ferne, dann immer näher kommend, das Knarren von Rädern und das Trappeln von Pferdehufen. Nun drangen einige Laute an unser Ohr. Waren es polnische? Die Spannung wuchs ins Unermessliche. Während wir noch auf das Räderrollen hörten, tauchten plötzlich in der stockfinsteren Nacht drei Gestalten auf und redeten auf Polnisch den am Weg stehenden Unteroffizier Rossmark an. Sie hielten ihn anscheinend für einen Kameraden. Ein Moment des Erstarrens, dann erfasste Rossmark die Lage und schoss einen der drei Polen mit Hüftanschlag aus vier Metern Entfernung nieder. Die anderen zwei tauchten in der Dunkelheit unter.

Dieser Schuss war der Auftakt zu einem infernalischen MG- und Gewehrfeuer von beiden Seiten. Eine Leuchtkugel jagte hoch und zerriss für Sekunden das Dunkel der Nacht. Geblendet von der plötzlichen Helligkeit blinzelten wir die Straße entlang, das MG jagte seine tödlichen Garben gegen den Feind. Ein lautes Gebrüll von der Gegenseite und scharfe Kommandorufe waren die Antwort von drüben. Das hat gesessen! Es war wieder stockdunkel. Man hörte Schreie und Wimmern, eilige Schritte und laute Rufe, also schickten wir eine weitere MG-Garbe hinterher! Nun wurde es langsam still.

Die Polen waren vermutlich völlig überrascht von dem plötzlichen Feuerüberfall. Es trat eine kurze Feuerpause ein, in der alles gespannt nach vorne lauerte. Zum ersten

Mal hatten wir wieder Zeit, über unsere Lage nachzudenken, während im Gefecht alles mehr instinktmäßig abgelaufen war.

Vorne Polen, hinten Polen, stockdunkle Nacht, das konnte ja heiter werden! Irgendwie mussten wir da durch und zweifelten nicht daran, dass wir es schaffen würden.

Endlich kam ein Melder von hinten. Er brachte verschiedene Neuigkeiten mit: Der Ort Narol war vom Feind besetzt. Das lag hinter uns, keinen Kilometer entfernt. Unsere Feldküche und der Verpflegungswagen hatten unter dem Feuerschutz des Hauptfeldwebels und der Schreiber gerade noch rechtzeitig den Ort räumen können. Die Feldküche hatte allerdings drei Einschläge bekommen. Stolz zeigten am nächsten Tag die Köche diese Stellen, denn sie bewiesen, dass auch der »Gefechtstross« mitgekämpft hatte. Weiter berichtete er, und das war für mich erschütternd, dass mein Kamerad Behringer, der immer lustige Behringer, gefallen war. Herzschuss. Außerdem war der Pionier Söldner gefallen, der erst verwundet und dann mit einem Bajonett erstochen worden war. Feldwebel Lehnert war schwer verwundet. Er hatte einen Schuss quer über das Nasenbein und ein Auge abbekommen. Ihm musste später das Auge entfernt werden.

Die Polen, so der Bericht des Melders, hatten unseren Zug umstellt und griffen plötzlich schon fast bei Dämmerung auf etwa dreißig Meter Entfernung mit »Hurra« an. Der Zug stand ahnungslos auf engem Raum beisammen, als die ersten Schüsse krachten. Behringer traf gleich eine der ersten Kugeln, er sank um und flüsterte dem herbeispringenden Unteroffizier Luft zu:

»Mach du weiter, Luft!«

Dann war es aus mit ihm.

Ein MG ging in Stellung und deckte den Rückzug des Zuges vor den mit Übermacht anstürmender Polen, musste dann aber auch das Feld räumen. Der Angriff war plötzlich und unvermittelt gekommen, und so herrschte im dritten Zug große Verwirrung. Bei dem Angriff wären beinahe noch alle unsere Fahrzeuge in die Hand des Feindes gefallen und nur der Schnelligkeit unserer Fahrer war es zu verdanken, dass sie alle herausgezogen werden konnten. Ob die Polen noch im Wald in unserem Rücken standen, war uns nicht bekannt. So war die augenblickliche Lage, soweit wir das übersehen konnten. Man nahm dies mit einer seltsamen Teilnahmslosigkeit zur Kenntnis und war viel zu abgestumpft, als dass die Bedeutung dieser Fakten einem wirklich ins Bewusstsein gedrungen wären.

Inzwischen war es bei uns vorne auch nicht ruhig geblieben. Von Zeit zu Zeit flackerte das Schützenfeuer wieder auf. Man sah nur ab und zu das Blitzen des Mündungsfeuers und zielte auf diese Stelle. Die Polen schossen im Allgemeinen zu hoch, sodass uns die Querschläger und Zweige um die Nasen flogen. Auf einmal krachte es ohrenbetäubend vor uns. Die Gegner hatten ein Geschütz etwa 500 Meter vor uns in Stellung gebracht und beschossen uns nun frontal den Weg entlang. Etwas später gesellten sich zu diesem netten Konzert auch noch die Einschläge von Granatwerfern.

Wir konnten den Feind hören, wie er in einer Entfernung von vielleicht sechzig Metern im Unterholz herumpirschte. Ab und zu erhellte eine Leuchtkugel die Nacht, dann erstarrte alles und lauschte auf den Feind. Ich verhielt mich mit meinem Zug nunmehr ganz ruhig und wollte dadurch den Feind vor unsere MGs locken. Die Burschen blieben jedoch weiter links. Ein Versuch der Polen, durch einen Stoßtrupp an uns heranzukommen, wurde abgewehrt. Endlos lang war diese Nacht. Während wir am Tage in der heißen Sonne redlich geschwitzt hatten, schüttelte uns jetzt die grimmige Kälte. Alle fünf Minuten schauten wir auf die Uhr und wunderten uns, dass die Nacht noch nicht vorbei war. So verging in wechselhaftem Feuer Stunde um Stunde.

Ich war zeitweilig so abgespannt, dass ich glatt einschlief und dann durch ein in die Nähe fliegendes Geschoss wieder aufwachte. Meine Sorge war, dass unser rechter Flügel vom Feind umgangen würde, da ja unsere Flanke dort vollkommen frei und Narol rechts hinter uns von den Polen besetzt war. Ich schickte deshalb von Zeit zu Zeit einen Spähtrupp in diese Richtung, um die Lage zu klären.

Von einem dieser Gänge kehrte der Pionier Sablatnik, der Längste im ganzen Zug, nicht mehr zurück. Wir rechneten allgemein damit, dass er erschossen worden war. Schon wieder einer. Schrecklich! Hoffentlich bringe ich meine Leute aus dieser Situation lebend wieder heraus, schoss es mir immer wieder durch den Kopf.

Gegen Mitternacht kam der Befehl, wir sollten uns möglichst unbemerkt vom Feind lösen und zurückgehen, um eine neue Verteidigungsstellung zu beziehen, die etwas hinter Narol lag, sodass wir nicht mehr so leicht umgangen werden konnten. Die Absetzbewegung gelang auch völlig unbemerkt, und in kurzer Zeit hatten wir die neue Stellung mitten im Wald besetzt. Das war nicht einfach, da man sich in der stockfinsteren Nacht leicht verirren konnte. Aber abgesehen vom Angriff einer größeren Abteilung auf den zweiten Zug blieb es ruhig. Wir froren hier standhaft weiter bis zum Morgengrauen.

18. September 1939

Nun unternahmen wir zum dritten Mal einen Stellungswechsel und vergrößerten die Front gegen den in Narol stehenden Feind. Wir hörten, dass das Bataillon einen Angriff auf den Ort plane, um die Polen herauszuwerfen.

Einzelne Pak- (Panzerabwehrkanonen) und Flakgeschütze, die sich gerade in der Gegend herumtrieben, wurden einkassiert und wirkten bei der Vorbereitung und Durchführung des Sturmes auf Narol tatkräftig mit. Der Angriff selbst wurde von der dritten Kompanie, die bisher in Reserve gelegen hatte, mutig durchgeführt. Unsere Aufgabe war es nur, die linke Flanke zu decken und etwa versprengte Teile der Polen, die bei diesem Angriff zu entkommen suchten, zu erledigen. Dabei erschossen wir einige, andere ließen sich fast bereitwillig gefangen nehmen. Sie schienen froh, dass der Krieg nun für sie endlich ein Ende hatte. In den Tagen zuvor war ihnen gewaltig eingeheizt worden, da sie im Kessel von allen Seiten bedroht worden waren.

19. September 1939

Bei Morgengrauen haben wir eine neue Stellung vor Narol bezogen. Allerdings war die linke Flanke offen. Immer mehr Polen versuchten, sich durch unsere Linien durchzuschlagen. Aber gegen Mittag gelang es uns nach massivem Beschuss, den Ort zu erstürmen, der dabei in Flammen aufging. Die Maschinengewehre knatterten und verursachten einen Höllenlärm, die Häuser fingen zu brennen an. Die Schreie der Menschen, die aus den Häusern stürzten, gingen im tosenden Inferno unter. So wurde zwar der Tod unserer Kameraden gerächt, aber die vielen alten Leute, Frauen, ja sogar Kinder taten mir leid. Der Krieg hatte erst vor gut zwei Wochen begonnen und zeigte bereits jetzt sein grausames Gesicht.

Wir beerdigten Leutnant Behringer, dann ging die Fahrt weiter über Płazów, Żuków nach Cieszanów, wo wir die Südflanke der 28. Division decken sollten. Ohne weitere Feindberührung ging der Nachmittag vorbei.

Drei Offiziere der 1. Kompanie, Pionierbataillon 47. Alle drei am Daumen verletzt. Ich bin links im Bild.

Nach vier Wochen konnten wir endlich wieder in einem Bett schlafen, aber leider nur sehr kurz. Am Abend hörten wir die »Führerrede« in Danzig im Radio. Dabei wurde der »Feldzug der 18 Tage« für beendet erklärt. Allerdings ging die Schlacht bei Tomaszów Lubelski noch immer weiter.

20. September 1939

Bereits im Morgengrauen war Wecken, und um fünf Uhr fuhren wir wieder weiter über Płazów, das zerstörte Narol nach Bełżec. Dort bezogen wir Verteidigungsstellung nach Norden gegen den herausdringenden Feind. Beim Durchkämmen eines Waldstückes erbeuteten wir ein Geschütz, eine Pak und einen schweren Granatwerfer. Dabei wurden wir von hinten von einem eigenen Geschütz versehentlich beschossen. Zum Glück gab es dabei keine Verluste. Wir sicherten unsere Stellung auf einem Höhenzug nach Norden und Westen. Eigentlich eine verkehrte Welt, da wir ja östlich der eingekesselten Polen standen. Die deutsche

Artillerie schoss pausenlos in den Kessel. Viele polnische Soldaten ergaben sich, kamen mit erhobenen Händen aus dem Wald und ließen sich widerstandslos festnehmen. Die Gegenwehr der Polen wurde deutlich schwächer. Abends kehrten wir wieder nach Płazów zurück und konnten in einem Haus schlafen! Endlich! Das war alles andere als normal.

21. September 1939

Am frühen Morgen ging es mit Macht weiter. Wir drängten nach vorne mit dem Ergebnis, dass sich die dritte Division und die erste Kavalleriebrigade der Polen ergaben. Darüber hinaus nahmen wir an einer »Säuberungsaktion« in der Puszta Rozanjecka teil. Die Häuser der Dörfer wurden untersucht, die Männer festgenommen und als Gefangene abgeführt. Bei der Fahrt unter strenger Sicherung über Ruda-Huta-Rozaniecki-Susiec-Oseredek und Nowiny durch waldiges Gelände nahmen wir vier Offiziere, darunter den perfekt deutsch sprechenden polnischen General und Divisionskommandeur von Schilling, sowie circa 200 polnische Soldaten gefangen und erbeuteten zwei Geschütze, drei Zentner Sprengmunition und viele Handfeuerwaffen.

Am Nachmittag trafen wir wieder in Płazów ein. Dort konnten wir beobachten, wie 12 000 Gefangene an uns vorbeizogen. »Mit Mann und Ross und Wagen hat sie der Herr geschlagen.« Zum Glück vollzog sich das alles ohne große Gegenwehr und ohne Verluste auf unserer Seite. Die gefallenen Kameraden am Beginn des Krieges steckten uns ja immer noch in den Knochen. In dieser Nacht jedenfalls schliefen wir ohne Nervenbelastung ruhig und hofften, dass es so weitergehen würde. Diese Hoffnung sollte sich aber leider nicht erfüllen.

22. September 1939
In Płazów wurde uns wieder einmal ein Ruhetag vergönnt. Der nahe gelegene Fluss San wurde die Demarkationslinie zur Sowjetunion. Die Russen waren schon in Lemberg und bereiteten eine gemeinsame Parade mit uns vor. Verkehrte Welt!

Derweil verteidigte sich das VIII. Armeekorps, dem wir ja als Korps-Pionierbataillon unterstanden, gegen die zurückflutenden Polen. An unserem Parkplatz entstand ein Waffen- und Gefangenensammelpunkt. Wir sollten noch drei Tage hierbleiben, dabei waren wir tatendurstig und empfanden diesen Stopp als langweilig.

Abends kam dann endlich ein neuer Befehl: Morgen um vier Uhr früh Abmarsch nach Tomaszów zur Verfügung des Korps, das gegen zwei neue polnische Divisionen kämpfte. Allem Anschein nach gaben die Polen noch immer nicht auf.

23. September 1939
Wieder einmal fuhren wir die »alte Tour« über Bielza nach Tomaszów, um dort den Korps-Beobachtungsstand für den Angriff um sieben Uhr zu erkunden und anschließend mit meinem Zug in die freie Flanke links der beiden polnischen Divisionen zu stoßen. Gelegentlich kam es dabei zu Feindberührungen, bei denen wir aber keine Verluste hatten.

Weiter ging es durch Wald und Sand. Plötzlich griff eine polnische Reiterschwadron mit geschwungenem Säbel meinen Zug an. Wir gingen sofort in Deckung, konnten uns aber in dem offenen Gelände nicht wirklich verstecken. So lagen wir da und erwarteten die Attacke – und das 1939 und nicht in den Türkenkriegen! Es war schon ein seltsames Gefühl, wenn etwa hundert Pferde auf einen zu galoppierten, während man ungedeckt im Sand lag.

»Herankommen lassen. Noch nicht schießen!«, rief ich meinen Leuten zu.

Als die Kavalkade etwa hundert Meter heran war, befahl ich: »Feuer frei!«

Die Gewehrschützen eröffneten das Feuer, aber die MGs schwiegen. Verdammt noch mal! Auch das noch! Was war denn los? Die Waffen waren staubig geworden, und ein kurzer Regenguss hatte die beweglichen Teile verschmiert. Die drei MG-Schützen wechselten in Windeseile und wie auf dem Exerzierplatz hundertmal geübt den Lauf und das Schloss, und endlich war die erlösende Antwort der MGs auf die Attacke zu hören. Die Polen waren bereits ganz nahe gekommen, so dass wir Angst hatten, von einem Säbel getroffen zu werden.

»Auf die Pferde zielen!«, schrie ich in dem unbeschreiblichen Gefechtslärm.

Die Wirkung war unbeschreiblich! Dutzende von Pferden stürzten zusammen und warfen ihre Reiter ab. Wir machten viele Gefangene und mussten leider viele schwer verletzte Pferde erschießen. Aber der Angriff war abgewehrt.

Wir sammelten uns und rückten unter starker Sicherung weiter auf Podklasztorna, dann auf Krasnobród und schließlich auf die Höhe vor Jacnia vor. Dabei waren wir zwölf Kilometer weit immer im Angriff unterwegs, denn jederzeit konnte Gefahr drohen. In diesem Gefecht sind der Gefreite Denk und der Pionier Weber gefallen, feine Kerle, um die es mir leid tat. Der Feldwebel Niedermayer, mein stellvertretender Zugführer, und der Gefreite Butz wurden schwer verwundet. Niedermayer hat einen Kopfschuss erlitten, niemand hätte ihm noch eine Chance gegeben. Doch ein paar Monate später meldete er sich wieder gesund bei der Truppe. Hochachtung! Mit großer Freude wurde er wieder begrüßt.

Übrigens habe ich den MG-Schützen der ersten Gruppe zum EK 2 eingereicht, weil er überlegt, kaltblütig und tapfer gehandelt hat. Er bekam auch den Orden. Er sah aus wie »jung Siegfried«, blond und blauäugig, obwohl er »Halbjude« war. Was aus ihm geworden ist, habe ich nie erfahren. Ich hoffe aber, dass die Auszeichnung ihn irgendwie vor dem Verbrechen des Holocaust gerettet hat.

Es war uns also gelungen, die Lücke zu den anderen Heeresverbänden zu schließen. Wir konnten zurück nach Podklasztorna fahren, stellten Wachen auf und gingen zur Ruhe über. Die brauchten wir dringend, denn der Tag war aufreibend gewesen. Allerdings war die Nacht dann eisig kalt und regnerisch.

24. September 1939

Bis zum Morgen hielten wir uns in Podklasztorna auf. Das Kloster diente als Lazarett. Endlich trudelten Einheiten einer Division heran, die die Polen eingeschlossen hatten, und lösten uns ab.

Wir fuhren durch eine Sandwüste zurück nach Tomaszów, wobei wir vier Stunden für ganze zwölf Kilometer brauchten. Dort erfuhren wir, dass Teile einer durchgebrochenen polnischen Kavalleriebrigade unsere Brückenkolonne und die leichte Pionierkolonne angegriffen hatten. Schirrmeister Thiem und ein Pionier waren gefallen. Dabei war der Krieg offiziell schon seit einer Woche vorbei! So glaubten wir jedenfalls. Trotzdem ging es bei Kälte und scharfem Wind weiter über Cieszanów–Oleszyce–Jarosław nach Sieniawa. Beim Bürgermeister des Ortes konnte ich auf einem Strohsack übernachten.

25. September 1939

Das Wetter wurde immer schlechter: Es war eisig kalt, der Regen peitschte, ab und zu gab es sogar Graupelschauer.

Mittags fuhren wir von Sieniawa über Ubieszyn–Lazaisk–Tarnogóra nach Kopki zur Sicherung der San-Brücke. Dort richteten wir einen beeindruckenden Zug-Gefechtsstand in einem ehemaligen Schweinestall ein. Leider kam abends schon wieder ein Abmarschbefehl. Mein Zug hatte über Tarnogród nach Rogale zu verlegen, um die Straße nach Biłgoraj zu sichern, wo eine deutsche Artillerieabteilung von den Polen angegriffen und böse zugerichtet worden war.

Die nächtliche Fahrt erschien uns endlos lange, wir mühten uns mit den grundlosen Wegen und dem Sauwetter ab. Obendrein gingen mein Pkw und das Krad meines Melders kaputt. Wir schleppten die Fahrzeuge ab und fluchten ob der widrigen Umstände.

26. September 1939

Gegen zwei Uhr früh kamen wir endlich ziemlich erschöpft in Rogale an und übernahmen wie befohlen die Sicherung. Wir waren aufmerksam, aber es blieb ruhig, merkwürdig ruhig. Mittlerweile trafen, ziemlich »zerrupft«, ein Infanteriebataillon und ein Panzerabwehrbataillon ein. Wir wurden gegen Mittag abgelöst und quälten uns den gleichen Weg nach Kopki zurück, wo wir wieder gegen Abend eintrafen. Ein ruhiger Abend stand uns bevor. Wir hatten sogar Lust zum Blödeln und lachten über unsere »Kraft durch Freude«-Fahrten. Danach schliefen wir herrlich in unserem Schweinestall.

27./28. September 1939

Es waren zwei ruhige Tage. Wir schoben abwechselnd Brückenwache, während die deutschen Truppen unentwegt über den San nach Westen strömten. Wir erfuhren bei dieser Gelegenheit, dass der San die Demarkationslinie zum russisch besetzten Teil Polens werden sollte.

Ein polnisches Dorf

Am Nachmittag des 28. Septembers versiegte der Strom. Es kamen nur noch einzelne Fahrzeuge, die wir während des Abbaus der Brücke mit Fähren übersetzten. Als wir schon Schluss machen wollten, bemerkten wir am Ostufer einige polnische Familien, die auf Panjewagen vor den anrückenden Russen flohen und uns inständig baten, sie doch noch herüberzuholen, weil sie sich bei uns sicherer fühlten. Also ließen wir die letzte Fähre noch ein paar Mal pendeln, bis auch der letzte Panjewagen am anderen Ufer angekommen und alles restlos abgebaut war.

Zu unserer großen Freude tauchte der verschollene Pionier Sablatnik plötzlich wieder auf. Als sich einige Polen ergaben, wurde er als deren Gefangener aufgefunden. Dabei hatte er sein Leben nur dem Umstand zu verdanken, dass ein Ukrainer dem polnischen Soldaten, der ihn erschießen wollte, die Pistole wegnahm. Als sein schrecklichstes Erlebnis in den Tagen der Gefangenschaft bezeichnete er die Beschießung der Abteilung, bei der er sich befand, durch deutsche Artillerie. Es sei die reinste Hölle gewesen. Dabei habe es große Verluste gegeben, und er sei wie durch ein Wunder unverletzt geblieben.

29. September 1939

Das Wetter, das uns in der letzten Zeit so viel zu schaffen gemacht hatte, besserte sich langsam. Um sieben Uhr ging es weiter über Leżajsk–Łańcut–Rzeszów–Glogau nach Ranizów. Es war eigentlich ein ruhiger Tag: kein Gefechtslärm, keine Gefahren. Nur schlechte, matschige Straßen machten uns zu schaffen. In Ranizów wurde ich bei einem deutschen Lehrer einquartiert. Endlich ein richtiges Bett in einem richtigen Zimmer! Ich hatte nach einem Monat Krieg fast schon vergessen, wie sich das anfühlt. Ich schlief sofort tief und fest ein.

Für uns war nun das Thema Polen vorbei. Aber es gab ein allgemeines Rätselraten, wie es weitergehen sollte. Wir hörten von umfangreichen politischen Aktivitäten zwischen Moskau und Italien. Sollten wir in den Westen abkommandiert werden? Große Entscheidungen, so fühlten wir, bahnten sich an.

30. September 1939

Dieser Tag war geprägt durch sogenannten »Friedensbetrieb«. Das warme und trockene Wetter passte perfekt zu diesem Tag, der mit Kaffee begann, den mir mein treuer Bursche Porzel ans Bett brachte. Danach konnte ich mich endlich wieder einmal rasieren.

»Oje, die Koteletten wachsen schon ganz schön!«

Einstweilen kaufte Porzel für das Abendessen Butter, Eier und Honig ein. Wir genossen den herrlichen Tag.

Anfang Oktober 1939

In drei Etappen fuhren wir über Pilzno–Krakau–Kattowitz nach Jungbirken und wurden dort auf die Bahn verladen. Mit dem Zug ging es weiter über Breslau–Liegnitz–Sagan–Frankfurt/Oder–Berlin–Kassel nach Weilburg bei Gießen. Dort wurden wir ausgeladen und konnten nach Elz bei Limburg weiterfahren, wo wir bei Bürgern des Ortes Quartier nahmen. Ich kam bei der Familie eines Metzgermeisters unter.

»Das hört sich doch gut an! Hier geht es mir bestimmt nicht schlecht!«, dachte ich mir. Allerdings musste ich höllisch aufpassen, dass ich nicht in die Fänge der treusorgenden Quartiermutter geriet, die ihr Töchterlein nur allzu gerne mit diesem feschen Leutnant hätte verloben wollen. Die beiden schwänzelten immerzu um mich herum und legten Köder in Form von Leckereien aus der Metzgerei aus. Die Schlinge lag bereits um meinen Kopf, doch konnte ich ihn gerade noch herausziehen, weil ich immer wieder Briefe und Päckchen von einer gewissen Karoline aus Ortenburg bekam, die wiederum von ihrer Mutter dazu animiert worden war. Es war also offensichtlich ein anderes Mädchen im Spiel und der schneidige Leutnant nicht mehr zu haben. Puh, Glück gehabt! Und so wahnsinnig anziehend oder gar aufregend war dieses Töchterlein dann doch nicht.

Gleich nach meiner Ankunft rief ich meine Mutter in Kassel an. Die war natürlich erstaunt und erleichtert, mich gesund und noch so nah bei ihr begrüßen zu können.

Das Kapitel Polen war nun abgeschlossen. Die große Frage, die uns natürlich alle bewegte, lautete: Was kommt nun? Denn nach dem Pakt zwischen Stalin und Ribbentrop schienen die Grenzfragen geregelt, das sowjetische Russland und das nationalsozialistische Deutschland hatten augenscheinlich ihren Frieden miteinander gemacht. Und nachdem Frankreich und England während des Polenfeldzuges nicht interveniert hatten, drohte von dort anscheinend auch keine Gefahr.

Zunächst einmal freuten wir uns alle, dass wir der Reihe nach Urlaub bekamen. Das tat gut nach all den Wochen der Anspannung.

Den Winter 1939/40 verbrachten wir am Niederrhein mit Pionierdienst, vor allem mit Kriegsbrückenbau-Übungen, nicht ahnend, wie dringend wir das bald schon brauchen würden. Der Jahreswechsel 1939 auf 1940 und der Beginn des neuen Jahres verliefen sehr ruhig und gewissermaßen friedlich. An der Westfront herrschte der Drôle de guerre, ein Sitzkrieg, bei dem sich beide Seiten passiv verhielten. Eigentlich hatte man fast schon vergessen, dass Krieg herrschte. Ich war glücklich, meinen Urlaub bei meinen Eltern in Wiesbaden verbringen zu können, unbeschwerte Wochen zu Hause, nicht wissend, was da noch kommen würde.

In unserem winzigen Dorf am Niederrhein gab es nur ein paar Bauernhöfe, in denen wir einquartiert waren, und mit dem »Dorfkrug« eine Gaststätte. Um nicht ganz zu verblöden, gründeten wir ein »Pfeifenkonsortium«: Mitglied konnte jeder werden, der eine mindestens fünfzig Zentimeter lange Pfeife mit Porzellankopf sein Eigen nannte. So trafen wir uns regelmäßig im »Dorfkrug« und arbeiteten auch eine entsprechende Satzung aus. Ich ließ mir für meine Pfeife eine feldmarschmäßige Transportkiste aus Holz nach Maß anfertigen: innen mit Halterungen für Pfeife, Tabaksbeutel, Wassersack und Reinigungsgerät. Außen war sie feldgrau angestrichen und trug die Aufschrift »Langes Rauch- und Nebelgerät 39«.

Einen Riesenspaß gab es bei einem vom Bataillon angesetzten Geräteappell. Die Pfeifenkiste lag in meinem Pkw. Der Bataillonsingenieur inspizierte alles, stieß auf die besagte Kiste und fragte mich: »Was ist denn das?«

Ich antwortete scheinheilig: »Das kennen Sie nicht? Es ist das neueste Vernebelungsgerät im Heer!«

Kriegsbrückenbau-Übung am Niederrhein

Er befahl: »Aufmachen!«

Mein Fahrer öffnete, und großes Gelächter erscholl, in das schließlich auch der Ingenieur mit einstimmen musste.

Mit diesen kleinen Abwechslungen und strammem Dienst verbrachten wir die ersten Monate des Jahres 1940. Anfang Mai wurde ich überraschenderweise zum Kommandeur der Kompanie ernannt, weil mein bisheriger Kompaniechef zu einem Lehrgang für Bataillonskommandeure versetzt worden war. In ruhigen Augenblicken kam mir zu Bewusstsein, dass ich erst 23 Jahre alt war und nun die Last der Verantwortung für etwa 150 Mann plus jede Menge Gerät, Minen und Sprengstoff zu tragen hatte. Da wurde mir doch etwas mulmig. Aber ich wusste eine Mannschaft hinter mir, auf die ich mich blind verlassen konnte. Dazu kam die alte Führungsregel: Wenn du vorausgehst, kommen die anderen schon nach!

Am 9. Mai wurden wir aus unserem Trott gerissen. Ein Codewort erreichte uns: »Tauwetter 15 Uhr«. Es bedeutete die Mobilmachung gegen Frankreich!

Feldzug im Westen

Holland und Belgien

Dieser 9. Mai 1940 wird uns allen in Erinnerung bleiben. Es war ein strahlender Frühlingstag, noch dazu hatten wir dienstfrei und das an einem ganz gewöhnlichen Werktag. Denn die große Brückenübung am Rhein am Tag davor war gut beendet worden, der Kommandeur in Urlaub gefahren und wir alle in bester Stimmung. Die Pioniere gingen mit ihren inzwischen gefundenen »Eroberungen« von Rheurdt, dem kleinen Kaff irgendwo in der niederrheinischen Tiefebene, nach Sevelen oder Schaephuysen ins Kino, andere wieder zogen es vor, dem Frühling nachzuwandern. Die weniger romantisch Veranlagten nutzten die günstige Gelegenheit, einmal ausgedehnter als sonst die Wirtschaften aufzusuchen, die den Bedürfnissen eines bayerischen Truppenteils entsprechend seit neuestem eine Sonderzuweisung an Bier erhalten hatten.

In diese Ruhe und Feiertagsstimmung platzten nachmittags um drei Uhr drei Worte, drei ganz kleine, unscheinbare, harmlose Worte. Wer aber die Bedeutung kannte, den ließen sie aufhorchen, und nach einigen Sekunden der Überraschung folgten daraus Überlegungen, Entschlüsse, Folgerungen und Befehle.

Nachmittags um drei Uhr spielte uns der Fernsprecher die lapidare Parole zu. Die Stimme auf der anderen Seite des Drahtes sagte: »Tauwetter 15 Uhr«, und am leisen Vibrieren der Stimme, an einem etwas heiseren, belegten Ton erkannte man, dass etwas Schwerwiegendes in der Luft lag. Das Codewort war gefallen! Das Codewort, auf das wir ein halbes Jahr lang gewartet, für das wir gearbeitet hatten und ausgebildet worden waren, das der Ausgangspunkt war für eine Auseinandersetzung, die von außerordentlicher Bedeutung sein würde.

Diese Worte verhießen das Ende der bürgerlichen Ruhe der vergangenen Monate, hinter der doch ein stilles Ahnen um Kommendes schwebte, das zwar in unbestimmter Ferne lag, aber doch mit jedem Tag, mit jeder Stunde näherrückte in mathematischem, schicksalhaftem Zwang. Es war auch das Ende der Ausbildung in allem, was der Soldat können muss, denn jetzt kam die Stunde der Bewährung. Also weg mit allen Gedanken, die heimwärts und rückwärts wandern wollten. Es gab nur noch ein »Vorwärts«, das alle und alles mitriss. Nun war der Augenblick da, an dem die Furien des Krieges nach Monaten des abschätzenden Umschleichens übereinander herfallen würden. Der Tiger stürzte sich auf seinen Gegner, und wir waren ein Teil dieses Tigers, ob wir wollten oder nicht. Die Frage nach dem Sinn des Ganzen war schier unmöglich, denn das nationalsozialistische Regime bestrafte derartige Fragen in der Regel mit dem Tod.

Wohl war uns der Krieg nichts Neues, denn wir hatten ihn schon in Polen erlebt, alle bis auf die Ersatzmannschaften, die erst später wieder die gelichteten Reihen aufgefüllt hatten. Aber man hatte diesen Feldzug schon fast wieder vergessen, er war ja schon lange beendet. War es wirklich erst ein halbes Jahr her, seit zum letzten Mal die Kugeln gepfiffen hatten? Konnte der Krieg im Westen überhaupt so verlaufen wie damals in Polen? Hatten wir jetzt nicht einen viel stärkeren Gegner vor uns, Millionen von Soldaten, ausgerüstet mit modernsten Waffen und einer Luftwaffe, die wohl auch ein gewichtiges Wort mitsprechen würde?

Verlassene holländische Feldstellung auf dem Westufer des Rheins

Dies alles wirbelte uns im Kopf herum, ausgelöst durch das Wörtchen »Tauwetter« mit seiner folgenschweren Bedeutung. Es stand wie eine Trennungswand zwischen dem Heute und dem Morgen.

Diese aufwühlenden Gedanken bohrten aber nur tief im Inneren, wohl abgeschlossen und verwahrt. Äußerlich völlig ruhig wurde das Nötige veranlasst, wurden die Leute zusammengetrommelt, Lkws zu den Kinos und Ausflugsorten geschickt, Leutnant Berka aus Wesel geholt, wo er gerade beim Anprobieren einer neuen Uniform war, Besprechungen abgehalten und die Beladung der Fahrzeuge geprüft. Zur festgesetzten Zeit waren alle Leute da, alle Fahrzeuge fahrbereit, alles Gerät verladen. Entspannt lehnten wir uns zurück, da alles geklappt hatte.

Dass wir Doppelkopf in unserem verödeten Heim spielten, überbrückte zwar die Wartezeit bis zur Abfahrt, die auf 23 Uhr festgesetzt war, aber ich frage mich im Nachhinein, wie wir uns in dieser extremen Situation der inneren Anspannung überhaupt auf das Kartenspiel konzentrieren konnten, da wir uns doch mit dem Gedanken hätten befassen sollen, wer von uns überleben würde und wer nicht. Wir dachten aber nicht an den Tod, sondern nur an die bevorstehende Aufgabe.

Nach einem kurzen, aber eindringlichen Appell setzte sich die Kompanie in Marsch, ein fernes Winken noch von denen, die ein Vierteljahr lang unsere Gastgeber gewesen waren, alles Bekannte der Umgebung verschwand in Dunkelheit und Staub, und das Neue, Ungewisse nahm Besitz von uns.

Die Kompanie fuhr in stockfinsterer Nacht und mit völlig abgeblendeten Scheinwerfern in ihren Bereitstellungsraum, aus dem es am frühen Morgen zum ersten, entscheidenden Einsatz kommen sollte. In Vorst bei Wachtendonk, nahe der holländischen Grenze, versanken wir alle trotz der Spannung, die uns erfasst hatte, für einige Stunden in tiefen Schlaf.

10. Mai 1940

Bald schon, man glaubte, noch gar nicht eingeschlafen zu sein, graute der Morgen des 10. Mai, an dem die gesamte deutsche Wehrmacht aus ihren Ruhequartieren aufbrach und über den Feind herfiel, der sich hinter den Befestigungen der Maginotlinie in trügerischer Sicherheit wähnte. Nebelschwaden zogen über die taufrischen Wiesen, es war empfindlich kühl und so still und friedlich in der ganzen Landschaft, als ob es gar keinen Krieg geben könnte. Hauptmann Götzelmann, der in Vertretung des am Vortag in Urlaub gefahrenen Kommandeurs das Bataillon führte, fuhr mit den Kompanieführern zur Erkundung voraus.

Um 5.30 Uhr kamen wir in Kaltenkirchen an. Dies war der Zeitpunkt des Einmarsches der deutschen Truppen in Holland, Belgien und Luxemburg, der Auftakt für ein

Die Brücke über die Maas wurde schnell errichtet.

Drama, das fühlten wir, bei dem die Welt den Atem anhalten würde. Der Zeitpunkt war gekommen, an dem die Bomber Geschwader um Geschwader über uns hinwegzogen in unglaublicher Ruhe, an dem Jagdflieger dicht über unsere Köpfe hinwegschossen und feindliche Jäger suchten, um sie zu stellen. Die Batterien, die getarnt um uns standen, spieen Tod und Verderben über die Grenze in das friedliche Land hinein, das auf Neutralität wie im Ersten Weltkrieg gehofft und der gewaltigen Übermacht kaum etwas entgegenzusetzen hatte. Es erinnerte uns an die Septembertage des letzten Jahres, als es ebenso in Polen begonnen hatte.

Das Bataillon wurde nach Kaltenkirchen nachgezogen. Leutnant Bergerhoff stieß inzwischen mit einem Spähtrupp bis an die Maas vor, um in der Nähe von Steyl nach einer geeigneten Stelle für einen Brückenschlag zu suchen. Die innere Spannung stieg immer mehr, denn es konnte nicht mehr lange dauern, bis wir aus unserem Bereitstellungsplatz bei Kaltenkirchen vorfahren würden zum ersten Einsatz in diesem neuen Feldzug.

Bei mir war diese Spannung auf das Kommende vermutlich noch größer als bei den anderen, denn seit fünf Tagen ruhte auf mir die Verantwortung für die erste Kompanie: 200 Mann mit Tausenden von Geräten. Vor fünf Tagen hatte man unseren bisherigen Chef, den von allen hochgeschätzten Hauptmann Barth, abkommandiert zu einem Lehrgang für Bataillonskommandeure. Ich glaube, er wäre lieber bei uns, bei seiner Kompanie geblieben. So übernahm ich als Leutnant mit meinen 23 Jahren als »ältester« Offizier der Kompanie diesen Posten.

Wohl hatte ich schon öfters vertretungsweise im Frieden die Kompanie geführt, aber jetzt kam es darauf an, und ich musste beweisen, dass ich dieser Aufgabe gewachsen war. Stolz wegen des in mich gesetzten Vertrauens und voller Zuversicht gelobte ich mir in diesen Stunden des Wartens, alles zu tun, was in meiner Macht stand. Die Kompanie sollte sich nicht über mich beklagen können. Ich würde der Kompanie vorausgehen, und sie würde mir folgen, dessen war ich mir sicher.

Die Kompanie stand in der Ortschaft Tegelen auf der Hauptstraße von Kaltenkirchen nach Steyl, die Fahrzeuge auseinandergezogen unter Bäumen. Die Bevölkerung war freundlich und machte keinen feindseligen Eindruck. Pionier Hirschbold, Schwager von Hauptmann Barth und als Ältester von allen »Vati« genannt, war in angeregtem Gespräch mit einem Kreis junger Mädchen, die tapfer der Notwendigkeit unseres Einmarsches widersprachen und darauf beharrten, dass Holland »uns doch nicht gerufen« habe.

Wir saßen inzwischen in einem Vorgärtchen und tranken eine Tasse Kaffee, die man uns nicht einmal bezahlen ließ. Auf der einen Seite ausgesuchte Freundlichkeit und Höflichkeit, auf der anderen Seite, ein paar Kilometer weiter vorne, an der Maas, schoss man sich gegenseitig über den Haufen, wie wir aus dem Geschützdonner und dem Rattern der MG-Salven schließen konnten. Verkehrte Welt! Wir dachten, was das für eine wahnsinnige Regierung sein musste, die gegen uns Widerstand zu leisten befahl, da es doch keinen Hass zwischen unseren beiden Völkern gab! Dass die Schuld allein auf unserer Seite lag, erkannten wir erst viel später.

Da der Spähtrupp Bergerhoff so lange nicht zurückkam – mittlerweile war es schon elf Uhr –, fuhr ich selbst mit einem Krad vor an die voraussichtliche Brückenstelle bei Steyl. Ich konnte in Deckung bis knapp vor den Fluss fahren und stellte dort mein Krad ab. Es trennte mich nur noch die hohe Mauer des Klosters, in dessen Hof ich mich befand, vom Fluss und deckte mich somit gegen Sicht von drüben. Mit MG und einigen kleinen Kanonen schoss man herüber. Infanterie war keine hier, ich traf nur Bergerhoff, der mir von einem günstigen Platz aus die feindliche Stellung zeigte.

Um dorthin zu gelangen, mussten wir allerdings über eine einzusehende Stelle laufen, die unter feindlichem Beschuss lag. Also versuchten wir, so schnell es ging, am Ufer hinüber zu einem deckenden Gebüsch zu gelangen. Dabei waren wir um einige Sekunden schneller als der holländische Richtkanonier, der auf uns beide mit seinem Kanönchen im direkten Schuss feuerte. Er traf – und das ließ auf eine gute Ausbildung schließen – genau die Stelle, an der wir uns befanden. Zum Glück waren wir bereits schon wieder in Deckung. Von hier aus konnte man die ganze feindliche Stellung einsehen. Alle paar hundert Meter stand ein Betonklotz mit eingebauten Maschinengewehren, dazwischen die Kanonen. So also sah das Ufer aus, das uns oft in die Träume hinein verfolgte, da uns ja die Art unseres Einsatzes schon lange ziemlich klar war.

Bergerhoff erzählte mir, dass bald Panzer der Aufklärungsabteilung 1 erscheinen müssten, die die einzelnen

Schießscharten mit ihren Kanonen knacken sollten. Also liefen wir wieder zurück zur Klostermauer, wo tatsächlich inzwischen einige Panzer III eingetroffen waren. Diese suchten sich, sorgfältig in Deckung bleibend, eine günstige Stellung und eröffneten auf ein Zeichen schlagartig mit ihren 3,7-cm-Geschützen das Feuer auf die Bunkerscharten. Nach nur wenigen Schüssen waren die feindlichen Betonklötze kampfunfähig geschossen, und die Besatzungen wankten mit erhobenen Händen heraus und ergaben sich.

So wurde mit kurzen, wohlgezielten Salven der Widerstand am jenseitigen Ufer gebrochen. Fast unbehelligt und ohne Verluste gelang es einer Infanteriekompanie links von uns, auf einem noch unbeschädigten Staudamm die Maas zu überschreiten und die einzelnen Bunker vollends aufzurollen. Völlig apathisch und sichtlich noch unter dem Eindruck des soeben Erlebten ließen sich die Soldaten mit ihren eigenartigen, geschweißten Stahlhelmen gefangen nehmen.

Jetzt wurde es Zeit für die Kompanie, den Brückenschlag in Angriff zu nehmen. Bevor man jedoch ans Ufer herankonnte, war es nötig, den Zufahrtsweg von einer Straßensperre zu befreien, die aus einzelnen Betonklötzen bestand, aus denen wiederum borstenartige Stahlträger ragten. Ich fuhr nach Tegelen zurück, holte die Kompanie und einige Zugmaschinen der Brückenkolonne nach vorne, und in kurzer Zeit hatten die starken Zugmaschinen Betonklotz um Betonklotz aus der Mauer gezogen. Damit war der Weg ans Wasser frei.

Nun konnte der eigentliche Brückenschlag beginnen, hundert Mal im Frieden, in Polen und im Winter am Rhein geübt. Alles klappte wie am Schnürchen, man brauchte fast nichts mehr anzuordnen. Die Pioniere griffen mit so großer Energie zu, dass es eine wahre Freude war. Bald lagen die Röcke und Hemden am Ufer, denn die Sonne schien bereits sehr warm, und längs des ganzen Maasufers arbeiteten alle drei Kompanien um die Wette.

Um 12.30 Uhr begann das Wegräumen der Straßensperre, um 19.30 Uhr ging bereits die 16-Tonnen-Brücke ihrer Vollendung entgegen und die ersten Fahrzeuge konnten hinüberrollen. Dabei wurden schon seit etwa 15 Uhr Panzer der Aufklärungsabteilung 1 auf einer Fähre übergesetzt. Sie sollten noch am gleichen Tag ganz Holland durchstoßen und in Belgien einen wichtigen Auftrag ausführen. Während wir noch mitten bei der Arbeit waren, tauchte unser Kommandeur auf. Er war erst eine halbe Stunde in München, als ihn das Telegramm erreichte, aufgrund dessen er mit dem nächsten Zug wieder zu uns fuhr.

Kurz darauf, wir konnten uns fast gar nicht so schnell umschauen, raste in etwa zehn Metern Höhe mit wahnsinnigem Karacho ein Flugzeug die Maas entlang. Erst als die Maschine schon vorbei war, erkannten wir an den runden Kokarden, dass es ein Engländer war. Niemand, auch die Flak nicht, die unsere Arbeiten sichern sollte, oder der von uns aufgestellte Luftschutz, kamen in den wenigen Sekunden zum Schuss. Wir fanden es schade, dass uns der Vogel entwischt war. Aber den Piloten schien der Teufel zu reiten, denn er versuchte das gleiche Spielchen noch einmal. Vermutlich hatte er beim ersten Überflug unsere Brücke als lohnendes Ziel für seine Bomben ausgemacht. Diesmal jedoch war die Flak auf dem Posten. Einige Feuerstöße fanden das Ziel, eine Stichflamme schoss aus dem Flugzeug, das ganz nahe bei unserer Brückenstelle auf dem Boden aufschlug und explodierte, wobei die Teile weit durch die Luft flogen. Somit hatte die Royal Air Force einen Bomber weniger. Laute Hurra-Rufe begleiteten diesen Abschuss. Dann ging es unverdrossen und konzentriert wieder an die Arbeit.

Nach vollbrachtem Tagewerk bezogen wir – das ist wirklich wahr – Quartier in einem Frauenkloster nahe der Brücke. Die Schwestern, die alle gut deutsch sprachen, teilweise sogar Deutsche waren, nahmen uns freundlich und gastlich auf. Jeder von uns bekam eine eigene Zelle mit einem frischen Bett, und bald waren alle in tiefen Schlaf versunken.

11. Mai 1940

Am anderen Morgen erzählte man mir, dass in der Nacht ein Bombenangriff auf die nahe gelegene Brücke stattgefunden hatte. Die Bomben seien aber alle weitab vom Ziel auf freies Feld gefallen und hätten keinen Schaden angerichtet. Ich hatte wieder einmal Grund, mich über meinen tiefen Schlaf zu freuen, denn das Getöse der explodierenden Bomben war nicht an mein Ohr gedrungen.

Die ganze Nacht über riss der Strom der Kolonnen nicht ab. Immer mehr Truppen ergossen sich auf das andere Ufer, um tiefer ins Feindesland vorzustoßen. Wir erfuhren, dass wir von allen Pionieren der Wehrmacht die erste Kriegsbrücke über die Maas fertiggestellt hatten.

Am Vormittag vertrieben wir uns die freie Zeit mit Unterricht über Verhalten im Feindesland und ähnlichen Scherzen. Dann bekamen wir mittags einen neuen Auftrag: Wir sollten die Baumsperren auf der Straße Blerik–Kessel–Neer aufräumen. Ich teilte die Züge ein und fuhr dann selbst zu den einzelnen Sperren, die nicht gerade professionell aussahen. Die meisten Bäume, die unseren Vormarsch aufhalten sollten, waren den guten Holländern beim Fällen auf die falsche Seite gefallen.

Schließlich erkundete ich noch verschiedene gesprengte Brücken am Willem-Nederwerth-Kanal. Alle Brücken waren unter ungeheuerem Munitionsaufwand in die Luft gejagt worden, nur bei einer hatte sich beim Sprengen die

Fahrbahn im Unterbau verfangen. Sie war noch für mittelschwere Lasten benutzbar. Bei der Gelegenheit besichtigte ich auch einen Bunker, der an diesem Kanal einsam Wache hielt. Allerdings hatte sich die Besatzung schon abgesetzt. Wir kamen den Herren wohl etwas zu schnell und stürmisch ins Land hinein.

Nach Erledigung meines Auftrages fuhr ich wieder zur Kompanie zurück, die inzwischen die Baumsperren fertig abgeräumt hatte, und schaute mir mein Quartier im Schloss Nunhem an. Die Aufnahme war zwar nicht gerade sehr freundlich, denn Madame empfand uns als Eindringlinge, die ihr höchst unwillkommen waren. Wortreich erklärte sie uns, was in ihrem Haus alles verboten war, und schlich uns überallhin nach. Unseren Standpunkt machten wir ihr nun ebenfalls mit deutlichen Worten klar, was zur Folge hatte, dass sie etwas umgänglicher und angenehmer wurde.

In der kommenden Nacht jagte uns ein Melder heraus, mit einem Erkundungsauftrag an den nächsten Kanal, der zu überwinden sei. Ich ließ Berka auf sein Drängen hin losfahren, nicht ohne ihm noch die besten Ratschläge mit auf den Weg gegeben zu haben, denn da vorne war es noch nicht ganz ungefährlich. Die Bunkerlinie bei Werth war vermutlich noch von den Holländern besetzt. Außerdem hatte man mich auf Minengefahr aufmerksam gemacht.

12. Mai 1940

Am frühen Vormittag kehrte Berka, von uns schon sehnlichst erwartet, von seiner Erkundung zurück. Er berichtete, dass das jenseitige Ufer noch vom Feind besetzt sei und er deshalb noch keine genaue Brückenerkundung hatte durchführen können. Trotzdem hatte er sich bis an das diesseitige Kanalufer mitten in der Stadt Werth herangearbeitet, um die Breite des Kanals wenigstens grob schätzen und die sonstigen Verhältnisse kennenlernen zu können. Dabei war er an der Uferböschung, kaum fünfzig Meter von einem holländischen Bunker entfernt, der nur durch das Wasser von ihm getrennt war, auf einem glatten Gegenstand ausgerutscht. Er hatte in der Dunkelheit das Ding abgetastet, das ihn zu Fall gebracht hatte, und mit Erschrecken festgestellt, dass es eine holländische Tellermine war. Wie wir nachträglich feststellen konnten, hat ihm lediglich die Schlampigkeit des holländischen Pioniers das Leben gerettet, der den Sicherungsstift der Mine um einen Millimeter zu wenig weit herausgezogen hatte. So kam es, dass die Mine das Körpergewicht Berkas aushielt, ohne zu detonieren. Nachträglich wurde es ihm beim Überdenken dieser Sachlage noch leicht schwummerig. Von welchen Kleinigkeiten doch ein Menschenleben abhängig sein kann!

Da von »oben« mit der beschleunigten Überbrückung der Zuid-Willemsvaart gedrängt wurde, fuhr ich selbst noch einmal nach Werth hinein. Ich traf dort mit einer Infanteriespitze und Leutnant von Schatte zusammen, der, eine Riesenzigarre rauchend, lustig auf einem Damenfahrrad dahergegondelt kam. Beinahe wäre ich noch ein Opfer dieses Rades geworden, denn in der Eile und Wiedersehensfreude vergaß Georg, dass sein Rad keine Bremsen hatte. Nur durch einen kühnen Sprung gelang es mir, mich in Sicherheit zu bringen.

Ich durfte mir auch eine Zigarre aus seinem Vorrat ins Gesicht stecken. Er hatte sie in einem verlassenen Gasthaus gefunden, dessen Fensterscheiben beim Sprengen einer Brücke zu Bruch gegangen waren, und erst nach dieser Zeremonie kamen wir auf unseren eigentlichen Auftrag zu sprechen. Georg erzählte mir, das jenseitige Ufer sei in den frühen Morgenstunden vom Feind geräumt worden, da die Bunkerlinie entlang des Kanals einige Kilometer links von uns von unseren Panzern durchstoßen und daher unhaltbar geworden war.

Das war wieder ein typisches Beispiel für die deutsche Kriegsführung bei diesem Feldzug, die später als »Blitzkrieg« bekannt geworden ist. Überall, wo durch irgendwelche Umstände, meist durch massierten Panzereinsatz, ein Vorteil errungen oder eine Stellung durchbrochen worden war, wurde ohne Rücksicht auf die offenen Flanken immer weiter vorgestoßen. Der Feind wurde damit zu ständigen überstürzten Absetz- und Rückzugsmanövern gezwungen, da er ja sonst Gefahr lief, von seinen rückwärtigen Verbindungen abgeschnitten zu werden. So musste er auch die Teile seiner Front zurücknehmen, die noch intakt, ja noch nicht einmal angegriffen worden waren.

Wir erkundeten mit größter Vorsicht die Brückenstelle, die Nase wie ein Jagdhund immer auf dem Boden, weil uns das noch glücklich abgelaufene Erlebnis des Leutnant Berka zur Vorsicht mahnte. Die beiden Uferböschungen waren mit Drahtverhauen unpassierbar gemacht und einige Lücken dazwischen durch Minen gesperrt worden, die wir trotz ihrer guten Tarnung ahnen konnten. Mit den ersten Ergebnissen im Gepäck fuhr ich zurück zum Bataillon und erhielt von dort die Genehmigung, gleich mit der Kompanie und der Brückenkolonne nach Werth vorzufahren, wo wir im Verein mit der dritten Kompanie die Brücke möglichst rasch fertig stellen sollten.

Während meiner Abwesenheit hatten wir an der Brückenstelle einen furchtbaren Verlust erlitten. Beim Minensuchen am jenseitigen Ufer war der Unteroffizier Schenkel von der dritten Kompanie selbst auf eine Mine getreten, obwohl er das Minensuchgerät bedient hatte, und dabei ums Leben gekommen. Leutnant von Schatte, der im Moment der Detonation keine fünf Schritte von Schenkel entfernt gestanden hatte, war wie durch ein Wunder am

Leben geblieben, ja er hatte nicht einmal einen Kratzer abbekommen. Im ersten Schrecken hatte er angesichts der gewaltigen Detonation angenommen, eine Granate sei in seiner Nähe eingeschlagen. Daraufhin rannte er über das noch nicht von Minen gesäuberte Gelände in den nahestehenden Bunker hinein, um dort Deckung zu suchen. Bei diesem Spurt über das Minenfeld hatte er wieder unbeschreibliches Glück gehabt, denn später wurden dort noch über zwanzig Minen gefunden. So blieb er weitgehend unbeschädigt; nur sein Gehör hatte gelitten, und so mussten wir ihm einige Tage lang jedes Wort ins Ohr brüllen.

Um das Leben unserer Leute nicht unnötigerweise aufs Spiel zu setzen, suchten unsere Minensuchtrupps zunächst systematisch das ganze Ufergelände mehrmals ab, ehe mit dem Brückenschlag begonnen wurde. Der Brückenbau selbst ging wie immer reibungslos und schnell vonstatten, und bald stand die 16-Tonnen-Kriegsbrücke über den Süd-Willems-Kanal in Werth fix und fertig da.

Leutnant von Scanzoni übernahm den Brückendienst für die Nacht, Feldwebel Söhnlein, der Zugführer des ersten Zuges, mit seinen Leuten die örtliche Sicherung der Brücke, denn es war immer noch nicht ganz »sauber« in dieser Gegend. Vor allem in dem ausgedehnten Waldgebiet, das vor Werth liegt, waren immer wieder Schießereien zu hören.

Die Kompanie bezog Ruhequartiere in Moesel, einem Vorort von Werth. Die Aufnahme war überall sehr freundlich, was uns außerordentlich verwunderte, da wir ja hier in Holland gegen die Heimat dieser Menschen Krieg führten. Man hätte sich zu Hause fühlen können in diesem Land, wäre man nicht durch die Straßensperren, die gesprengten Brücken und die Schießereien ständig an den Krieg erinnert worden.

Schneller Bau des Kriegsbrückengerätes B

13. Mai 1940

Wir hielten den ganzen Tag über die Brückenwache. Bei einem Besuch der Brückenstelle zog Scanzoni, über das ganze Gesicht strahlend, ein niedliches 2-cm-Pakgeschütz hinter sich her. Er hatte es bei einem Ausflug in die nähere Umgebung völlig unversehrt und mit genügend Munition aufgefunden. Hier wurde ich zum ersten Mal Zeuge seiner Sammelwut für Waffen aller Art. In späterer Zeit hätte er nicht einmal vor 20-cm-Mörsern Halt gemacht, wenn sie nicht etwas zu schwer zum Anhängen an seinen Pkw gewesen wären. Aber er hat noch tagelang beklagt, dass er sie nicht hatte mitnehmen können.

Mit dem Einschießen unserer »Kanone«, wie wir das Instrument leichtsinnigerweise nannten, und mit einer Besichtigung der Bunkerlinie, die ohne einen Schuss in unsere Hand gefallen war, wurde der Tag beschlossen. Die einzelnen Bunker waren ausgezeichnet getarnt. Innerhalb der Stadt standen sie am Kanalufer wie kleine Wohnhäuschen mit aufgemalten Fenstern, Vorhängen und Blumentöpfen, oder wie Scheunen oder Ziegenställe, die mit richtigen

Wohnhäusern zusammengebaut waren. Erst wenn man dicht davor stand, merkte man, dass Fenster, Ziegelsteine und Firmenschilder nur aufgemalt waren und sich irgendwo ein Loch verbarg, aus dem ein MG-Lauf herausschaute. Der tatsächliche militärische Wert der Befestigungslinie war allerdings nicht allzu hoch, denn es war tatsächlich nur eine einzige »Bunkerlinie« ohne Tiefe. Nirgendwo standen Bunker im Rückgelände, um das Zwischenfeld zu decken. So brauchte nur ein einziger Bunker auszufallen, und die ganze Linie verlor ihre Widerstandskraft. Nur diesem Umstand war es zu verdanken, dass in unserem Falle der Feind nicht mehr Widerstand leisten konnte. Unsere leichte Pionierkolonne, die an und für sich nur aus Kraftfahrern und deren Beifahrern bestand, tat sich dadurch hervor, dass sie den ganzen Tag über unter unserer Anleitung wirklich gute Behelfsbrücken an der Stelle der gesprengten Straßenbrücken errichtete.

14. Mai 1940

Dank der vortrefflichen Arbeit unserer leichten Pionierkolonne konnten wir am Nachmittag unsere Kriegsbrücke abbauen und wurden somit von dem langweiligen Brückendienst und der Warterei erlöst. Wettkampfmäßig wurden die Fähren förmlich aus dem Wasser gerissen und auf die Fahrzeuge verladen, denn es war ein Fass Bier für den schnellsten Zug als Prämie ausgelobt worden. In Rekordzeit wurde alles verladen, und die Kompanie fuhr über Maarheeze–Hamond–Overpelt–Neerpelt nach Lommel. Bei unserer Ankunft war es schon dunkel, in dem Haus, in dem ich schlafen sollte, rührte sich nichts mehr, außerdem sah man schon von außen Wanzen über die Wände krabbeln. Dies war eine allerdings ziemlich seltene Ausnahme in Holland, denn im Allgemeinen strahlte das Land samt seinen Häuschen vor Sauberkeit. Ich habe öfters Hausfrauen dabei beobachtet, wie sie die Fassade ihres Hauses, die meistens mit Ölfarbe gestrichen war, mit Hilfe von Wasser und Wurzelbürsten putzten. Kurz entschlossen zog ich es an diesem Abend aber vor, anstatt im »wanzenbedrohten« Bett in meiner altgewohnten Hängematte zu ruhen. Bevor ich mich niederlegte, sausten noch ein paar englische Flugzeuge über den Nachthimmel und warfen einige Leuchtfallschirme, die die Gegend in ein fahles Dämmerlicht tauchten. Trotzdem schlief ich bald ein und wurde in meinen Träumen noch von dem typischen Summen verfolgt, an dem man die englischen Flieger erkennen konnte.

15. Mai 1940

Es ging wieder früh heraus aus den Federn, denn die Front war erneut ein gutes Stück weiter vorwärts gekommen, und wir hatten Mühe, uns durch all die Kolonnen, die sich auf den Straßen vorwärts wälzten, bis zu unserem Bataillon durchzukämpfen, das an diesem Tag über den Albert-Kanal setzen sollte. Wir fuhren über Bladl–Reusel–Turnhout zunächst bis Casterle. Während dieser Fahrt hatte ich Zeit, mich zum so und so vielten Male mit dem Problem zu befassen, das dieser Kanal dem Pionier aufgibt. Nach den Meldungen, die wir schon vor Beginn des Einsatzes im Westen bekommen hatten, handelte es sich hierbei um einen riesigen künstlichen Kanal von über sechzig Metern Breite, fünf Metern Tiefe und – das war unser größtes Problem – einem Steilufer von mindestens zehn Metern Höhe. Dazu sollten noch alle paar hundert Meter betonierte Bunker stehen, die die ganze Kanalfläche mit ihrem flankierenden Feuer bestreichen konnten. Dieser Kanal hatte uns schon bei vielen Planübungen in Rheurdt Kopfzerbrechen gemacht, viele Konstruktionen wurden ersonnen, um dieses hohe Steilufer bezwingen zu können. Deswegen war ich mit Recht gespannt auf den Anblick dieses beeindruckenden Bauwerks, das gleichermaßen als Schifffahrtsstraße wie auch als starkes Bollwerk gegen einen von Osten her angreifenden Feind quer durch ganz Belgien verlief.

Kurz vor Casterle ließ ich die Kompanie in einem Seitenweg stehen, wo sie inzwischen verpflegt wurde, und fuhr vor zum Divisionsgefechtsstand, bei dem ich den Kommandeur treffen konnte, um mit ihm zur Erkundung zum Kanal vorzufahren. In dem Ort, der von Fahrzeugen aller Art wimmelte, sodass es fast kein Durchkommen gab, lagen auf dem Marktplatz einige tote Zivilisten auf dem Pflaster. Sie konnten noch nicht lange dort liegen, das sah man sofort. Ein Soldat, den ich danach fragte, erzählte mir, sie seien heute früh hier standrechtlich erschossen worden, da sie aus einem Haus heraus auf durchmarschierende Truppen geschossen hätten. Zur Abschreckung habe man sie hier liegen lassen. Die Bevölkerung in diesem Ort sei aber durchwegs sehr freundlich.

Beim Divisionsgefechtsstand angekommen, sah ich gerade den Divisionskommandeur herumtoben, weil die Straße, an der sein Gefechtsstand lag, wieder einmal vollkommen verstopft war. Es war schwer, den Schwung des Vormarschs in geordneten Bahnen zu halten, vor allem bei der großen Masse von Truppen, die sich auf diesen Straßen westwärts wälzte. Ich erfuhr vom Kommandeur, dem ich Meldung erstattete, dass die erste Erkundungsmeldung von Bergerhoff schon vorlag: Der Kanal sei mitsamt seinen Bunkern von den Belgiern aufgegeben worden, ohne dass auch nur ein Schuss gefallen sei. Also die gleiche Situation wie bei Werth: Die Verteidigungslinie war unhaltbar geworden, da sie auf dem linken Flügel überraschend durchstoßen worden war.

Der Kommandeur entschloss sich, gleich mit mir zum Kanal zu fahren, um dort selbst nach dem Rechten zu sehen. Es ging noch etwa 15 Kilometer voran bis nach Herenthals. Aus dem Kartenstudium wusste ich, dass uns hier drei Flussübergänge bevorstanden: Erst die kleine Nethe, dann der Maas-Schelde- und schließlich der gefürchtete Albert-Kanal. Die Sorgen um eine Brücke über die Nethe, die am Stadtrand entlangfloss, hatten uns die Belgier selbst abgenommen. Denn unmittelbar neben der gesprengten Straßenbrücke hatten sie eine solide Kriegsbrücke aus Stahlkonstruktion errichtet, die entweder aus Zeitmangel oder infolge der allgemeinen Verwirrung nicht mehr abgebaut worden war.

Am nächsten Hindernis, dem Maas-Schelde-Kanal, war eine Kompanie der Divisionspioniere eben dabei, eine Kriegsbrücke aus erbeutetem tschechischen Gerät zu schlagen. Die Infanterie, die heute Morgen hier hinübergegangen war, hatte einen Steg aus alten Scheunentoren und anderen Holzteilen hinterlassen, bei dem zwar niemand wusste, wie er überhaupt halten konnte, aber kurioserweise hielt er.

Dann kam Bergerhoff dazu und meldete dem Kommandeur voller Stolz den Abschuss eines französischen Nahaufklärers. Wir hielten es zunächst für einen Witz und dachten, das hätte die Flak gemacht. Doch Bergerhoff versicherte, den ganzen Tag über weder eine Flak gesehen noch gehört zu haben. Er war mit den übrigen fünf Leuten seines Erkundungstrupps gerade beim Ausmessen der Breite des Albertkanals, als das Flugzeug langsam und in sehr geringer Höhe heranschwebte. Mehr »aus Spaß« ließ Bergerhoff mit den vier Karabinern, die sie mitführten, mehrere Salven auf den Flieger schießen. Nach der dritten Salve – sie glaubten ihren Augen nicht zu trauen – schoss der Beobachter aus seinem Sitz heraus und rutschte den Rumpf entlang dem Leitwerk entgegen, bis er schließlich vor dem Seitenruder liegen blieb. Die Maschine wurde durch diese Gewichtsverlagerung schwanzlastig, flog noch einige hundert Meter weit und rauschte dann in ein Wäldchen. Bergerhoff, der den genauen Hergang dieses Abschusses ergründen wollte, suchte am Nachmittag die Absturzstelle auf. Er stellte fest, dass der Beobachter durch einen Kopfschuss getötet worden war. Ansonsten hatte das Flugzeug keine weiteren Treffer erhalten. Beim Herausfallen muss der Beobachter in die Steuerseile gekommen sein, sodass der Pilot nicht mehr Herr seiner Maschine war. Dieser war, anscheinend unverletzt, nach der Bruchlandung geflohen und ward nicht mehr gesehen.

Nach diesem fast unwirklich anmutenden Zwischenfall begab sich der Kommandeur mit Bergerhoff über den wackligen Behelfssteg an die von unserem Leutnant für den Brückenschlag ausgewählte Stelle des Kanals. Ich wollte gerade versuchen, mit einem Beiwagenkrad über diesen Steg zu fahren, damit wir drüben wenigstens ein Fahrzeug zum schnelleren Fortkommen hätten, da rief mir jemand von hinten »Halt!« zu. Ich stoppte, drehte mich um und erkannte unseren Kommandeur, General der Infanterie Geyer. Er war eben mit seinem Wagen hier angelangt und wollte die Gelegenheit nutzen, mit Hilfe meines Motorrads noch weiter nach vorne zu kommen. Ich machte ihn darauf aufmerksam, dass der vor ihm liegende Steg nur aus losen Torflügeln bestünde, die bloß ein wenig zusammengenagelt seien, und ich könne nicht garantieren, dass wir nicht ins Wasser fielen. Darauf antwortete er:

»Na, ich denke, Sie sind Pionier. Da muss das doch gut gehen!« So sprach der ehemalige Pionierverächter! Wir waren anscheinend im Kurs gestiegen.

Also lud ich mir meinen kommandierenden General in den Beiwagen, den »1a« auf den Soziussitz, gab Gas, schloss die Augen und, o Wunder, die Haustüren hatten ein Erbarmen und hielten diese hohe Last aus. Darauf die Stimme aus dem Beiwagen:

»Na, sehen Sie, es ist ja doch gegangen!«

Zum Dank musste ich den General nun eine Viertelstunde lang herumfahren. Er gab erst Ruhe, als wir die Vorposten erreicht hatten.

Es war für die Truppe sehr motivierend zu sehen, wie selbst die ranghöchsten Vorgesetzten persönlich an vorderster Front erschienen und dadurch jedem Mann ein gutes Beispiel gaben. Bei dem Brettersteg setzte ich General Geyer wieder ab, fuhr zur Brückenstelle und konnte dort erfreut feststellen, dass wir uns wieder einmal viel zu viel Sorgen gemacht hatten. Denn hier führte ein schön gepflasterter Weg rampenartig an beiden Böschungen zum Kanal hinunter, und es genügte wider Erwarten eine ganz simple Brückenkonstruktion. Die Kompanie wurde nachgeholt und konnte über die inzwischen fertiggestellte Kriegsbrücke über den Maas-Schelde-Kanal, den ich noch auf dem Brettersteg hatte überwinden müssen, hinüberfahren und sofort mit dem Brückenbau beginnen.

Abends um 18 Uhr war nach nur vierstündiger Bauzeit die Acht-Tonnen-Brücke über den Albertkanal fertig für den Verkehr. Während des Baues kam noch einmal ein französischer Nahaufklärer dahergeflogen. Inzwischen war rings um die Brückenbaustelle Flak in Stellung gegangen. Was heute früh Bergerhoff mit seinen vier Gewehren geschafft hatte, misslang der für solche Fälle viel besser eingerichteten Flak: Unbehelligt summte der Flieger von dannen.

Unsere Kraftfahrer hatten inzwischen ein Schulhaus als Unterkunft der Kompanie wohnlich eingerichtet und dabei eine Menge kleiner Puppen gefunden, die belgische Soldaten aller Waffengattungen und Ränge darstellten. Das Kind im Manne regte sich, und in den nächsten Tagen waren unsere Fahrzeuge an allen möglichen Stellen mit diesen Khaki-Puppen behängt worden. Jedes Machtwort der Vorgesetzten, den Plunder zu entfernen, blieb erfolglos.

16. Mai 1940

Heute erhielten wir schon wieder einen neuen Auftrag: Die erste Kompanie sollte eine Behelfsbrücke neben der von den Divisionspionieren gebauten Kriegsbrücke schlagen, um deren Kriegsbrückengerät für weitere Verwendung weiter vorne im Land freizumachen. Der Maas-Schelde-Kanal ist an der Stelle am schmalsten, wo die ehemalige Brücke gestanden hat. Um jedoch hier bauen zu können, mussten wir erst deren Trümmer sprengen oder einzeln abschweißen. Das nötige Bauholz war bald gefunden, denn kaum 500 Meter weiter befand sich ein riesiges Holzlager, das es uns erlaubt hätte, mindestens zehn solche Brücken zu errichten.

Den ganzen Tag über wurde gebaut und gewerkelt, und da das Wetter sehr heiß und die Arbeit hart war, stellte sich bei allen Pionieren verständlicherweise großer Durst ein. Hauptfeldwebel Beck, der auch die »Seele« seiner Pioniere kannte, fuhr auf Erkundung und brachte unter lautem Hallo mehrere kühle Fässchen Bier an die Baustelle. Ein Pionier, der infolge eines verstauchten Fußes nicht recht mitarbeiten konnte, wurde zum Schankkellner ernannt und bediente laufend die Kameraden. Da zu den Bierfässchen noch ein stattlicher Posten Limonade hinzugekommen war, erfrischte er alle über die Kriegsbrücke ziehenden Soldaten mit einem kühlen Trunk. Ich selbst saß in einem weiß-rot lackierten Lehnstuhl, über mir ein großer Sonnenschirm, rauchte eine wundervoll duftende Beutezigarre und konstruierte bei einem Glas Bier die Brücke. Das Leben war schön und der Krieg weit weg.

Das Haus direkt neben der Brücke war eine Zigarrenfabrik und deren Paradestück eine dreißig Zentimeter lange und mindestens drei Zentimeter dicke Brasilzigarre. Jedes dieser Prachtexemplare trug drei Bauchbinden und war in einer eigenen Holzschachtel verpackt. Feldwebel Krämer, der örtliche Bauleiter, rauchte in Missachtung der damit verbundenen Lebensgefahr und zum Zeichen seiner Würde glatte drei Stunden an dieser »Giftnudel« und wurde sehr von dem auf der danebenliegenden Brücke vorbeifahrenden Kriegsvolk bestaunt.

Da es für mich nichts mehr zu tun gab, hatte ich die Muße, mir die vorüberziehenden Kolonnen anzusehen. Man konnte wirklich herrliche Studien machen und beobachten, mit welchen Raffinessen der Landser arbeitete, um sich sein Dasein zu erleichtern. In Belgien, dem Land der Fahrräder, liefen in diesen Tagen nur noch die ganz Dummen zu Fuß. Jede Infanteriekompanie ist auf diese Weise vollmobilisiert worden. Dass es sich dabei um die Plünderung von durch die Genfer Konvention geschütztem Privateigentum handelte, kümmerte niemand. Wir fühlten uns als Sieger und nahmen uns, was wir brauchen konnten.

Ging ein Fahrrad kaputt, so standen bestimmt am nächsten Hauseck fünf andere, unter denen man sich bloß wieder eines auszusuchen brauchte. Und was für Typen da an einem vorbeifuhren! Das nickelstrotzende Rennrad mit gebogenem Lenker und Holzfelgen fuhr neben einem etwas altjungferlichen Damenfahrrad, das verrostete Veloziped aus dem vorigen Jahrhundert neben dem ballonbereiften Luxusrad mit drei Gängen. Und dann erst die Tandems! Sie waren ganz besonders beliebt bei MG-Schützen, die ihren MG-Karren hinten anhängen und zu zweit ziehen konnten. Wo noch kein Tandem aufzutreiben war, wurden die Fahrräder des Schützen 1 und 2 mit Stricken verbunden und von diesem »Gespann« der Anhänger mit Munition und MG nachgezogen.

Wirklich zum Schmunzeln brachte mich ein Spaßvogel, der an sein Rad einen modernen stromlinienförmigen Kinderwagen angebunden hatte, in dem Tornister, Stahlhelm, Bierflaschen und eine große Keksbüchse friedlich nebeneinander lagen.

Am Abend wurde die Behelfsbrücke fertig und konnte dem Verkehr übergeben werden. Bei einem Spaziergang in der Abenddämmerung kam ich an der gesprengten Eisenbahnbrücke vorbei. Die guten Belgier hatten hier mit mindestens der fünffachen Sprengstoffmenge gearbeitet, die zur Zerstörung ausgereicht hätte. Der Erfolg war beeindruckend: Ein großer Träger in Gitterkonstruktion war etwa fünfzig Meter weit geflogen und hatte sich im Giebel eines Hauses verfangen, den er wegen seines Gewichtes total eingedrückt hatte. Die Schienen waren weit aufgerissen und schlängelten sich in grotesken Windungen wie große Schlangen durch die Gegend. Auch das nahe gelegene Stellwerk hatte einiges abbekommen, denn eine Klingel bimmelte dort unaufhörlich von früh bis spät.

Trotz der vielen Beschäftigungen, die wir hatten, wurden wir langsam unzufrieden. Denn wir kamen uns nur noch wie Bausoldaten vor und wollten gerne wieder einmal vorne an der Front sein, die in den letzten zwei Tagen weitere sechzig Kilometer weiter vorgerückt war. Mit dem Wunsch, dass es bald wieder nach vorne gehen würde, schliefen wir die zweite Nacht in unserer Schule in Herenthals ein.

17. Mai 1940

Ein Trupp Zimmerleute unter Führung des Feldwebels Marchant blieb noch einen halben Tag bei der Brücke zurück, da sich durch den starken Verkehr während der

Nacht ein Joch gesenkt hatte und dadurch Nacharbeiten nötig geworden waren. Die Kompanie fuhr über Casterle und Gheel nach Meulenberg. Hier war schon die 3. Kompanie an der Arbeit, um im Korpsbereich eine zweite Brücke über den Albertkanal zu bauen. Unsere Kompanie half mit, einige Fähren zu bauen.
In der Zwischenzeit ließ ich mich mit meinem Wagen übersetzen, da ich einen Erkundungsauftrag zu einer Brücke über die große Nete bekommen hatte, die verstärkt werden sollte. Ich fuhr weiter bis Westerloo und fand dort die eigentliche Straßenbrücke gesprengt vor. Doch die Belgier hatten nicht mit unserer Findigkeit gerechnet. Denn in dem wunderbaren Park des Schlosses Westerloo – eines der schönsten Wasserschlösser, das ich je gesehen habe – führte eine kleine Parkbrücke über die Nete und die brauchte nur noch etwas verstärkt zu werden, um dem schweren Verkehr gewachsen zu sein. Ich ließ einen Zug unter Führung des Feldwebels Söhnlein nach Westerloo nachkommen, während die andern beiden Züge in Meulenberg beim Kriegsbrückenbau über den Albert-Kanal blieben.
Das Verstärken der Parkbrücke verzögerte sich allerdings etwas, denn knapp vor Eintreffen des Zuges war ein großer Überlandwagen mit mindestens zwanzig Tonnen Gewicht über die schwache Brücke gefahren und dabei prompt eingebrochen. Mit viel Mühe mussten wir zunächst diesen Lastwagen wieder herausziehen, und danach ging es mit doppeltem Eifer an den Bau der Brücke. Inzwischen kamen auch die beiden anderen Züge von Meulenberg her.

Es gab ein prächtiges Quartier, das allerdings insofern problematisch wurde, als die Keller noch alle sehr viel Wein enthielten und damit erfahrungsgemäß eine gewisse Gefahr verbunden war. Ich musste meine Mannschaft etwas bremsen, damit sich nicht alles betrank, und wenig später sahen auch die anderen ein, dass dies richtig war. Denn in der Nacht um elf Uhr kam noch ein Melder daher und scheuchte den zweiten und dritten Zug, die beide nicht so lange gearbeitet hatten wie der erste, wieder den weiten Weg zurück nach Herenthals, wo noch in dieser Nacht die Kriegsbrücke über den Albertkanal abgebaut werden musste, nachdem die 2. Kompanie dort eine schwungvolle Behelfsbrücke hingezaubert hatte.

Die Konstruktion dieser Brücke war insofern außergewöhnlich, als zur Unterstützung zwei große Frachtkähne der Länge nach über den Kanal gelegt wurden. Oben wurden riesige Eisenträger von achtzig Zentimetern Höhe und 16 Metern Länge draufgelegt. Das sollte halten! Aber anderes Material war für diesen Zweck nicht auffindbar, deshalb musste man eben nehmen, was man vorfand.

Am Spätabend erfuhren wir noch, dass drei Kameraden gefallen waren. So wurde dieser Abend wieder einmal traurig und nachdenklich. Unsere Gedanken waren bei den Kameraden, aber auch der Frage, wen es denn noch erwischen und was noch kommen würde.

18. Mai 1940

Die Front rückte immer weiter vor, und wir hatten in zunehmendem Maße das Gefühl, zur letzten »Etappe« zu gehören. Außer einigen Maßnahmen zur Verstärkung bestehender und zum Abbau kleinerer Kriegsbrücken, zu denen einzelne Züge abkommandiert werden mussten, rührte sich nichts. Gegen Mittag wurde die ganze Kompanie nach Keerbergen verlegt und in einem Luxushotel untergebracht. Um alkoholische Ausschweifungen zu verhindern, verwahrte ich persönlich den Schlüssel zum wohlgefüllten Keller, nachdem ich allen Gruppen ein verträgliches Quantum an Wein und Sekt zugeteilt hatte. Auf dem hoteleigenen Tennisplatz begannen wir die »Kriegsmeisterschaften« unserer Kompanie auszutragen, die am nächsten Tag fortgesetzt wurden.

19. Mai 1940

Ich sinnierte über den Sinn unseres Lebens nach, das in diesen Tagen von äußerster Anspannung und Todesgefahr auf der einen und totaler Muße auf der anderen Seite, von einem Leben unter kargen Umständen und dem momentanen Luxus geprägt war. Vielleicht war es gerade dieser unmittelbare Wechsel, der uns dieses »carpe diem« der alten Lateiner, dieses »Genieße den Tag« auskosten ließ, aus dem heraus auch wieder Leistungen in höchster Anspannung möglich wurden. So ruhte ich in einem Liegestuhl im Garten des Hotels, nur unterbrochen durch den einen oder anderen Satz, den ich in unserer Tennismeisterschaft spielen musste. Inzwischen hatten einige findige Pioniere auch Golfschläger gefunden, mit denen wir, allerdings mit wenig Erfolg, versuchten, die Löcher des hoteleigenen Golfplatzes zu treffen. Es war wirklich kaum zu glauben, dass wir uns mitten im Krieg befanden.

Am Nachmittag wurden wir nach Kruisweg, einem Ort südlich von Duffel, beordert, wo wir in einer kühnen Konstruktion eine von den Belgiern gesprengte Eisenbahnbrücke für den Straßenverkehr herrichteten. Abends waren wir wieder in unserem Hotel, mit dem wir uns schon recht gut angefreundet hatten. Nach Ausgabe der der Kompanie zustehenden Weinration, natürlich auch an mich und die beiden anderen Leutnants, schlummerten wir in den nächsten Tag hinein ...

20. Mai 1940

... und der sollte wieder »heiß« im wahrsten Sinne des Wortes werden. Gegen acht Uhr verließen wir »unser«

Hotel, um über Mecheln nach Willebroek zu fahren, da dort eine Kriegsbrücke über den Kanal südlich von Antwerpen zu erstellen sei. Wir wühlten uns also entlang der Vormarschstraße an zumeist pferdebespannten Nachschubkolonnen vorbei. Plötzlich gab es mitten in der Stadt Mecheln einen Stau. Von vorne knatterte Gewehrfeuer, die Pferde wurden scheu, Landser lagen am Straßenrand und feuerten die Straße entlang. Ich ließ die Kompanie stehen und sondierte die Lage. Je weiter ich nach vorne kam, desto leerer wurde die Straße. Einige Unteroffiziere fuchtelten nervös mit den Armen herum und schrien, Gewehrkugeln pfiffen umher. Ich versuchte, jemanden zu fragen, was denn los sei.

Einer brüllte: »Franctireurs!« Also Heckenschützen, aus den Häusern heraus.

»Von wo denn?«

»Von da vorne!«

Ich sah nichts, bemerkte aber, dass weiter vorne an der wie leer gefegten Straße deutsche Soldaten in Stellung gingen und auf uns schossen. Ich schrie alle Umstehenden und -liegenden an: »Sofort das Feuer einstellen!«

Dann holte ich mir ein Beiwagenkrad mit aufgesetztem MG, umfuhr dieses Straßenstück auf einem Nebenweg, tauchte auf der anderen Seite der »Front« auf, wo das gleiche Durcheinander herrschte, forderte die dort befindlichen deutschen Soldaten auf, ihrerseits das Feuer einzustellen – und siehe da! – auf einmal war alles ruhig. Für einige Augenblicke herrschte Totenstille.

Von irgendwo her, so meine Vermutung, mochte wohl ein Schuss gefallen sein. Übereifrig oder übernervös hatten dann die unerfahrenen Landser der Trosse wohl die wilde Schießerei angefangen. Ein paar Verwundete mussten verbunden werden, sonst war zum Glück weiter kein Schaden entstanden. Die Trosse schirrten ihre Pferde wieder an, hängten ihre Gewehre um, und weiter konnte es gehen. Mit zweistündiger Verspätung erreichten wir dann zusammen mit der Brückenkolonne die befohlene Brückenstelle, bauten unsere 16-Tonnen-Kriegsbrücke auf und übernachteten – wieder einmal »standesgemäß« – im Schloss »Castell Blaesveld«. Unsere Burschen fischten aus dem Schlossteich mit einer Handgranate ein paar Karpfen, die wir uns zum Abendessen munden ließen. Die Aufregung war vorbei.

21. Mai 1940

Am Vormittag besuchte ich unsere Brückenstelle, traf dort unseren Kommandeur und wurde von ihm informiert, dass meine Kompanie zur pioniertechnischen Verstärkung einer noch zu bildenden Vorausabteilung vorgesehen sei, sobald die Lage dies ermögliche. Diese Aussicht elektrisierte mich, das merkten auch die Pioniere der Kompanie, sodass der Abbau der am Vortag errichteten Kriegsbrücke am Nachmittag wie im Fluge verging, nachdem irgendwo in der Nähe eine neue Behelfsbrücke entstanden war.

Es war immer wieder das gleiche Spiel: Zuerst überquerte die an vorderster Front stehende Infanterie mit Schlauchbooten einen Fluss oder Kanal, und davon gibt es in Flandern bekanntlich eine ganze Menge. Sobald ein kleiner Brückenkopf gebildet war, rückten die Pioniere mit ihren Brückenkolonnen an. Auf jedem Anhänger dieser Kolonne lag ein Ponton mit den benötigten Trägern aus Stahl, dem Belag, Ankern und Rampengerät. So ein Brückenschlag, hundertmal geübt, wurde in kürzester Zeit fertiggestellt, entweder für eine Tragfähigkeit von acht oder 16 Tonnen. Darauf waren die Fahrzeuge des Heeres genormt. Panzer und schwere Artillerie beispielsweise benötigten eine Tragfähigkeit von 16 Tonnen, die übrigen Gefechtsfahrzeuge kamen mit 8 Tonnen aus.

Kaum war so eine Pontonbrücke fertig zum Übergang der Truppe, wurde bereits nach Möglichkeiten gesucht, aus Balken, Stahlträgern und sonstigem Material sogenannte »Behelfsbrücken« zu konstruieren, wobei das vorgefundene Material oft sehr hohe Ansprüche an die Fantasie der Pioniere stellte. Sobald die Behelfsbrücke dem Verkehr übergeben werden konnte, wurde die »Kriegsbrücke« wieder abgebaut, die frei gewordenen Brückenkolonnen folgten der Front und konnten erneut eingesetzt werden.

Gegen Abend meldete das OKW in seinem täglichen Bericht, dass die ersten Spitzen des Heeres bei Amiens und Abbéville die Kanalküste erreicht hatten. Ich nahm mit meinen Pionieren noch ein fröhliches Bad im Schlossteich, bevor wir uns zur Ruhe legten.

22. Mai 1940

Erwartungsvoll hofften wir auf eine Gelegenheit, uns auszuzeichnen, aber der Tag verging in Untätigkeit, obwohl die Zeit zum Herrichten des Geräts und der persönlichen Dinge gerade recht kam. Viele Briefe waren zu schreiben, am Nachmittag besuchte ich den Chef unserer Brückenkolonne und spielte bei einer guten Flasche Rotweins Doppelkopf.

23. Mai 1940

Es wurde ernst! Vor uns standen etwa 25 französische Divisionen sowie das belgische Heer und das britische Expeditionskorps. Brennpunkt der Kämpfe war Gent. Gegen Mittag kam für unsere Kompanie der Marschbefehl. Zunächst ging es nach Termonde, wo wir uns wieder einmal in einem Schlosspark zur Unterstützung der Aufklärungsabteilung 25 bereithalten sollten. In der Wartezeit fand ich eine Sammlung von surrealistischen und expressionistischen Heften, die wir voll Verwunderung durchblätterten.

Am Nachmittag kam der Befehl: Unterstützung der Aufklärungsabteilung zwecks Einnahme der Stadt Gent.

Unter starkem Artilleriebeschuss fuhren wir in Fliegermarschtiefe über Schellebelle und Wetteren nach Melle. In einem Pkw mit aufgesetztem MG und einem Schlauchboot 92 fuhr ich vollends nach Gent hinein, da ich schon deutsche Truppen sah. Auf mancherlei Umwegen gelang es mir, bis zum Marktplatz vorzustoßen, wo ich eine etwas makabre Situation vorfand: Dort stand ein Häuflein deutscher Soldaten mit einem Major, das gerade dabei war, die Reichskriegsflagge auf einem Mast zu hissen. Ich meldete mich dort, es war tatsächlich der Kommandeur der Aufklärungsabteilung 25, da knallte eine feindliche Granate in die Mitte des Platzes hinein. Wir nahmen »volle Deckung«, standen wieder auf – nichts war passiert. Noch einmal Glück gehabt!

Gent, so schien es, war in deutscher Hand! Zu unserer Verblüffung hatten sich die alliierten Truppen überraschend zurückgezogen, nachdem sie alle Übergänge gesprengt hatten. Und das bedeutete jede Menge Arbeit für uns Pioniere. Denn quer durch die Stadt floss der Fluss Schelde. Dazu kamen noch zwei Kanäle, schmal zwar, aber mit sehr steilen, betonierten Ufermauern. Die Kompanie wurde nachgezogen und begann ihr Werk mit dem ersten Kanal. Als schwimmende Unterstützung wurden zwei Scheldekähne benützt, auf die hölzerne Joche aufgesetzt wurden. Beim Transport der benötigten Balken unterstützte uns eine Einheit eines speziellen Brückenbaubataillons. Baubeginn war 22 Uhr.

24. Mai 1940

Diese erste Brücke war um drei Uhr nachts fertiggestellt. Sie ächzte und schwankte zwar bedenklich, wenn ein Fahrzeug darüber fuhr, aber sie hielt. Und das ist ja schließlich das Wichtigste. Während des Baues erkundete ich bereits die nächste der drei benötigten Brücken, die aus Kriegsbrückengerät zusammengebaut wurden, sobald die Pontonfahrzeuge über die erste, die »Wackelbrücke«, fahren konnten. Die zweite war um 7.30 Uhr früh fertig gestellt. Ihre Erbauung wurde von einem Team der UFA gefilmt und erschien später in der Wochenschau, die in den Kinos gezeigt wurde. Die dritte Brücke schließlich, die über die Schelde führte, wurde gleich anschließend erstellt und war in pausenloser Arbeit um 22 Uhr fertig.

Unser unermüdlicher »Spieß« hatte unterdessen schon wieder ein vornehmes Haus nebst Park gefunden, wo wir anschließend zu Abend aßen, wobei ich mit meinen drei Zugführern und dem Spieß eine verstaubte Flasche vom ehrwürdigen Jahrgang 1887 leerte – ein mehr als edles Tröpfchen.

Das gab uns nach 48 Stunden ohne Schlaf den Rest. Wir fanden nicht mehr den Weg in irgendeine Schlafstatt, sondern schliefen alle an unserem runden Abendtisch ein. Als mitten in der Nacht ein Kradmelder kam, der mich wachrüttelte, um mich an die »Wackelbrücke« Nr. 1 zu holen, wo ein Unterstützungsjoch auf einem Scheldekahn der Belastung nicht mehr standhielt, sah ich die ganze Runde wie bei »Dornröschen« eingeschlafen in der Stellung, die jeder zuletzt eingenommen hatte.

So schwer es auch fiel, aber Pflicht war Pflicht. Ich raffte mich auf, weckte meinen treuen Fahrer und fuhr noch einmal zur beschädigten Brücke Nr. 1. Bei meiner Rückkehr schlief die ganze Runde noch immer am runden Tisch.

25. Mai 1940

Man ließ uns an diesem Tag bis neun Uhr schlafen, dann kam ein neuer Befehl: Die Brückenwachen wurden von anderen Truppenteilen übernommen, wir mussten bei Melle und Osterzeele zwei belgische Minenfelder räumen. Ein belgischer Panzer und ein Pkw lagen zerstört im Feld. Wir fanden an die achtzig belgische Panzerminen und räumten sie weg.

Unmittelbar nach diesem Einsatz erwartete uns schon ein weiterer Befehl. Wir sollten eine 16-Tonnen-Behelfsbrücke über die Schelde bei Gavere errichten. Wir erkundeten die Wassertiefe und kamen auf 3,5 Meter. Die Höhe der Straße war drei Meter über dem Wasserspiegel und die Länge der Brücke 32 Meter.

Das war eine wahre Herausforderung für jeden Pionier. Wir lösten das Problem, indem wir fünf Doppelpfahljoche in den Flussgrund rammten, wobei es gar nicht leicht war, vierzig Pfähle von sieben Metern Länge und circa dreißig Zentimeter Durchmesser aufzutreiben. Auf diese Unterlagen wurden dann drei Meter hohe Schwelljoche gesetzt, darauf Streckbalken, Belag und Rödelung. Gegen Mitternacht schlüpfte ich an der Brückenstelle in meine Hängematte, um stets erreichbar zu sein für den Fall, dass etwas Unvorhergesehenes passieren sollte, was aber Gott sei Dank nicht eintrat.

26. Mai 1940

Bereits ab fünf Uhr wurde an der Brücke weitergearbeitet, durchgehend bis 23 Uhr. Eine Baukompanie mit 240 Mann wurde uns unterstellt und entlastete uns. Wir kamen zügig voran. Ein kurzes Schläfchen am frühen Abend und danach ein Hendlessen à la Polonaise wieder im Schloss Gavere beschlossen den Tag.

27. Mai 1940

Der Brückenbau wurde in den Morgenstunden beendet, gegen Mittag war die feierliche Einweihung mit dem zuständigen Pionier-Regimentskommandeur. Gleichzeitig mit dem Beginn des Übergangs der Truppen über unsere neue Brücke bauten wir die daneben liegende Kriegsbrücke ab, um das Gerät wieder freizumachen. Drei Stunden später war auch dieser Auftrag erledigt. Am Spätnachmittag wurden wir weiter nach vorne, nach Deynze, verlegt. Die Nachrichten, die uns erreichten, stimmten uns zuversichtlich. Der Vormarsch ging also weiter, Thielt war genommen, der Kanalhafen Calais gefallen, und die deutschen Truppen standen nahe Ypern.

Doch was wurde aus der angekündigten Vorausabteilung? In die Sache schien nun wieder Schwung zu kommen. Am Bahnhof Deynze nahmen wir Quartier und warteten ungeduldig den nächsten Tag ab.

28. Mai 1940

Es lag etwas in der Luft. Irgendein Gerücht hatte sich festgesetzt und ging hartnäckig um bei den Leuten. Einer wollte etwas im Radio gehört haben, der andere hatte es von einem vorüberfahrenden Kradfahrer zugerufen bekommen, kurzum, man war in einer undefinierbaren Spannung, die man sich vielleicht nicht einmal selbst eingestehen wollte. Die Kompanie lag in dieser Nacht in Deynze, das erst kurz zuvor erobert worden war. Die Vormarschstraße, an der wir ungemütlich schliefen, war die ganze Nacht über begangen und befahren von Truppen, die unaufhaltsam, wenn auch müde zum Umfallen, vorwärts strebten.

Um Mitternacht erreichte uns die Nachricht, dass Thielt am Abend noch genommen worden sei. Immer vorwärts, vorwärts, hieß die Parole, die alle gefangen hielt, und die durch das umlaufende Gerücht noch zwingender erschien. Und am nächsten Morgen hörten wir es selbst aus dem Kofferradio, das uns überallhin als treuer Freund begleitete: Die belgische Armee hatte kapituliert, sie konnte dem übermächtigen Druck der von allen Seiten ungestüm vorwärtsdrängenden deutschen Truppen nicht länger standhalten. Von den Franzosen und den Engländern im Stich gelassen, war das belgische Heer im Raum Brügge der ganzen Wucht der Angriffe ausgesetzt gewesen.

Unsere Gedanken gingen aber bereits in eine andere Richtung, in eine Richtung, die wir bisher nur zaghaft und tastend ins Visier zu nehmen gewagt hatten. Diese Richtung hieß »Ärmelkanal«! Magisch zog uns dieser blaue Fleck auf der Karte an. Hier lag für alle offenbar und eindeutig das klare Ziel des ganzen Feldzugs. Der Gedanke vom Vorstoß an den Kanal faszinierte uns derart, dass wir den Ruhetag, den wir heute haben sollten, verfluchten, obwohl er eigentlich allen gut getan hätte. Hinter uns lagen die harten Tage von Gent und Gavere, in denen es viel Arbeit, viel Kampf und wenig Schlaf gegeben hatte. Aber dieser Ruhetag würde uns weit in die Etappe zurückwerfen, denn die Front rückte schnell nach vorne. Manche fürchteten sogar schon, wir würden zu spät an den Kanal kommen, um überhaupt noch irgendetwas zu erleben.

In diese Vermutungen, die überall in Grüppchen erörtert wurden, in das beschauliche Bild einer Kompanie, die es sich wieder einmal»schön« machte und Großreinemachen abhielt, platzte eine Bombe.

Plötzlich erschien ein Kradfahrer und verkündete: »Kompanie abmarschfertig machen, Chef zum Kommandeur«.

Alle Unterhaltungen verstummten. Die gewaschene und noch feuchte Wäsche verschwand von den Gartenzäunen, Motoren wurden angeworfen, kurzum, man meinte, urplötzlich in einem Ameisenhaufen zu stecken. Doch nach kurzer Zeit klärte sich das Bild, und es stand eine abmarschfertige Kompanie fein säuberlich aufgefahren da.

Ich kam vom Kommandeur zurück, und es war wohl an meinem Gesicht abzulesen, wie sehr ich mich über meinen Auftrag freute, denn gleich stürzten sich sämtliche Zugführer auf mich und erwarteten mit Spannung den Einsatzbefehl. Wir rückten sofort ab zu einer Vorausabteilung des Korps, die aus der Aufklärungsabteilung 25 und einer Panzerjägerkompanie bestand, die Oberstleutnant Rodt kommandierte, den wir schon von Gent her kannten und achteten. Die Meldung war um neun Uhr in einem Ort hinter Deynze ausgegeben worden. Jetzt war es halb zehn. Also hieß es im Karacho losbrausen. Das war aber leichter gesagt als getan, denn die beiden Brücken in Deynze waren mit endlosen Kolonnen vollgestopft. Da kam ein rettender Engel. General Hermann Geyer, der »Kommandierende«, überholte uns und vor ihm wich alles auseinander wie eine Welle, die von einem Schiff zerteilt wird. Frech hängte ich mich mit meiner Kompanie an seine Fersen, und schnell und sicher überschritten wir beide Brücken.

In dem bezeichneten Ort befand sich keine Aufklärungsabteilung mehr. Also eilten wir immer weiter, damit wir sie noch erreichten, wenn sie uns benötigte. Als Marschweg stand auf meinem Zettel: Thielt-Lichtervelde-Dixmuiden. Thielt war gestern schon genommen worden, also fuhren wir ohne weiteres dorthin. Auf der Straße war aber keine Aufklärungsabteilung. Also weiter!

Nächstes Ziel war Lichtervelde. Hier trafen wir am Straßenrand eine Pak-Sicherung und einige Schützen. Sie behaupteten, die vorderste Sicherung zu sein. Ich fragte sie, ob schon deutsche Truppen weiter vorn seien. Sie verneinten. Seit wann sie schon hier stünden? Seit einer Stunde. Dann musste die verflixte A.A. 25 schon vorher durchgekommen sein. Bei diesem Kommandeur, der für sein Draufgängertum bekannt war, leicht denkbar.

Nun erschien es mir aber doch angebracht, zunächst einmal allein vorzufühlen und nicht gleich mit der ganzen Kompanie weiterzufahren. Zu diesem Zweck nahm ich meinen Wagen und fuhr begleitet von einigen Krädern weiter ins Niemandsland. Dieser Begriff war nicht gerade passend für die Gegend. Denn alle Straßen, Feldwege, Ortschaften und Plätze waren vollgestopft mit belgischen Soldaten. Teilweise schienen sie schon von der Kapitulation unterrichtet zu sein, denn sie waren dabei, ihre Waffen geschlossen abzugeben. Sie taten dies nicht etwa mit Ingrimm oder Trauer, sondern übermütig und mit unverhohlener Freude. Lediglich den Offizieren schien das Entehrende dieser Situation zu Bewusstsein zu kommen. Sie machten finstere Gesichter, die bei unserem Anblick noch um eine Schattierung finsterer wurden.

An anderen Stellen, weiter ab von der großen Straße, bot sich jedoch noch das Bild einer durchaus kampfbereiten Truppe, die in voller Bewaffnung und Ausrüstung auf einen Befehl wartete. Es schien, als genüge ein Wink ihrer Vorgesetzten, um die Feindseligkeiten wieder aufzunehmen. Ich konnte nicht behaupten, dass diese Situation gerade übermäßig »gemütlich« war, denn wer konnte dafür garantieren, dass nicht irgendein aufgeregter Posten auf uns schoss? Und wenn wirklich erst einmal eine Schießerei im Gang wäre, dann hätte alles die Waffen ergriffen und ein Gefecht hätte beginnen können, über dessen Ausgang angesichts unserer minimalen Stärke kein Zweifel bestehen konnte.

Nun, diese Gedanken kamen uns erst nach Beendigung unserer Reise, denn während der Fahrt hatten wir gar nicht die Zeit zu solchen Erwägungen. Meistens waren die Straßen und Wege so mit belgischen Truppen und Fahrzeugen verstopft, dass wir uns nur mit lautem Fluchen und Lärmen durchschlängeln konnten. Und wer bisher nicht glauben wollte, dass ein richtiger, von Herzen kommender bayerischer Fluch international verständlich ist, der musste sich gründlich umstellen. Erschreckt durch unser selbstsicheres Auftreten, räumten die ehedem feindlichen Soldaten schleunigst das Feld beziehungsweise die Straße, da sie wahrscheinlich eine größere Truppenmasse hinter uns vermuteten. Sie musterten uns so neugierig, als kämen wir von einem anderen Stern. Aber es trafen uns verhältnismäßig wenig feindselige Blicke, ein Beweis mehr dafür, dass es normalerweise keinen Hass zwischen den Völkern gibt, sondern dass diese nur durch einige wenige verbrecherische Kriegstreiber in den Kampf gegeneinander getrieben werden.

Trotz der ungemütlichen Situation fuhr ich mit meinem Pioniertrupp weiter nach Westen. So kamen wir bis Dixmuiden, dem uns angegebenen Etappenziel. Von der Aufklärungsabteilung immer noch keine Spur. Es fing an, wirklich unangenehm zu werden. Während vorher alles von belgischen Zivilisten und kapitulierenden Soldaten nur so wimmelte, herrschte hier eine schier gespenstische Stille. Das ließ uns vorsichtig werden. Unter gegenseitiger Sicherung kamen wir auf einen freien Platz, an dessen Ende das Flüsschen Yser vorbeifloss. Im selben Moment, in dem wir dort auftauchten, empfing uns heftiges Feuer aus Maschinengewehren und kleinkalibrigen Schnellfeuerkanonen. Instinktiv rasten wir in die nächste Deckung. Wir wunderten uns, dass wir uns in einem regelrechten Bunkersystem mit Schützengräben und Unterständen befanden. Überall waren Täfelchen angebracht, auf denen der Sinn der Anlagen geschildert wurde. Am anderen Ufer ragte ein gewaltiges, von innen begehbares Betonkreuz in die Höhe, in das in vier Sprachen eingraviert war: »Nie wieder Krieg!« Und exakt von der Höhe dieses Kreuzes waren wir beschossen worden! Verkehrte Welt!

So langsam klärte sich die Situation. Unser Grabenabschnitt, der noch aus der Zeit des Ersten Weltkriegs stammte, gehörte zu einem Ensemble, das gegen den Krieg mahnen sollte. Und beschossen hatte uns ein britisches Kontingent, das versucht hatte, nach der Kapitulation Belgiens möglichst viel und möglichst schnell Boden nach Osten zu gewinnen, während wir das Gleiche Richtung Westen versuchten.

In dem ganzen Durcheinander stieß plötzlich eine Gruppe Landser auf Fahrrädern zu uns. Der Unteroffizier, der sie führte, meldete sich als Spitze der Aufklärungsabteilung, die wir suchten. Auf gut schwäbisch erklärte er mir, dass »sei Kommandeur au bald eintreffe tät, ond dann könnet mer ja mit eahm schwätza«. Das war des Rätsels Lösung: Während wir von einem motorisierten Verband ausgingen, war diese Abteilung, wie im Übrigen noch viele andere im Westfeldzug, nur pferdebespannt oder mit Rädern unterwegs.

Der angekündigte Kommandeur erschien auch alsbald, und ich konnte ihm die Verantwortung übergeben. Er lobte unseren »Schneid«. Auf seine Anregung bekam ich zusammen mit mehreren Kompanieangehörigen das EK II. Trotzdem konnten wir uns des errungenen Erfolges nicht so recht freuen. Oberpionier Schmidbauer war bei dem Feuerüberfall gefallen, zwei Unteroffiziere verwundet. Wir haben Schmidbauer noch am Nachmittag beerdigt, ein Vaterunser gebetet und aus heiseren Kehlen »Ich hatt' einen Kameraden« gesungen.

Die Scharfschützen auf dem obersten Podest des »Nie wieder Krieg«-Kreuzes waren äußerst lästig, weshalb der Kommandeur der Aufklärungsabteilung Luftunterstützung anforderte. Das klappte auch vorzüglich, denn kurze Zeit später rauschte ein Stuka, ein Ju 87-Sturzkampfbomber, über unsere Köpfe hinweg, warf eine Bombe ab, und

Kompanieführer Dennerlein wurde zusammen mit den Zugführern Freiherr von Scanzoni und Berka mit dem EK II ausgezeichnet.

die traf mitten in den Schaft des Betonkreuzes. Eine gewaltige Detonation war zu hören, Erde und Steine flogen durch die Luft. Im Rauch war zunächst nichts zu sehen, aber von da an war es am jenseitigen Ufer still. Skurril war allerdings der Umstand, dass die Scharfschützen bei einem Kreuz mit der Aufschrift »Nie wieder Krieg« in Stellung gegangen waren und wir dann dieses Kreuz samt den Scharfschützen mit einer Bombe eliminiert hatten.

29. Mai 1940

Nach einem kurzen, aber tiefen Schlaf in zwei aneinandergestellten Ledersesseln wurde die Kompanie nach Keyem, ein paar Kilometer nordwestlich von Dixmuiden, beordert, um dort eine Kriegsbrücke über die Yser zu schlagen. Das Gros der deutschen Truppen war über Nacht nachgekommen und hatte das Flüsschen schon überschritten, sodass für uns keine Feindberührung bestand. Aber aus der Luft kam noch einmal eine schöne Bescherung:

Urplötzlich zogen mehrere britische Bomber über uns hinweg und bewarfen unsere Kolonne mit einer Anzahl Bomben. Zwei davon schlugen etwa zwanzig Meter neben meinem Pkw ein, ohne uns zu verletzen. Wir konnten uns nur im Fahrzeug ducken, soweit dies möglich war. Der Pkw schien regelrecht in die Luft zu fliegen, so stark war der Luftdruck, der durch die Detonation entstand. Ich litt allerdings noch einige Tage an Schwerhörigkeit vom Knall der Detonationen. Das war noch einmal gut gegangen! Gestern der Spurt in die Deckung von 1914/18, heute dies! Da musste ich mich bei meinem Schutzengel bedanken.

Als die Brücke wieder befahrbar war, brauste »der Kommandierende«, General Geyer, darüber hinweg. Im Vorbeifahren winkte er uns zu, lobte seine Pioniere und die gestrige Aktion von Dixmuiden. Am Nachmittag übernahm eine andere Pionierkompanie den Brückendienst, während wir weiter nach Furnes kurz vor der Kanalküste vorgezogen wurden. Dort tobten noch heftige Kämpfe mit den Engländern. Den ganzen Tag über ergaben sich immer mehr französische und britische Soldaten und wurden nach hinten abgeschoben. Wir bezogen Quartier in einem einzeln stehenden Bauernhof. Dieser Umstand sollte sich im Nachhinein als vorteilhaft erweisen. Ich schlummerte auf einer Krankentrage.

30. Mai 1940

Leider wurden wir wieder sehr früh am Morgen aus dem Schlaf geweckt. Neuer Auftrag war ein Brückenschlag über den Kanal de Loo. Der Widerstand der Engländer wurde immer zäher, wenn auch der Brückenkopf langsam aber sicher immer kleiner wurde. Während des Brückenschlages lagen wir immer im feindlichem Feuer von schweren Maschinengewehren. Eine Brücke zu bauen, wenn man ständig beschossen wurde, war mehr als ungemütlich. Immer wieder duckten wir uns hinter einem Pfeiler, um nicht getroffen zu werden. Zum Glück kamen wir ohne Verluste davon.

Von unserem Einsatzort in Steenkerke kehrten wir nach getaner Arbeit zu unserem Bauernhof zurück, wurden dabei von englischen Bombern beharkt und erlebten am Nachmittag unser blaues Wunder. Während wir an die Einschläge der feindlichen Artillerie schon gewöhnt und dagegen abgestumpft waren, erfüllte plötzlich ein ungeheures Wummern und Dröhnen die Luft. Ich sah eine riesige Qualmwolke am nahe gelegenen Bahnhof Veurne emporsteigen. Ich konnte nur noch »Volle Deckung!« brüllen, da prasselten auch schon Teile von Waggons, ganze Waggonräder und Puffer auf uns hernieder. Ein Wunder, dass niemand von uns getroffen wurde!

Was war geschehen? Eine englische Granate hatte einen mit alliierter Munition voll beladenen Zug getroffen, der auf einem Abstellgleis im Bahnhof Veurne stand. Der Treffer hatte eine Kettenreaktion ausgelöst, so dass der ganze Zug mit etwa zwanzig Waggons explodiert war. Als wir am nächsten Tag die Stelle besichtigten, bot sich uns ein unbeschreibliches Bild. Der ganze Bahnhof war wie vom Erdboden weggefegt, und dort, wo der Munitionszug vorher gestanden hatte, klaffte ein Loch von etwa 250 Metern Länge, bis zu fünfzig Metern Breite und etwa fünf Metern Tiefe. Und wir hatten dies in »unserem« Bauernhof wenige hundert Meter entfernt gut überstanden. Es war wirklich kaum zu glauben.

Mein Schlaf wurde in der kommenden Nacht abrupt durch lauten Geschützdonner gestört. Der nächste Morgen brachte des Rätsels Lösung: Eine Batterie 21-cm-Mörser hatte kurz hinter unserem Bauernhof Stellung bezogen, sodass wir unmittelbar vor den Mündungen in der Geschossbahn lagen. Ein »beglückendes« Gefühl, wenn derartige Geschosse über einen hinwegfliegen! Diese Mörser waren die größten im mobilen Einsatz verwendbaren Geschütze. Entsprechend groß war der Krach, den ihre Abschüsse erzeugten.

31. Mai 1940

Am Morgen besuchte ich die Stellung dieser Mörserbatterie, die wirklich nur 150 Meter hinter unserem Bauernhof stand. Gerade als ich bei den Kameraden von der Artillerie ankam, ertönte von dort ein lautes Freudengeschrei. Auf meine Frage, was denn los sei, erklärten sie voll Begeisterung: »Jetzt haben wir gerade einen Truppentransporter im Ärmelkanal versenkt!«

Meine Verblüffung war groß, konnten wir doch noch nicht einmal den Kanal einsehen. Die Lösung des Rätsels war, dass die Batterie mit Hilfe der Luftaufklärung schoss.

Während der Tag verging, ohne dass wir eingesetzt wurden, kam am Nachmittag überraschend unser Bataillonskommandeur und überreichte mir und einer Reihe von Kompanieangehörigen die ersten Eisernen Kreuze, die wir für den Vorstoß auf Dixmuiden erhielten. Wir waren aber so müde, dass uns nicht nach Feiern zumute war und wir trotz der Mörserkameraden dicht hinter uns abgrundtief schliefen.

1. Juni 1940

In der Nacht wurde bekannt gegeben, dass »der Tommy« per Funkspruch den Befehl erhalten habe, den Rest des Festlandbrückenkopfes zu räumen. Um sieben Uhr rückten wir deshalb zur Brücke Steenkerke vor, um diese von acht auf 16 Tonnen Tragfähigkeit zu verstärken. Nach Erledigung dieses Auftrages mussten wir noch eine Brücke westlich Bulskamp bauen, dann wurde unsere Kompanie abgezogen und fuhr nach Dixmuiden zurück, um in mehreren Bauernhöfen Quartier zu nehmen. Den ganzen Tag über herrschte heftige Lufttätigkeit. Die Engländer schienen ihren Rückzug durch besonders massive Luftangriffe auf uns decken zu wollen. Wir sahen auch mehreren Luftkämpfen zu, die zweimal mit Abschüssen englischer Flieger endeten.

2. Juni 1940

Die Kompanie hatte heute einen Ruhetag. Also wurde erst einmal geschlafen, die Klamotten brauchten dringend eine Reinigung, die Fahrzeuge wurden gewartet, Wäsche gewaschen. Den Nachmittag verbrachten wir mit einer Vergnügungsfahrt nach Nieuwpoort, wo wir im Atlantik ein himmlisches Bad nehmen konnten. Das ferne Grummeln des Geschützdonners aus Dünkirchen drang bis zu uns herüber und erinnerte uns daran, dass wir uns eigentlich im Krieg befanden.

Weiter ging es nach La Panne direkt an der Grenze zu Frankreich. Der einstmals mondäne Badeort mit ansehnlichen Hotelpalästen war total zusammengeschossen worden und befand sich in einem schrecklichen Zustand. Die Wracks von drei Dampfern lagen gekentert am Strand.

Das Merkwürdigste aber bemerkten wir zuletzt: einen Fahrzeugsteg, gebildet aus Hunderten nebeneinander aufgefahrener Pkw und Lkw, deren Dachflächen durch Bohlen, Bretter und Lkw-Pritschenteile für Fußgänger begehbar gemacht worden waren. Der Grund für diese ungewöhnliche Konstruktion: Die Briten zogen alle verfügbaren Seefahrzeuge, auch Sportboote und Fischkutter, zusammen und ließen sie bei Nacht an diesen Behelfslandestegen, die weit hinaus in das seichte Wasser aufgestellt worden waren, anlegen, um möglichst viele Soldaten aufzunehmen. So musste zwar die britische Armee ihr gesamtes schweres Gerät auf dem Festland zurücklassen,

Sonnige, unbeschwerte Stunden am Atlantik

aber die Masse der Soldaten konnte auf die Insel gerettet werden. Es gab auch nur wenige englische Kriegsgefangene rund um Dünkirchen. Was zunächst also wie eine heillose Flucht der englischen Soldaten aussah, stellte sich später als geschickter und entscheidender Schachzug heraus.

Im Nachhinein erfuhren wir , dass Hitler befohlen hatte, unsere Panzer vor Dünkirchen anhalten zu lassen, was über 300 000 eingekesselten britischen, aber auch französischen, belgischen und holländischen Soldaten die Möglichkeit eröffnete, mit unzähligen Booten das Festland zu verlassen und nach Großbritannien überzusetzen. Die Evakuierung wurde dadurch erleichtert, dass der Atlantik in diesen Tagen völlig ruhig war. Und wir badeten genüsslich in der Nähe, vernahmen dabei den Gefechtslärm aus Dünkirchen und ahnten nicht, dass dort viele Soldaten ums Überleben kämpften. Wenn auch die deutschen Panzer nicht weiter vordrangen, so bombardierte doch die

Luftwaffe die am Strand umherrennenden Soldaten. Für diese muss das schrecklich gewesen sein.

Mit diesen merkwürdigen Eindrücken fuhren wir wieder zu unserem Quartier zurück und freuten uns am Abend über eine schöne Kompaniefeier, die unser Spieß organisiert hatte, nicht ohne mit verschmitztem Grinsen noch ein paar bestens behütete Bierfässchen hervorzuzaubern. Tod und Vergnügen – im Krieg liegen diese Gegensätze dicht beieinander.

3. Juni 1940

Der Vormittag verging bei strahlendem Wetter noch mit Ruhe und Faulenzen, bis uns am Mittag der Befehl erreichte, dass eine 16-Tonnen-Brücke bei Forthem südwestlich von Dixmuiden abzubauen wäre. Die Kompanie nahm es gelassen und spuckte noch einmal fest in die Hände, weil ich meinen Männern versprochen hatte, dass wir alle noch zum Baden nach Westende fahren würden, wenn alles schnell gehen würde. Deshalb war klar, dass das klappte, und mit großer Freude rollten wir unbehelligt nach Westende und stürzten uns in den Atlantik. Irgendwie fühlten wir uns in diesen Momenten wie Urlauber und vergaßen völlig, dass wir uns mitten im Krieg befanden, noch dazu in einem Land, das wir mit Krieg überzogen und besetzt hatten.

Abends bis drei Uhr morgens fand dann das »Abendessen der Kompaniechefs« beim Kommandeur statt. Es wurde eine feuchtfröhliche Angelegenheit, die nur möglich war, weil wir am nächsten Tag keinen besonderen Einsatz zu erwarten hatten.

4. Juni 1940

Am Vormittag nach der ausgedehnten Nacht lagen wir untätig in unserem Bauernhof in der Nähe von Dixmuiden herum und ließen uns von der Sonne braten, die schon seit Tagen mit unverminderter Heftigkeit auf uns herunterlachte. Trotz dieser Ruhe waren wir aber schon wieder nervös und angespannt, denn ein neuer Marschbefehl lag in der Luft, und was da auf uns zukommen würde, wussten wir nicht. Sobald wir erfahren würden, wohin die Reise gehen sollte, wäre uns wieder wesentlich wohler zu Mute.

Mittags hörten wir im Radio, dass Dünkirchen nun endgültig gefallen sei. Damit war der letzte Kanalhafen in unserer Hand und England vom Kontinent verdrängt. Unsere Armeen standen nun an sämtlichen Gegenküsten der britischen Insel. Um 15 Uhr kam dann endlich der Marschbefehl, demzufolge das Bataillon um 17 Uhr den Marsch über Ypern und Lens nach Saint-Quentin, also Richtung Paris, anzutreten habe.

Da der Kommandeur selbst zur Verbindungsaufnahme mit dem neuen Korps, dem wir unterstellt waren, vorausfuhr, führte Hauptmann Götzelmann in seiner Vertretung das Bataillon. Das Ziel der Fahrt signalisierte uns, dass die Offensive nun nach Süden in das Herz Frankreichs hinein fortgesetzt werden würde. Saint-Quentin! Das bedeutete, dass wir an der folgenden Schlacht gegen die französische Südarmee teilnehmen würden. Denn Saint-Quentin war die letzte Stadt im Westen, die wir besetzt hatten. Sie lag an der Somme, die die Front zwischen unseren Truppen und den Franzosen bildete.

Wir fuhren noch am gleichen Abend durch die flandrische Landschaft Richtung Süden über Bixschote, vorbei an Langemark, Ypern, Bailleul, La Bassée und Lens, der wegen des Steinkohlebergbaus rußigen Stadt, die schon aus dem Weltkrieg bekannt war und auch in diesen Tagen schwer gelitten hatte. In der Nähe von Vimy erreichten wir schließlich einen kleinen Ort, in dem wir unterschlüpften. Am Abend, ich baumelte schon in tiefem Schlaf in meiner Hängematte, die an zwei Lkws angebunden war, wurde ich noch einmal geweckt, denn in einer Sondermeldung des Rundfunks wurde der bisherige Feldzug beschrieben und gewürdigt. Die Stimmung war deshalb feierlich, und wir hatten alle das erhebende Gefühl, selbst ein wenig zu diesem großen militärischen Erfolg beigetragen und die Schmach der Niederlage von 1918 getilgt zu haben. Von Ferne sah man die Vimy- und Loretohöhe im fahlen Mondlicht herüberschimmern. Jeder Fleck hier hatte seine blutige und traurige Vergangenheit. Und wir zogen hier durch, neuen Taten, vermutlich neuen Kämpfen entgegen, und dachten nicht an vergangene Tragödien, sondern nur an unsere Aufgaben, die wir bewältigen mussten.

5. Juni 1940

Die Fahrt ging weiter an all den heiß umkämpften Schlachtfeldern des Ersten Weltkrieges vorbei, die im gegenwärtigen Konflikt wie im Sturmwind von unseren Truppen genommen und überrannt wurden. Wir fuhren durch Arras, von dort nach Cambrai, dem Schauplatz der ersten großen Panzerschlacht im Ersten Weltkrieg, aber auch dem Ort heftiger Panzergefechte der vergangenen Tage. Denn hier versuchten die Franzosen, allerdings vergeblich, den Keil, der zwischen Nord- und Südarmee hineingetrieben worden war, zu durchbrechen. Die Härte der Kämpfe, die hier jüngst stattgefunden hatten, konnten wir noch an den vielen zerschossenen feindlichen Panzern, den zerstörten Ortschaften und dem vielen herumliegenden Kriegsgerät ermessen.

Von Cambrai aus führte uns der Weg über Bellicourt zum kleinen Ort Lesdins im Norden von Saint-Quentin. Die Straßen wurden immer überfüllter. Fahrzeugkolonnen und marschierende Truppen, alles strebte unaufhaltsam südwärts, dem Feind entgegen. Im Rundfunk wurde bekanntgegeben, dass das deutsche Heer auf breiter Front aus seinen bisherigen Stellungen längs der Somme zum Angriff auf die französische Armee angetreten sei. Wiederum waren die Würfel gefallen, unsere sieggewohnte Armee war wieder ins Rollen gekommen und würde die Entscheidung gegen Frankreich herbeiführen.

Das Schloss Le Tronquoy, das unweit Saint-Quentin auf einer Anhöhe lag, diente uns als Unterkunft für die Nacht. Da das endgültige Marschziel bei Beginn der Fahrt nicht angegeben werden konnte und die Fahrzeuge des Bataillons in dem dichten Trubel auf den Straßen teilweise den Anschluss verloren hatten, war es schwierig und dauerte lange Zeit, bis der »ganze Laden« wieder vollzählig beisammen war.

Auf einem Feldflughafen ganz in unserer Nähe starteten und landeten in unaufhörlicher Folge Stukas, die alle mit Bomben beladen nach Süden flogen und einige Zeit später nach erfülltem Auftrag leer zurückkamen. Damit trugen sie entscheidend dazu bei, den Feind an der Front zu zermürben und Verwirrung und Entsetzen in die rückwärtigen Teile, in Marschkolonnen und Bereitstellungsräume, zu tragen. Die Nachbarschaft zu diesem Flughafen brachte uns in der Nacht noch den Besuch feindlicher Bomber, die aber zu unserem Glück ihr Ziel nicht fanden, sondern alle Bomben in den Wald warfen. Leider wachte ich durch den Lärm nicht auf und musste mir daher diese Geschichte am nächsten Tag von den anderen erzählen lassen.

6. Juni 1940

Zunächst sah es an diesem Tag nicht so aus, als ob wir eingesetzt werden würden, denn kein Befehl kam, nichts rührte sich beim Bataillon. So lagen wir alle in der Sonne herum, spielten Fußball und badeten in dem Kanal, der an unserem Schloss vorbeifloss, oder besser gesagt, unter dem Schloss hindurch. Denn der Kanal unterquerte den Schlossberg in einem Tunnel.

Der 1. Zug bekam schließlich den Auftrag, eine Straßenbrücke bei La Fère wiederherzustellen. Eine feindliche Granate hatte die Brücke, die über die Oise führt, genau in die Straßendecke getroffen, sodass sie unbefahrbar war. Unsere Leute mussten dabei sehr vorsichtig sein, denn der Ort lag immer noch im feindlichen Artilleriefeuer.

Plötzlich, noch ehe dieser Zug seine Arbeiten beendet hatte, kam auch schon der Abmarschbefehl für die Kompanie. Wir fuhren, schon im halben Dämmerlicht, durch Saint-Quentin, überschritten bei Mézières die Oise und tasteten uns dann am Ostufer entlang nach Süden. Wegen der drohenden Fliegergefahr – oft wurde die Gegend von englischen Leuchtfallschirmen erhellt – konnten wir die Scheinwerfer nicht einschalten und mussten daher im Schritttempo versuchen vorwärtszukommen, was bei den verstopften Straßen keine leichte Aufgabe war. Gegen 22 Uhr erreichten wir Choigny und richteten uns dort in den Obstgärten für die Nacht ein. Lange noch störten uns die Leuchtfallschirme und das beunruhigende Gebrumm der feindlichen Maschinen, bis wir schließlich trotzdem einschliefen.

7. Juni 1940

Wir wurden frühzeitig am Morgen weiter nach Süden vorgezogen und kamen über La Fère–Saint-Gobain–Blérancourt–Cuts nach Varesnes mit dem Auftrag, hier einen Brückenschlag durchzuführen. Der Befehl, vom Süden nach Norden eine Brücke über die Oise zu schlagen, war erforderlich geworden, da sich der Feind an der Somme zäh verteidigte und in diesem Sektor noch nicht niedergeworfen werden konnte. In der Umgebung der Gemeinde Ham war der Übergang über die Somme bisher nicht gelungen. Dagegen konnte die ostwärts von Saint-Quentin eingesetzte Division, die an der Oise entlang nach Süden vorstieß, verhältnismäßig schnell Raum gewinnen. Bei La Fère rückte diese Division in der Nacht auf dem Südostufer der Oise nach Westen vor, wiederum ohne ihre offene Flanke zu sichern, und gelangte somit in den Rücken des Feindes.

Während die französischen Kräfte von Norden her an der Somme stark bedrängt wurden, hatte sich in der Nacht die Division, für die wir jetzt die Brücke bauen sollten, unbemerkt in den Rücken dieser französischen Truppen geschoben und unversehens einen Brückenkopf auf dem nördlichen Ufer der Oise bilden können. Als wir an die Oise kamen, tobte gerade ein heftiger Kampf um die etwa drei Kilometer entfernte Stadt Noyon, die nördlich der Oise lag.

Hier wurde mein Vater als Kommandeur der Nachbardivision verwundet. Mehrere Splitter landeten in seiner Lunge, sodass er für den weiteren Frankreichfeldzug ausfiel und für den späteren Krieg gegen die Sowjetunion nicht mehr verwendungsfähig war. Die Tatsache, dass wir damals »Nachbarn« gewesen waren, haben wir erst Wochen später anhand eines Briefs meiner Mutter rekonstruiert. Es zeigte einmal wieder, dass die Wehrmacht damals jede Gelegenheit zur Umfassung des Gegners ohne Rücksicht auf irgendwelche Bedrohung in Flanke oder Rücken ausgenützt hat und somit die Entscheidung in wesentlich kürzerer Zeit erzwungen werden konnte.

Die Lage, in der wir uns befanden, war keineswegs einfach, denn der Division gehörte im Moment nur die Straße, auf der wir eben hergefahren waren. Es existierten nur ganz schwache Sicherungen nach Süden, viel zu wenig, um gegen einen wirklichen Angriff aus dieser Richtung zu decken. Nach Westen hin, wo der große Wald von Compiègne lag, waren wir ebenfalls nur sehr schwach abgeschirmt.

Nun wurde der Hauptstoß über die Oise nach Norden in den Rücken der feindlichen Somme-Front geführt. Der Brückenkopf, den unsere Truppen am Nordufer der Oise gebildet hatten, war noch so klein, dass die feindlichen Batterien auf unsere Brückenstellen wirken konnten. Schon bei der Erkundung mussten wir das feststellen, denn wir gerieten zwischen der Oise und dem Oise-Seitenkanal, die in etwa zwei Kilometer Entfernung voneinander flossen, in einen ordentlichen Feuerüberfall, wobei mir ein kleiner Splitter die Haut meiner Nase etwas aufschürfte. Aber das war nicht der Rede wert.

Die Tatsache, dass wir hier zwei Flussläufe zu überbrücken hatten, erschwerte die Angelegenheit erheblich, denn mit dem Bau über den Seitenkanal konnte naturgemäß erst begonnen werden, wenn die Brücke über die Oise selbst fertiggestellt worden war. Diese erste Brücke wurde von der 2. Kompanie gebaut, während die Brücke über den Kanal von uns gemacht werden sollte.

Schon der Anmarsch zur Brückenstelle war aufregend, denn es ging sprungweise in den Feuerpausen der Artillerie nach vorne. Der Ort Varesnes, durch den wir vorgehen mussten, und die Brückenstelle lagen unter heftigem Störfeuer. Für mich war es deshalb ein Wunder, dass bei dem ganzen Brückenschlag kein Mann verletzt worden ist, obwohl vor allem bei der 2. Kompanie mehrere Treffer dicht bei den Fährenbaustellen lagen. Hier wurde das Problem so gelöst, dass ein Aufpasser dastand und pfiff, sobald Abschüsse zu hören waren. Daraufhin gingen die Leute, die mit bloßem Oberkörper und Stahlhelm arbeiteten, in Deckung, bis die Luft wieder rein war und man wieder weiterarbeiten konnte.

Oberst Benicke, der seinerzeitige Korps-Pionierführer und unser alter Friedenskommandeur, traf gerade während einer derartigen »Deckungspause« bei der 2. Kompanie ein und sah ein paar halbfertige Fähren im Wasser liegen. Gerade als er Oberleutnant Zeit anpfeifen wollte, warum die Kompanie denn nicht arbeitete, musste er ebenfalls in Deckung gehen, denn in diesem Moment kamen einige Granaten herangeflogen und schlugen dicht am Ufer mit gewaltigen Detonationen ein. Nun musste er zugeben, dass diese Methode des »sprungweisen Bauens« günstig war und »Blut sparen« half.

Während so die 2. Kompanie mitten im Artilleriefeuer ihre Brücke baute, stellte die 1. Kompanie die Anfahrtsrampe zur Brücke über den Kanal fertig, damit später hierfür keine Arbeiten mehr nötig sein würden. Gleichzeitig wurden einige Gruppen abgestellt, um Verwundete, die von Noyon in großer Zahl hierher transportiert worden waren, über den Kanal, die Trümmer der gesprengten Brücke und die Oise selbst zu einem Verbandsplatz in Varesnes zu bringen. Hierbei zeichneten sich einige Leute durch besonderen Mut aus, weil sie im dichten Artilleriefeuer unermüdlich ihre verwundeten Kameraden auf den Krankentragen nach hinten brachten. Beim Bau der Anfahrtsrampe musste noch ein Grab mit drei französischen Soldaten an eine andere Stelle verlegt werden, denn es lag genau in der Anfahrt. Es widerstrebte uns, die Leichen in einem Grab zu lassen, über das später der ganze Verkehr rollen würde. Nach dreieinhalbstündiger Arbeit, um 19.30 Uhr, war die 2. Kompanie mit der Brücke über die Oise fertig. Eine Viertelstunde später trafen die Fahrzeuge der Brückenkolonne bei uns ein, und eine Stunde später, um 20.45 Uhr, war die Brücke über den Oise-Kanal benutzbar: Dies war wieder eine Meisterleistung unserer Leute, die so gut ausgebildet und erfahren waren, dass sie die einzelnen Arbeitsschritte beim Brückenbau im Schlaf beherrschten.

Während des Baues erhob sich vor uns ein immer lauterer Gefechtslärm. Stukas griffen in den Kampf ein und stürzten wie Raubvögel mit lautem Heulen herunter, um dann mit aufbrüllenden Motoren wieder hochzuziehen. Ein Lkw-Fahrer, der von mir nach Noyon geschickt worden war, das mittags in unsere Hand gefallen war, berichtete nach seiner Rückkehr, dass in den Abendstunden ein feindlicher Panzerverband einen Durchbruchsversuch durch unsere Stellungen nach Süden hin unternommen habe. Erst in den Straßen von Noyon selbst sei der Angriff von einigen tapferen Pak-Geschützebedienungen zum Stehen gebracht worden.

Auch der Lkw-Fahrer hatte seinen Auftrag trotz dieses Panzerangriffes vollständig ausgeführt. Ich hatte ihm nämlich befohlen, in Noyon Bier zu besorgen, was immer es auch kosten würde. Denn wir waren langsam des Champagners überdrüssig geworden. Voll beladen bis unter das Verdeck kam er zurück und löste bei uns allgemeine Begeisterung aus.

Die Nacht verbrachten wir einige Kilometer hinter der Brücke mitten in einem Wald. Doch sie wurde keineswegs so romantisch, wie es zunächst aussah. Denn bald nach uns kam eine deutsche Batterie des Weges und ging in unserer Nähe in Stellung. Nachdem sie einige Zeit geballert und uns so im Schlaf gestört hatte, suchte eine schwere feindliche Batterie – ich schätzte sie auf 21-cm-Kaliber –, unsere Nachbarn durch ihr Feuer niederzukämpfen. Dabei flogen mit unheimlich tiefem Gebrumm mehrere dieser ganz schweren Brocken knapp über uns hinweg und schlugen dicht hinter uns ein.

Obwohl dieses Artillerieduell zwischen den beiden Batterien in steter Gleichförmigkeit weiterging, bin ich in meiner Hängematte eingeschlafen und nur einmal noch halb aufgewacht, um über mich selbst zu lachen, denn bei einem besonders nahen Einschlag hatte ich unwillkürlich im Schlaf in meiner Hängematte »volle Deckung« genommen. Unglaublich, was der Krieg mit einem machte! Selbst wenn ständig Granaten über einen hinwegflogen, konnte man einschlafen. Man war das einfach gewöhnt, es gehörte zu unserem Alltag.

8. Juni 1940

Den Vormittag verbrachten wir untätig an unserem Waldrand. Gegen Mittag hörte sogar das Artilleriefeuer auf, das uns die ganze Nacht über begleitet hatte. Ich selbst kämpfte mit meinem Heuschnupfen, der mich bei dem heißen, trockenen Wetter seit einigen Tagen quälte. Kurz vor dem Mittagessen besuchte mich mein Freund Leutnant Schatte, der mit dem gleichen Leiden geschlagen war, und wir niesten und schnieften gemeinsam vor uns hin.

Später bekam ich einen Sonderauftrag für einen Zug, mit dem ich eine Brücke bei Sempigny westlich von Noyon im Handstreich nehmen sollte. Da es interessant zu werden versprach, fuhr ich selbst mit und wählte den Zug Berka für die Durchführung des Befehls. Wir kamen durch völliges Niemandsland. Kein deutscher, aber auch kein französischer Soldat war zu erblicken. Es ging ständig durch dichten Wald und war deswegen etwas unheimlich, da wir nicht wissen konnten, was uns erwartete. Unangefochten kamen wir an den bezeichneten Ort, mussten aber bedauernd feststellen, dass die Brücken über die Oise, die wir in Besitz nehmen sollten, schon gesprengt waren. Also blieb uns nichts anderes übrig, als umzukehren und dem Kommandeur Meldung zu erstatten.

Danach bekam ich schon wieder einen neuen Auftrag. Da der Kessel, in dem die Franzosen sich seit gestern befanden, immer enger wurde und unsere Truppen von allen Seiten her den Feind immer heftiger bedrängten, blieb diesem nichts anderes übrig, als sein Heil in der Flucht nach Westen, der einzigen noch offenen Richtung, zu suchen. Da mit dem Vorrücken mehrerer deutscher Divisionen von Norden nach Süden gerechnet wurde, musste noch eine 16-Tonnen-Brücke über die Oise und den Seitenkanal gebaut werden.

Die 1. Kompanie zeichnete wiederum für die Brücke über den Seitenkanal verantwortlich, während die 2. Kompanie den Flusslauf selbst überbrücken sollte. Bei der Erkundung stellte sich heraus, dass an dem Ort Quierzy, bei dem der Brückenschlag befohlen worden war, äußerst schwierige Verhältnisse vorlagen, denn am Nordufer des Seitenkanals musste eine Auffahrt auf einen fünf Meter hohen Damm gebaut werden. Außerdem war an der Brückeneinfahrt die Straße auszubauen und der Kurvenradius zu vergrößern, damit die Fahrzeuge überhaupt auf die Brücke fahren konnten.

Von 17 Uhr bis drei Uhr nachts wurde ununterbrochen gearbeitet, wobei der Bau der Brücke selbst am wenigsten Zeit beanspruchte. Der Bau der Rampe dagegen war eine ungeheure Schinderei. Für diese Erdarbeiten wurde mir noch eine Kompanie des Pionierbataillons 263 unter Führung meines Kameraden Konrad Auer vom Fahnenjunkerzug in München zugeteilt. Ohne diese Kompanie wäre die Arbeit überhaupt nicht zu bewältigen gewesen.

Kaum waren die Brücke und die Anfahrtsrampe fertig, da ergoss sich auch schon ein unübersehbarer Strom von Fahrzeugen über die Brücke, der bis zu ihrem Abbau keine Minute mehr abriss.

Nach Einteilung der Brückenwache legte ich mich etwas nieder, denn ich war durch die Arbeit und das schwüle Wetter ziemlich abgekämpft. Außerdem machte mir mein Heuschnupfen ordentlich zu schaffen. Die Brückenwache berichtete am Morgen, dass lange Zeit noch feindliche Flieger in der Gegend herumgeflogen seien und mit Leuchtfallschirmen die Brücken gesucht hätten. Bomben seien jedoch nicht geworfen worden.

9. Juni 1940

Schon frühzeitig wurde ich wieder geweckt. Denn zwei Batterien 21-cm-Mörser wollten über die Brücke. Dies war kein ganz leichter Tagesanfang, denn sowohl der Rohrwagen als auch der Lafettenwagen wogen mit der Zugmaschine 26 Tonnen. Die Brückenwache wollte diese Verantwortung selbstverständlich nicht übernehmen, denn das Gewicht war immerhin um zehn Tonnen höher als die vorgesehene Tragkraft der Brücke. Ich entschloss mich, die Fahrzeuge einzeln herüberzulassen. Dies war allerdings eine große Schinderei, da die Anhänger abgehängt und im Mannschaftszug über die Brücke gebracht werden mussten. Diese ächzte und stöhnte, die Pontons sanken fast bis zum Überlaufen ein, aber sie hielt. Im Mannschaftszug wurden die Einzellasten der Mörserbatterie über die Rampe zur eigentlichen Brücke gebracht. War das geschafft, dann war der Rest zwar noch anstrengend genug, aber doch Routine. So werkelten wir den ganzen Tag mit unserer Brücke weiter, wobei sich mancherlei Zwischenfälle ereigneten. Der harmloseste davon war der, als ein Pferd in vollem Satz in eine Hinterkaffe des Pontons sprang und erst mit größter Mühe wieder befreit werden konnte.

Abends fuhr ich nach Blérancourt zum Bataillon. Heiser geschrien von dem unerquicklichen Dienst als Brückenkommandant, empfand ich eine dargebotene Erdbeerbowle und ein darauffolgendes Tennisspiel als vergnügliche Abwechslung. Das Anwesen, in dem sich der Bataillonsstab einquartiert hatte, war früher der Sitz einer französisch-amerikanischen Gesellschaft und danach eines höheren französischen Stabes gewesen. Das geschmackvoll eingerichtete Haus mit großem Park und Tennisplätzen beherbergte im Erdgeschoss ein Kasino und im ersten Stock die Wohnungen der französischen Offiziere. Im zweiten Stock lagen die Appartements der Damen, die hier angestellt waren. Die neckischen Accessoires, die hier herumlagen, dazu der Duft teuerer Parfums sowie diverse aufreizende Fotos regten die Sinne an und vermittelten uns eine Vorstellung von den Szenen, die sich hier abgespielt haben mochten.

Nach der Rückkehr zur Kompanie suchte ich meine solide und weniger erotische Hängematte auf und fiel bald in meinen bei der Kompanie schon fast sprichwörtlich gewordenen abgrundtiefen Schlaf.

10. Juni 1940

Auch dieser Tag verging unter vielem Gebrüll und Geschrei beim Brückendienst. Wir waren ein wenig unwillig darüber, dass wir nach dem vielversprechenden Anfang unseres Einsatzes an der Oise nunmehr erneut in der Etappe, also weit hinter der Front, Dienst taten. Wenn man bei diesem Feldzug auch nur einen Tag festlag, war man schon wieder so weit hinter der Front, dass man befürchten musste, die vorderste Linie nicht mehr einholen zu können.

Unvermutet tauchte noch so eine hässliche 21-cm-Mörserabteilung auf und wollte über unsere Brücke. Es schien sich herumgesprochen zu haben, dass wir diese Waffe, die infolge ihrer schweren Fahrzeuge bei Flussübergängen immer große Probleme hatte, prompt bedienten. Als diese schweren Kästen endlich am anderen Ufer waren, meldete sich ein ganzes Flak-Korps für den Übergang an. Den ganzen Tag und die darauffolgende Nacht wurde die Brücke nur von diesem Korps benützt. Man meinte, es gäbe keine andere Truppe mehr als nur noch Flaksoldaten.

Wer nie an solch einer Brücke Dienst getan hat, an der sich sämtliche Kolonnen zusammenballten, die sonst auf fünfzig Kilometer Breite verteilt vorfuhren, der konnte nicht erahnen, was es für eine unermessliche Arbeit war, diesen Verkehr zu regulieren und in Fluss zu halten. Nichts erforderte mehr Nervenkraft, Engelsgeduld und auch Rücksichtslosigkeit als dieser Dienst als Brückenkommandant. Wo man ging und stand, wurde man von einem Pulk von Leuten belagert, die alle die Hände rangen, baten, flehten, fluchten, schimpften und um die Genehmigung baten, sofort über die Brücke fahren zu dürfen. Wiederholt notierten sich Offiziere meinen Namen, um mich dem Korps, der Armee oder sonst irgendwem zu melden, weil ich angeblich deren höchstwichtige Aufträge durch meine Unerbittlichkeit verzögert hätte. Immer wieder musste ich notgedrungen ranghöheren Offizieren, die sich den Anordnungen des Brückendienstes nicht fügen wollten, sondern dachten, die Brücke wäre für sie allein da, Worte an den Kopf werfen, aufgrund derer man ansonsten vor ein Kriegsgericht gestellt worden wäre. Manche schienen eine Art Brücken-Psychose zu entwickeln, wenn sie, eingepfercht in dreifach nebeneinander fahrende Kolonnen, im Schritttempo vorwärts schlichen.

Einmal kam es sogar so weit, dass ich einem Major in die Reifen seines Wagens schießen musste, weil er rücksichtslos über die Brücke fahren wollte. Obwohl es völlig unsinnig war, weiterzufahren, weil er nach wenigen Metern unweigerlich stecken geblieben wäre und den Gegenverkehr aufgehalten hätte, gab der Major seinem Fahrer entgegen meiner Weisung den Befehl, weiterzufahren. Nun stellte ich mich vor seinen Wagen, um ihn aufzuhalten. Der Fahrer zögerte, jedoch der Major, Zornesröte im Gesicht, brüllte ihm zu, er solle um jeden Preis weiterfahren. Da blieb mir nichts anderes übrig, als die beiden Vorderreifen kaputt zu schießen, sodass der Fahrer wohl oder übel anhalten musste.

Das darauffolgende Theater war unbeschreiblich! Der Major wollte mich sofort einsperren und dem Kriegsgericht melden. Hasserfüllt schritt er zu meinem Kommandeur, der zum Glück gerade an der Brücke stand, und brachte seine Beschwerde gegen mich vor. Nur hatte er sich leider in meinem Kommandeur getäuscht, denn anstatt ihm recht zu geben, wies er ihn in höchst eindeutiger Weise zurecht.

Resigniert kam der Major zu seinem Wagen zurück, der inzwischen aufs Feld hinausgefahren worden war, und sah seinem Fahrer beim Reifenwechsel zu. Mit einer halben Stunde Verspätung fuhr der Major dann über die Brücke, ohne mich eines Blickes zu würdigen.

Dass die Arbeit unter diesen Umständen keine reine Freude war und viel Ärger bereitete, konnte man sich ausmalen. Nun, auch dieser Tag ging zu Ende, und ziemlich zerschlagen gelang es mir, eine Mütze Schlaf zu nehmen.

11. Juni 1940

Um vier Uhr früh wurde ich von einem Melder geweckt, der mir den langersehnten Befehl zum Abbau der Brücke brachte. Da die Baukolonnen dringend weiter vorne benötigt wurden, war mit dem beschleunigten Abbau sofort zu beginnen. Die Kompanie wurde schnell alarmiert und es hätte auch losgehen können, wenn, ja wenn nicht ein derartiger Andrang zur Brücke bestanden hätte, dass die

Fahrzeuge von hinten in ununterbrochener Kolonne auf die Brücke zuströmten. Die Absperrungen, die den Verkehr umleiten sollten, waren wirkungslos angesichts des motorisierten »Heerwurms«. Umleitungsschilder zu einer neuerrichteten Behelfsbrücke blieben unbeachtet.

Da half nur wieder eine drakonische Maßnahme. Die einzelnen Pontons wurden einfach aus der Brückenlinie herausgefahren und die Brücke auf diese Weise unbrauchbar gemacht. Die Wut der Fahrzeugbesatzungen, die bis kurz vor die Brücke gekommen waren und mit ansehen mussten, dass diese vor ihren Augen abgebrochen wurde, war unbeschreiblich. Denn umkehren konnten sie bei der schmalen Zufahrt nicht mehr, zurückfahren ebenfalls nicht, da sich von hinten her ja Fahrzeug an Fahrzeug staute. Außerdem mussten sie jetzt einen Umweg von über zwanzig Kilometern machen, weil sie nicht rechtzeitig den kleineren Umweg von der Abzweigung aus in Kauf hatten nehmen wollen.

Um diesem Sturm der Entrüstung aus dem Weg zu gehen, begab ich mich auf das jenseitige Ufer und war nicht mehr zu sprechen. Wenn die sturen Führer dieser Kolonnen nicht auf die Wegeposten hören wollten, dann sollten sie eben selbst sehen, wie sie sich nun aus der Affäre ziehen konnten. Auf diese Weise erhielten sie praktischen Unterricht über Verkehrsdisziplin.

Nach Abbau der Brücke über den Oise-Kanal bauten wir auch gleich jene über die Oise selbst ab, an der wir schon seit eineinhalb Tagen den Brückendienst mit versehen hatten. Um 9.30 Uhr konnten die Brückenkolonnen entlassen werden. Kurze Zeit später fuhren wir selbst über Blérancourt der Aisne zu. Hier herrschte die gleiche Situation wie an den Oise-Brücken. Die starken und zusammengedrängten Verbände kamen auf der Straße nur im Schritttempo voran. Trotz waghalsiger Umgehungsmanöver mit der ganzen Kompanie über Feldwege und Stoppeläcker brauchten wir für die letzten 25 Kilometer vor der Aisne geschlagene fünf Stunden. Bei Vic-sur-Aisne überschritten wir auf einer von der 3. Kompanie gebauten Kriegsbrücke den Fluss. Dahinter ging es wieder im flotten Tempo weiter nach Chelles im Osten von Paris, unserem vorläufigen Endziel.

Nach einstündiger Wartezeit erhielten wir einen neuen Befehl. Unsere Kompanie wurde aus dem Bataillon herausgezogen und für den Marneübergang der 62. Division unterstellt, der sogenannten Winzerdivision. Sie bestand aus Pfälzern, von denen viele im Weinbau arbeiteten, und führte als Divisionsabzeichen auf allen Fahrzeugen eine große gelbe Weintraube. Während von Scanzoni die Kompanie nachführte, fuhr ich zum Divisionsgefechtsstand, um Verbindung aufzunehmen. Der Weg dorthin war ziemlich kompliziert. Bis Villers-Cotterêts ging es einigermaßen, doch im Ort selbst staute sich der Verkehr und danach auf der Straße Richtung Marne war es absolut aussichtslos, weiterkommen zu wollen. Mit viel List und Tücke gelang es mir, einen Nebenweg zu finden, der durch den großen Forst im Süden der Stadt führte. Hier war bestimmt noch kein deutsches Fahrzeug gefahren, denn unterwegs mussten wir drei Baumsperren ausweichen, die über dem Weg angelegt waren. Das Fahren durch einen dichten Forst mit einem Kraftwagen gehört nicht zu den einfachsten Dingen. Oft schien es so, als würde der Wagen weder vorwärts noch rückwärts auch nur einen Schritt weiterkommen. Aber schließlich schafften wir es doch und erreichten den Divisionsgefechtsstand von Boursonne. Hier wurde ich freundlich vom 1a empfangen und zum Pionierbataillon 162 nach Ivors geschickt.

Bei meiner Ankunft lud mich der Kommandeur des Bataillons, Hauptmann Bennecke, gleich zum Abendessen mit gutem Rotwein ein. Danach versuchte ich, ein Quartier für uns zu finden, was jedoch infolge der dichten Belegung des kleinen Ortes restlos misslang. Dies war sehr unerfreulich, denn nach dem schwülen Wetter der vorangegangenen Tage war gegen Abend ganz langsam Regen aufgezogen, der sich allmählich zu einem regelrechten trostlosen Schnürlregen verdichtete. Trotz dieses widrigen Wetters musste die Kompanie im Freien oder auf den Lkws übernachten, was umso härter war, als sie erst gegen 23 Uhr ankam. Denn nach dem Bericht des Leutnants von Scanzoni hatte man bis Boursonne nur im Schritt fahren können. Für die Nacht befestigte ich meine Hängematte unter einem großen Baum, der den Regen einigermaßen abhielt, und deckte mich mit meinem Regenmantel zu. Trotz der Nässe schlief ich wegen der großen Müdigkeit einigermaßen ordentlich.

12. Juni 1940

Um neun Uhr wachte ich auf und stellte zum einen fest, dass es immer noch regnete, zum anderen, dass der Baum, unter dem ich lag, dem Dauerregen doch nicht gewachsen war, und zum dritten, dass ich während der Nacht meinen Regenmantel abgeworfen hatte und nunmehr patschnass in meiner feuchten Hängematte baumelte. Während dies alles immer noch nicht so schlimm gewesen wäre, war ich völlig entsetzt, als ich sah, dass auch meine Kleider völlig durchweicht auf der feuchten Wiese lagen. In den Stiefeln stand das Wasser knöcheltief. Meine Kommentare waren nicht druckreif.

Nach Rücksprache mit Hauptmann Bennecke versuchten wir noch einmal, Quartier in den Häusern zu bekommen, denn es schien heute ein Ruhetag auf uns zu warten. Ich lief immer noch herum, als ob ich die Hosen voll hätte, denn meine Sachen klebten nass an mir. Endlich fanden die Quartiermacher ein paar kleine Häuser, die besser als Hütten bezeichnet werden müssten. Dort hinein wurde die ganze Kompanie gepfercht. Für die Zugführer, Assistenzarzt Miller, der uns für die Dauer unserer Abwesenheit vom Bataillon zugeteilt war, und mich stand ein kleines Zimmerchen, allerdings ohne Betten, zur Verfügung.

Bei einer Exkursion mit Miller fand ich außerhalb des Dorfes ein verstecktes Häuschen. Da es leer zu sein schien, lockte es uns an, und wir hatten tatsächlich eine gute Spürnase. Denn bei der Besichtigung der Küche fanden wir eine Menge Einmachgläser mit allerlei Früchten. Sogleich machten wir uns darüber her, denn unser Magen knurrte ganz beträchtlich, weil unsere Feldküche bei dem gestrigen Marsch eine Panne gehabt hatte und bis jetzt noch nicht eingetroffen war. Frühstück und Mittagessen entfielen also.

Nach dem sechsten Einmachglas fanden wir in einem Nebenzimmer ein wundervolles Klappbett. Voller Begeisterung wurde es auf einen Schubkarren verladen, gegen den Regen durch einen Regenschirm geschützt und im Triumphzug in unser Quartier gefahren. Dort angekommen, richteten wir uns mit Hilfe unseres neu erworbenen Bettes häuslich ein und konnten mit Freude bemerken, dass mittlerweile eine lustige Braterei und Brutzelei in Gang gekommen war. Die findigen Pioniere hatten Eier, Mehl und andere schöne Dinge aufgetrieben, die sich gut verwerten ließen. Außerdem waren ihnen noch mehrere unglückliche Hühner über den Weg gelaufen, und auf diese Weise kam sogar noch unser Magen auf seine Kosten.

Hier müssen wirklich einmal die hausfraulichen Tugenden gelobt werden, die mancher Landser unvermutet entwickelte. In jedem Zug gab es einige Genies, die ihr Handwerk aus dem Effeff verstanden. Angefangen mit der Organisation der nötigen Naturalien, deren Zubereitung und schließlich dem Servieren, mal mit Tafelsilber, das andere Mal aus einem alten Napf, beherrschten sie die Kunst, uns durch kleine Schlemmereien zu erfreuen.

Die Kochkünstler hatten heute wieder Oberwasser, denn ohne unsere Feldküche waren wir auf sie angewiesen. Soweit vorhanden, wurden die Küchenöfen angeheizt, andere hatten sich kleine Kanonenöfen ins Freie geholt, mit Zeltplanen vor dem Wetter geschützt, und dort ihre Tätigkeit entfaltet. Wir vertrieben uns die Zeit, so gut es ging, denn an diesem Tag hieß es warten.

Nach der langen Schönwetterperiode schlug sich der Regen ein klein wenig auf die Stimmung, sodass man versuchen musste, der Abgespanntheit Herr zu werden. Die Nacht verging mir auf meinem Feldbett wie im Fluge, vielleicht bildete ich mir auch nur ein, dass ich heute in diesem Bett ganz besonders gut schlafen müsste, weil ich schon bei seiner Beschaffung Schweiß vergossen hatte.

13. Juni 1940

Auch an diesem Vormittag sah es nicht so aus, als ob wir zum Einsatz kommen würden. Wir vertrieben uns wiederum die Zeit mit allen möglichen Scherzen. Unter anderem trugen wir ein Wettrennen auf kleinen Kinderfahrrädern aus, das ich überlegen gewann.

Am Mittag wurde ich zum Kommandeur des Pionierbataillons 162 befohlen. Dieser teilte mir mit, dass ein Übergang über die Marne im Abschnitt der 62. Division nicht erfolgen könne, da hier der Gegner sehr zähen Widerstand leiste. Die linke Nachbardivision sei schon gestern mit den vordersten Teilen über die Marne gekommen, und in Ausnützung dieses Erfolges schwenkte die ganze 62. Division nach links und folgte der Nachbardivision nach. Meine Kompanie sei wieder dem Bataillon direkt unterstellt worden.

Traurig darüber, dass wir hier zum Warten verdammt waren, zogen wir über den Ourcq nach Osten, um in den Abschnitt der 98. Division zu kommen, wo sich unser Bataillon befand. Der Weg führte uns über Coulombs zunächst nach Mareuil-sur-Ourcq. Hier legten wir die Mittagspause ein. Während des Essens lief mir ein offensichtlich reinrassiger Hund zu, der auf einem Auge blind zu sein schien und hinkte. Es war ein weiß- und braungescheckter Spaniel. Wir fütterten ihn zunächst, denn er schien vollkommen ausgehungert zu sein. Später, bei der Abfahrt, tat er, als ob er schon jahrelang bei uns sei und sprang auf meinen Wagen. Von so viel Zutrauen überwältigt, nahm ich ihn mit, obwohl mich alle auslachten. Nach liebevoller Behandlung des Auges mit Wehrmachtsaugensalbe und der Entfernung eines Dorns aus der Pfote konnte der Hund, den ich »Schlackl« getauft hatte, wieder auf beiden Augen sehen, und auch das Hinken war bald vorbei. Dieser Hund hatte mich während des weiteren Feldzuges treu begleitet und war bald der Liebling der ganzen Kompanie.

Mit Schlackl ging es weiter über den Ourcq nach Dhuisy. Dort trafen wir unser Bataillon wieder und schlugen unseren Wigwam an einem stillen Waldrand auf. Das Idyll des Lagerlebens wurde leider etwas durch die Mückenplage gestört. Ein Wunder, dass ich nachts von diesen nervigen Viechern nicht ganz aufgefressen worden bin.

14. Juni 1940

In aller Frühe zogen wir weiter, der Marne zu. Es berührte uns eigenartig, dass wir jetzt, nach zwanzig Jahren, diesen Fluss, den Schicksalsfluss des Ersten Weltkrieges, erreichen sollten, um ihn zu überbrücken. Diesmal würde er nicht wieder zum Schicksal des deutschen Volkes werden, denn dass das Schicksal Frankreichs in diesem Augenblick schon besiegelt war, das fühlten wir alle.

Bei unserer Ankunft in La Ferté-sous-Jouarre, einem kleinen Städtchen, das am bewaldeten Hang der Marne malerisch gelegen war, werkelte bereits die 3. Kompanie. Sie hatte am Vorabend mit der 98. Division einen Floßsackübergang gemacht und war nun dabei, Artillerie und die Gefechtsfahrzeuge der Infanterie im Fährbetrieb überzusetzen. Zweieinhalb Stunden brauchten wir, um gemeinsam die 65 Meter lange Brücke über die Marne zu schlagen, eine gewiss beachtliche Zeit. Während des Baues ruhte selbstverständlich der Übersetzbetrieb, denn die Fähren wurden ja für die Brücke benötigt. So stauten sich in La Ferté die Kolonnen und konnten erst kurz nach zwölf Uhr über die Brücke auf das jenseitige Ufer abfließen.

Während die 3. Kompanie wieder zur Vorausabteilung stieß, übernahmen wir hier den Brückendienst. Hauptfeldwebel Beck hatte mit unfehlbarer Spürnase wieder ein Château aufgespürt, das uns für diese Nacht Quartier geben sollte. Es entpuppte sich als das beste Quartier, das wir je bewohnt hatten. Geschmackvolle, modern eingerichtete Räume, schöne Schlafzimmer, ein gepflegter Tennisplatz und eine große Erdbeerplantage lösten bei uns einen Freudenruf nach dem andern aus.

Leider konnte ich noch nicht gleich Gebrauch von diesem Luxus machen, denn wir mussten erst noch der 2. Kompanie beim Bau helfen. Sie hatte den Auftrag, die gesprengte Straßenbrücke über die Marne für schwere Lasten herzurichten. Mit einer tollen Konstruktion, der waghalsigsten, die wir bisher durchgeführt hatten, wurde der Auftrag ausgeführt. Die Schwierigkeit lag darin, dass die Unterstützungen die beachtliche Höhe von neun Metern haben mussten. Deswegen wurde die ganze Brücke etwas wackelig und schwankte bei jeder Last, die darüberfuhr, bedenklich hin und her. Gleich zu Anfang, kaum fünf Minuten nach der Fertigstellung der Brücke, kam die berühmte 21-cm-Mörserabteilung, die uns schon an der Oise viel Arbeit gemacht hatte, und weihte unsere Brücke ein. Beim ersten Fahrzeug standen wir alle etwas bleich daneben und warteten auf den Moment, in dem die Brücke samt Geschütz in den Fluten der Marne versinken würde. Aber wie durch ein Wunder hielt die Brücke dem gewaltigen Druck stand.

Nun konnte ich mich endlich dem Schlossleben widmen. Zunächst wurde das Erdbeerbeet geplündert, dann begann ein Tennisturnier, bei dem wir allerdings einmal volle Deckung nehmen mussten, denn ein französischer Bomber erschien in niedriger Höhe über uns. Er wurde allerdings schnell von der an der Brücke aufgestellten Flak vertrieben. So schnell wechselten Krieg und Frieden!

Später fanden wir die Fotografien der Bewohner dieses wundervollen Schlosses. Es gehörte einer alten Dame mit drei Töchtern, die bestimmt des Ansehens wert gewesen wären. In dem rosaroten Boudoir von einer dieser drei Schönheiten, die natürlich bedauerlicherweise nicht anwesend waren, verbrachte ich die Nacht, nicht ohne vorher gut und – gemessen am Ambiente – standesgemäß gespeist und getrunken zu haben.

15. Juni 1940

Man erzählte mir beim Morgenkaffee, den ich um neun Uhr an meinem Bett einnahm, dass der Ort in der Nacht bombardiert worden sei. Aber leider war dieser Lärm nicht bis an mein Ohr gedrungen. An den von uns errichteten Brücken hatte es aber keine Schäden gegeben. Punkt zwölf Uhr begannen wir mit dem Abbau der Kriegsbrücke, während der Verkehr über die Behelfsbrücke weiter lief. In dem schon zur Gewohnheit gewordenen Tempo wurden Träger um Träger und Ponton um Ponton verladen. Um 15 Uhr war die Arbeit beendet, kurze Zeit später fuhren wir weiter.

Kompanie und Brückenkolonnen sollten noch am gleichen Tag für einen Brückenschlag über die Seine, die fast hundert Kilometer vor uns lag, eingesetzt werden. Die Fahrt ging über Coulomniers–Rozoy–Mormant–Le Châtelet nach Fontaine-le-Port. Hier kamen wir gegen 21 Uhr an. Nach Ausgabe des Abendessens begann hier wieder das alte Spiel, das jedem schon in Fleisch und Blut übergegangen war. Im Wettstreit mit den anderen beiden Kompanien entstand Fähre um Fähre, die dann später bei völliger Dunkelheit zur Brücke eingefahren wurden.

Das Einfahren dieser 137 Meter langen Brücke war ein richtiges Meisterstück. Um Zeit zu sparen, hatten wir keine Motoren eingebaut. Mit Ruderkraft wurden in vierzig Minuten sämtliche Fähren zur Brücke eingefahren, wobei keine einzige Reibung vorkam. Nach einer Bauzeit von rund vier Stunden wurde die Brücke um zwei Uhr in der Nacht dem Verkehr übergeben.

Die Tatsache, dass die Kompanie noch nachmittags an der Marne das gleiche Gerät abgebaut hatte, das wenige Stunden später schon wieder an der Seine Verwendung fand, zeigte am deutlichsten die unglaubliche Schnelligkeit und die präzise Organisation, mit der sich der deutsche Vormarsch vollzog. Die Leistung des Bataillons und der einzelnen Kompanien wurde am nächsten Tag durch den kommandierenden General persönlich anerkannt, und wir selbst waren auch ein klein wenig stolz, hatte dieser Tag doch gezeigt, welche Leistungen bei guter Organisation möglich waren.

16. Juni 1940

Da die Kompanie erst gegen drei Uhr zur Ruhe gekommen war, schliefen wir ziemlich lange in den Vormittag

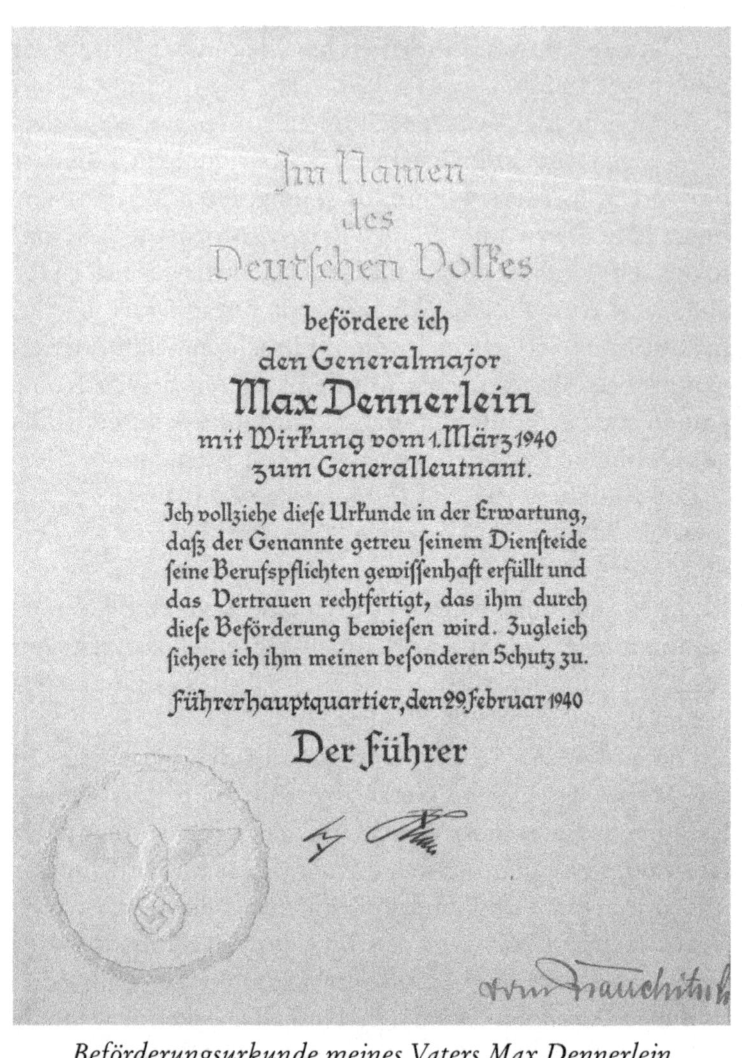
Im Namen
des
Deutschen Volkes

befördere ich
den Generalmajor
Max Dennerlein
mit Wirkung vom 1. März 1940
zum Generalleutnant.

Ich vollziehe diese Urkunde in der Erwartung, daß der Genannte getreu seinem Diensteide seine Berufspflichten gewissenhaft erfüllt und das Vertrauen rechtfertigt, das ihm durch diese Beförderung bewiesen wird. Zugleich sichere ich ihm meinen besonderen Schutz zu.

Führerhauptquartier, den 29. Februar 1940

Der Führer

Beförderungsurkunde meines Vaters Max Dennerlein

hinein. Während das Wetter am Vortag unerträglich schwül gewesen war, kam heute ein frischer Regen auf, den Mensch und Natur gleichermaßen ersehnt hatten. Am Vormittag bekam ich einen Brief von meiner Mutter, der mich mit großer Sorge erfüllte: Mein Vater war am 8. Juni

Mein Vater Max (in der Mitte)

durch mehrere Granatsplitter schwer verwundet worden und hatte sehr viel Blut verloren, da der größte Splitter in die Lunge eingedrungen war und dort ziemliches Unheil angerichtet hatte. Trotz der Versicherung meiner Mutter, er würde sich in einer Frankfurter Klinik in den besten Händen befinden, war ich doch in steter Sorge um ihn und wartete begierig auf jede Nachricht.

Das Eigenartige an der ganzen Sache war, dass mein Vater kaum zwanzig Kilometer flussaufwärts der Stelle, an der wir über die Aisne gegangen waren, nämlich bei Soissons, verwundet worden war, ohne dass wir beide etwas von unserer räumlichen Nähe geahnt hätten. Er konnte sich noch, schon auf der Krankentrage liegend, bei seinem Kommandierenden General Ritter von Speck abmelden, ehe er mit einem Lazarettflugzeug direkt nach Frankfurt abtransportiert worden ist. General von Speck fand weni ge Tage später bei einem kühnen Vorstoß an der Spitze seines Korps den Tod.

So hingen meine Gedanken in der Heimat, als mich ein Melder zu einer Chefbesprechung zum Kommandeur rief. Die Brücke, gestern noch aus Mangel an Gerät mit nur acht Tonnen Tragfähigkeit gebaut, sollte für den Übergang der schweren Korps-Artillerie auf 16 Tonnen verstärkt werden, wobei zur Bedingung gemacht wurde, dass der Verkehr nur möglichst kurze Zeit aufgehalten werden sollte.

Wir überlegten uns die Geschichte und kamen zu einer ganz neuartigen Lösung: Während des ganzen Nachmittags wurden an sämtlichen Fähren der in Benützung stehenden Brücke Pontons angekoppelt und die nötigen Träger auf diesen Pontons bereitgelegt. Um 21 Uhr, als diese Arbeiten beendet waren, und gewissermaßen eine zweite Brücke unterhalb der ersten angebaut worden ist, erfolgte durch einen großartigen Einsatz des gesamten Bataillons der Umbau, ohne dass dabei auch nur eine Fähre ausgefahren werden musste. Der Verkehr war nur für knapp 45 Minuten unterbrochen. Diese einzigartige Leistung wurde vom Kommandeur, der unserer neuen Methode etwas skeptisch gegenübergestanden hatte, und von allen an beiden Ufern anwesenden Soldaten gebührend bestaunt.

Abends erfuhren wir aus dem Wehrmachtsbericht, dass die mürbe Front der Franzosen immer weiter zerbröckelte. Wir sahen dies ja selbst, denn das beste Beispiel hierfür war der Übergang über Marne und Seine an zwei aufeinanderfolgenden Tagen.

17. Juni 1940

Nach unserer Kraftanstrengung am vorangegangenen Sonntag wurde heute als Entschädigung ein blauer Montag gefeiert. Ich machte mit Gefolge und Hund einen Ausflug zu William Otte und seiner leichten Pionierkolonne, wo ich eine gute Flasche Wein genießen konnte. Die Kompanie hatte Brückendienst und somit Ruhe.

Mittags kam eine Nachricht, auf die man schon mehrere Tage gewartet hatte: Der französische Ministerpräsident Reynaud war geflohen, Marschall Petain, der greise Weltkriegsgeneral, hatte dessen Posten übernommen und um Waffenstillstand gebeten.

Ein Doppelkopf, im Garten des Schlosses gespielt, das uns als Quartier diente, vertrieb uns im Verein mit einigen Flaschen Wein den Abend.

18. Juni 1940

Während der Vormittag noch geruhsam mit Briefeschreiben und einer Besprechung über den Abbau der Brücke bei Hauptmann Götzelmann verging, war die zweite Kompanie schon weiter in Richtung Loire vorgerückt. Am Nachmittag herrschte wieder ordentlicher Betrieb am Wasser, denn die 135 Meter lange Seine-Brücke musste abgebaut werden. Von 17.15 bis 23.30 Uhr dauerte der Abbau, wobei 74 Pontons mit dem dazugehörigen Gerät verladen werden mussten. Nach der gewaltigen Schufterei, die dieser Abbau darstellte, fielen wir gleich neben der ehemaligen Brückenstelle im Wald von Fontainebleau für wenige Stunden in tiefen Schlaf.

19. Juni 1940

Schon um 4.30 Uhr ging es weiter, um in der Gegend von Sully eine Brücke über die Loire zu schlagen. Tempo! Tempo! war die Parole. Marne, Seine und Loire in fünf Tagen im Angriff nacheinander zu überbrücken, das war bestimmt ein Beweis für nicht mehr zu überbietende Schnelligkeit, Organisation und Einsatzfreude. Unser Weg führte uns mit unseren Brückenkolonnen über das schön gelegene Fontainebleau, das mit seinen prächtigen

Bauwerken auf eine ruhmreiche Vergangenheit zurückblicken konnte, weiter nach Malesherbes–Beaumont–Bellegarde nach Sully im Süden von Paris. Hier war am Morgen ein Flussübergang nach reichlicher Artillerievorbereitung erfolgt, bei dem unsere zweite Kompanie maßgeblich beteiligt gewesen war.

Die große, etwa 300 Meter lange Hängebrücke war am Tag zuvor nach vergeblichen Verhandlungsversuchen mit den Franzosen von diesen plötzlich in die Luft gejagt worden. Das Grauen des Krieges war hier kaum erträglich. Mit Schaudern sahen unsere Männer überall die verbrannten und verkohlten Leichen französischer Zivilisten zwischen den Trümmern der von ihren eigenen Landsleuten gesprengten Brücke. Man hatte sie in die Luft gejagt, obwohl sie vollgepfercht war mit französischen Zivilisten, darunter viele Frauen und Kinder, die vor dem deutschen Vormarsch ausweichen wollten. Vor den Augen der deutschen Vorausabteilung vollzog sich dieses grauenvolle Schauspiel, bei dem Hunderte von Franzosen ihr Leben verloren, veranlasst durch den übereilten Befehl irgendeines nervösen und unüberlegten französischen Offiziers.

Als Vergeltung für diese Unmenschlichkeit und als Antwort auf die Sprengung der Brücke wurde der Ort Sully, der in der Hauptsache von Schwarzen besetzt und verteidigt war, gestern und heute früh mit allen Kalibern beschossen. Noch bei unserer Ankunft gegen zehn Uhr brannte und qualmte der ganze Ort. Auch das am andern Ufer drüben gelegene trutzige Schloss aus dem Mittelalter hatte einige Treffer abbekommen. Dort befand sich der Gefechtsstand der französischen Truppen. Uns bot sich nach der Sprengung und dem Bombardement ein schreckliches Bild der Verwüstung.

Der Angriff über den Fluss ging dank der starken Artillerievorbereitung ohne große Verluste vor sich. Die zweite

Auf dem Weg durch Frankreich

Kompanie hatte schon einige Fähren fertiggebaut und setzte damit fleißig schwere Waffen über, als die erste und dritte Kompanie zur Verstärkung heranrückten. Auf breitester Front wurden nun von allen drei Kompanien mit größtem Einsatz Fähren gebaut, denn die Loire, der letzte Fluss, den wir im Westfeldzug überbrücken mussten, war mit seinen 215 Metern gleichzeitig auch der breiteste. Der Bau dauerte von 11.00 bis 16.30 Uhr. Hierbei mussten 28 Fähren und fünf Bockstrecken eingebaut werden. Diese letzte Leistung war der würdige Abschluss unserer militärischen Tätigkeit im Frankreich-Feldzug und bewies, dass wir wirklich unser Fach beherrschten.

Gleichzeitig mit dem Bau der eigentlichen Brücke erfolgte auf dem jenseitigen Ufer der Bau einer 200 Meter langen Bohlenbahn über eine weite Sandbank. Die Beschaffung der riesigen Menge von Brettern und Bohlen war wegen der völlig verstopften Straßen hinter uns die schwierigste Aufgabe des ganzen Brückenschlages. Aber schließlich gelang es uns, auch dieses Problem zu lösen.

Gleich nach Eröffnung der Brücke herrschte ein Betrieb, der einfach unbeschreiblich war. Fahrzeug um Fahrzeug rollte ohne Pause darüber. Der Andrang wurde schließlich so groß, dass sich die beiden Divisionskommandeure der hier übergehenden Divisionen persönlich an die Einfahrt der Brücke stellten, um den Übergang zu regeln. Die eine Division marschierte von rechts, die andere von links auf die Brücke zu. Nach Vereinbarung durfte immer eine Division je eine Stunde lang übergehen; also wurde hier Stunde um Stunde eine der beiden Vormarschrouten mit zum Teil rigoroser Gewalt gesperrt, und der Verkehr ergoss sich nun von der anderen Seite her über den Strom.

Nach Beendigung der Arbeiten beim Brückenschlag fand ich etwas Zeit, mir einmal den zerschossenen und von italienischen Bombern mehrfach angegriffenen Ort Sully anzusehen. Ich war zutiefst erschüttert. Rauchende Ruinen, die unter sich zahllose Leichen, Fahrzeuge und Kriegsgerät begraben hatten. Es war ein Bild des Grauens! Hässliche Zeichen sinnloser Verwirrung und größter Todesnot überall – das war von Sully geblieben.

An einer Stelle muss, wohl infolge der Bombardierung, ein Benzinlager in die Luft geflogen sein. In weitem Umkreis war alles verkohlt und verbrannt. Unzählige Leichen lagen umher, wild verzerrt und verrenkt in grausiger Todesqual. Die Soldaten unterschieden sich nur dadurch von den Zivilisten, dass sie noch einen Stahlhelm auf dem verkohlten Schädel sitzen hatten. Kinder lagen da, eins noch in den Armen der Mutter – ewige Anklage gegen die Brandstifter des Krieges in Frankreich: Gegen uns, die wir die Invasion durchgeführt hatten, und gegen diejenigen, die den unseligen Befehl zur Evakuierung der gesamten Zivilbevölkerung gegeben hatten. Elend ohne Ende, an diesem Platz zusammengeballt in eindringlichster Wucht.

Da ich dem Geruch des verkohlten, süßlich riechenden Fleisches nicht mehr gewachsen war, der an dieser Stelle des Grauens lastete, wandte ich mich dem Château von Sully zu. Auf meinem Wege dorthin widerfuhr mir noch ein schreckliches Erlebnis: Auf der Straße lagen zwei Frauen, wohl Mutter und Tochter, nackt, vergewaltigt von menschlichen Bestien. Nicht weit davon die vermutlichen Täter: mehrere Männer in französischen Uniformen. Alle hatte der Luftdruck einer in der Nähe detonierenden Bombe oder Granate getötet und so dieser schändlichen Szene ein grausames Ende bereitet.

Diese Eindrücke, die ich nur sekundenlang aufnahm, die Zusammenhänge oft nur ahnend, sie gruben sich tief in meine Seele ein, wühlten mich zutiefst auf und erschütterten mich so, dass ich diese Schreckensbilder wohl immer und immer wieder vor meinem geistigen Auge sehen werde.

Das Feuer, das noch im ganzen Ort loderte, erfasste Haus um Haus, ließ Mauern einstürzen und verhüllte so gnädig mit seinen Flammen die Bilder des Grauens. Das alte, aus den Anfängen der französischen Königszeit stammende Schloss, in dem die Grafen von Bethune ihren Stammsitz hatten, lag trutzig und wehrhaft inmitten eines breiten Wassergrabens am rechten Ufer der Loire. Es mag schon viel Geschichte gesehen und miterlebt haben. An diesem Tag zeigte es ebenfalls die Spuren des harten Kampfes. Einige Granaten waren durch das Dach gegangen, andere in die meterdicke Außenmauer gefahren, ohne diese jedoch durchschlagen zu haben. Im Schlosshof, der durch die im Viereck herumstehenden Gebäude gebildet wurde, war eine Bombe detoniert und hatte einen mächtigen Trichter aufgeworfen. Das Denkmal eines Ritters, das dort stand – es mochte vermutlich der Stammherr des Hauses sein – hatte den Kopf verloren.

Man konnte dies als Symbol deuten: Frankreich hat den Kopf verloren, nun lag es am Boden, dank einer aggressiven, verbrecherischen Politik, der es nicht Einhalt geboten hatte, als dies noch möglich gewesen wäre. Verschont blieb auch nicht das altehrwürdige Schloss aus der Zeit König Heinrichs IV. selbst. Auch hier hatte eine Bombe eingeschlagen.

Ich besichtigte das Innere des Schlosses, das in den unteren Räumen als Museum ausgestaltet war. Leider war gerade der große Saal, in dem wertvolle Waffen, Gobelins und Vitrinen mit Münzen und alten Schriftstücken aufbewahrt wurden, durch die herabgefallene Decke fast völlig zerstört worden. Zwischen Mauerbrocken und Teilen der Stuckdecke zog ich einige Pergamentblätter hervor. Es waren zwei Schreiben König Ludwigs XIV., die offensichtlich aus einer Vitrine geschleudert worden waren. Hätte ich sie liegen lassen, wären sie zweifellos der Vernichtung preisgegeben gewesen. Um das zu verhindern, nahm ich sie also mit, ohne mir ihres Wertes bewusst zu sein, und steckte sie in meine Feldkiste.

Dort ruhten sie fünfzig Jahre, bis ich diese Kiste wiederentdeckte und durchstöberte. Ich ging nun der Sache nach und stellte fest, dass es sich um einen Brief des Königs Henri IV. an den damaligen Schlossbesitzer und zwei weitere Schreiben von König Louis XIV. an den Kardinal Retz und an die Erzieherin seiner Kinder, Madame de Montespan, handelte. Da wurde ich hellwach. Wie aber sollte ich diese Briefe den heutigen rechtmäßigen Besitzern zurückgeben?

Ein Zufall kam mir zu Hilfe. Ein lothringischer Franzose war dabei, ein Buch über die Träger des Deutschen Kreuzes in Gold zu schreiben. Er nahm auch mit mir Kontakt auf, wir waren uns von Anfang an sympathisch. Nachdem ich ihm von mir erzählt hatte, kam mir plötzlich

Schloss Sully

der Gedanke, dass dieser Mann die Angelegenheit klären könnte. Als ich ihm ein Duplikat meines Ordens zeigte und ihm versprach, es ihm zu schenken, wenn es ihm gelänge, die rechtmäßigen Besitzer der Briefe zu finden, war er hellauf begeistert. Und es hat tatsächlich geklappt. Er fand die drei noch lebenden Erben des Schlosses von Sully, Nachfahren jener Grafen von Bethune, an die der Brief von Henri IV. gerichtet war. Er arrangierte auch ein Treffen, bei dem ich die Briefe direkt überreichen konnte. Als Dank wurde mir ein Buch mit der Geschichte von Sully überreicht. Selbstverständlich hat unser Mittelsmann auch sein Deutsches Kreuz erhalten.

Nach diesem Rundgang, der mich sehr nachdenklich gemacht hatte, ging ich über die Brücke zurück und zwängte mich an den vorbeifahrenden Kolonnen entlang zu einem kleinen Waldrand, an dem die Kompanie inzwischen ihre Zelte aufgeschlagen hatte.

20. Juni 1940

Ich habe die Nacht über in einem Strohhaufen geschlafen, da mein Wagen mit meinem unübertrefflichen Burschen nebst Hängematte und den Decken nicht von der Brückenstelle die 500 Meter bis zum Gefechtsstand der Kompanie hatte zurückfahren können – ein weiterer Beweis für den gewaltigen Ansturm auf unsere Brücke! Der Tag verging in verhältnismäßiger Ruhe, da ich mit der Kompanie Brückenwache hatte und selbst als Brückenkommandant eingeteilt war. Nachmittags nahm ich ein erfrischendes Bad in der Loire, wobei mich wie immer mein treuer Hund Schlackl begleitete.

Doch der so ruhig begonnene Tag endete noch mit einem aufregenden Erlebnis: Während wir nichtsahnend in der Loire herumplanschten, fiel plötzlich einige hundert Meter weiter flussaufwärts ein Schuss, gefolgt von einem Schrei und einem Gurgeln. Ich sah hinauf und bemerkte eben noch, wie einer der weiter oben badenden Soldaten zusammenbrach. Nichts Gutes ahnend lief ich hinauf. Pioniere meiner Kompanie, die sich ebenfalls im Wasser getummelt hatten, riefen mir schon von Weitem zu, dass ein ebenfalls badender Infanterist aus dem Wäldchen hinter uns angeschossen worden sei.

Einen Augenblick lang war ich ratlos. Angeschossen? Jetzt, einen vollen Tag, nachdem hier Kampfhandlungen stattgefunden hatten und die Front schon wieder viele Kilometer weit vorgerückt war?

Inzwischen zogen Pioniere den Verletzten aus dem Wasser. Er sah böse zugerichtet aus. Der Schuss hatte seine Schädeldecke aufgerissen, er war schon nicht mehr bei Bewusstsein. Ich ließ ihn durch einen sofort herbeigeholten Sanitäter verbinden und durch Unteroffizier Conrad mit einem erbeuteten Ford-Wagen in das nächste Lazarett bringen. Allerdings starb er, wie mir Conrad später melde-

Französische Kriegsgefangene vor einem Kapoksack-Schützen-Schnellsteg

te, auf dem Wege dorthin. Conrad hat ihn dort, wo er verstarb, begraben.

Als Nächstes trommelte ich den nicht eingesetzten Teil der Kompanie zusammen. Meist nur in Badehosen, bewaffnet mit Maschinenpistolen, MG und Gewehren, durchstreiften wir von der einen Seite her den Wald, während am anderen Waldrand ein MG schussbereit Aufstellung nahm. Plötzlich liefen, als wir schon fast den ganzen Wald durchkämmt hatten, drei Gestalten vor uns davon und aus dem Wald ins Freie. Wir erkannten drei farbige Franzosen, bewaffnet und in Uniform. Außerhalb des Waldes versuchte einer von ihnen, das Gewehr gegen uns anzulegen. Da hämmerte schon das am Waldrand aufgestellte MG los und legte alle drei um.

Der Tod des feige überfallenen Kameraden war gesühnt. Was mochte diese Leute veranlasst haben, plötzlich, lang nach Beendigung der Feindseligkeiten und kurz vor Inkrafttreten des Waffenstillstands, auf badende Soldaten zu schiessen? Ich kann es mir nur so erklären, dass sie Furcht hatten, sich gefangen nehmen zu lassen, da man ihnen vielleicht erzählt hatte, sie würden bei uns umgebracht. Aus den Papieren des einen ging hervor, dass er aus Marseille stammte und dort verheiratet war. Wir fanden ein Bild, das ihn mit seiner Frau und seinem Sohn zeigte.

Die Nacht verbrachte ich in meiner Hängematte. Allerdings wurde ich noch einmal vom Posten der Kompanie geweckt, weil in dem nahe gelegenen Wald eine Schießerei ausgebrochen sei. Ich ließ einen Spähtrupp losgehen, der aber nichts entdecken konnte, da der Lärm inzwischen aufgehört hatte.

21. Juni 1940

Der Vormittag verging in geruhsamer Stille. Es wurde uns hier bald langweilig, wir wollten so langsam wieder der Front nachziehen. Doch auch heute sollten wir unser Erlebnis haben. Diesmal handelte es sich glücklicherweise um ein lustiges. In den Morgenstunden, gerade um die Zeit, da sich die Kompanie aus den Federn aufrappelte, kam aus dem Wald, in dem heute Nacht die Schießerei stattgefunden hatte, gemächlichen Schrittes ein Schwarzer des Weges. Als er bei uns vorbeikam, verzog sich sein Gesicht zu einem breiten Grinsen und mit sichtlich schlechtem Gewissen versuchte er sich an uns vorbeizudrücken.

Wir besahen uns diesen Wandersmann einmal aus der Nähe. Er trug französische Uniformhosen und -stiefel, darüber den Rock eines schwarzen Zivilanzuges und darüber einen hellen Mantel aus Ballonseide. Dazu hatte er einen hohen schwarzen Hut auf dem Kopf, der ihm viel zu klein war. Mit dieser Maskerade versuchte er den Anschein zu erwecken, dass er ein harmloser Zivilist sei, der gerade einen kleinen Morgenspaziergang machte.

Es war mir natürlich ein Leichtes, ihm auf Grund seiner Uniformstücke nachzuweisen, dass er ein Soldat war. Er gab dies auch gleich zu und fragte mich restlos verschüchtert und am ganzen Körper zitternd, ob er denn nun gleich erschossen würde. Ich beruhigte ihn und sagte ihm, ein deutscher Soldat würde keine Gefangenen töten. Ich fragte ihn auch noch, ob er in der Nacht bei der Schießerei im Wald mit dabei gewesen sei, denn es hatte sich herumgesprochen, dass dort eine Infanterieeinheit beschossen worden war und auch einige Verluste hatte. Diese Frage verneinte er aufs Heftigste. Da ich ihm nichts Gegenteiliges nachweisen konnte, ließ ich ihn als Gefangenen an der Wache sitzen, um ihn später an einer Sammelstelle abzuliefern.

Unsere Kompanie, die im Moment nichts zu tun hatte, machte sich nun einen Spaß mit dem Gefangenen, der Stiefel putzen musste. Die Landser zeigten es ihm zunächst, dann musste er unter großem Hallo an die Arbeit. Wenn er seine Bewegungen verlangsamte, trieben sie ihn an mit der unfreundlichen Aussicht, ihn abzuführen und an die Wand zu stellen. Sofort putzte er wieder emsig weiter mit einem schiefen Seitenblick auf mich, den er als den Leiter des Ganzen erkannt hatte. Er machte seine Arbeit wirklich gut.

Als die Kompanie zum Empfang des Mittagsessens antrat, stellte er sich unauffällig und ganz selbstverständlich am linken Flügel der Kompanie an, in der Hand eine alte Konservenbüchse, um ebenfalls etwas Essbares zu erhaschen. Sein Hunger wurde schließlich auch gestillt, wobei er einen unglaublichen Appetit entwickelte, und satt und zufrieden setzte er sich wieder in die Ecke, die ihm zugewiesen worden war.

Im Rundfunk hörten wir die Nachrichten, dass die Waffenstillstandsverhandlungen mit den Franzosen eingeleitet worden waren – in Compiègne, dem gleichen Ort, in dem 22 Jahre zuvor Deutschland unter demütigenden Bedingungen um Waffenstillstand hatte bitten müssen, nachdem es militärisch besiegt und politisch zerbrochen war! Nun war unserer Meinung nach die Schande von einst, die im Diktat von Versailles ihren Niederschlag gefunden hatte, getilgt. Eine tiefe Freude überkam uns bei dieser Nachricht, und schnell wurde einer Flasche Sekt der Hals abgedreht.

Am Nachmittag kam der Befehl zum Abbau der Brücke, über die in den beiden Tagen ihres Bestehens viele tausend Fahrzeuge gefahren waren, um dem Feind in rastloser Verfolgung auf den Fersen zu bleiben. Ich wechselte mit der Kompanie ans andere Ufer und ließ in einem verhältnismäßig unzerstörten Vorort von Sully unser Quartier herrichten. Der Abbau selbst, von allen drei Kompanien im Wettstreit durchgeführt, dauerte für die 215 Meter lange Brücke nur zwei Stunden. Um 22.45 Uhr waren wir mit dieser Arbeit fertig und konnten uns in einem Landhaus zur Ruhe legen.

22. Juni 1940

Am frühen Nachmittag gingen wir wieder auf Fahrt, und zwar führte uns unser Weg über Souvigny und Pierrefitte nach Salbris. Kurz vorher wurden wir angehalten. Der geplante Übergang über den Cher, der durch einen Erkundungstrupp schon vorbereitet worden war, fand nicht mehr statt. Den Grund erfuhren wir dann einige Stunden später durch das Radio.

Um 17.30 Uhr wurde im Wald von Compiègne der Waffenstillstandsvertrag zwischen Deutschland und Frankreich durch Generaloberst Keitel auf der einen und General Huntzinger auf der anderen Seite unterzeichnet. Die Feindseligkeiten waren allerdings jedoch erst dann beendet, wenn ein Waffenstillstand mit Italien abgeschlossen worden war.

Am Waffenstillstandstag verwendeten wir eine erbeutete britische Flagge als Tischtuch.

Wir machten es uns mitten in der freien Natur bequem. Ein verlassenes Kieswerk und rundherum Zelte – das war der »Wigwam« der Kompanie. Mit mehreren Flaschen Wein feierten wir, so gut es hier eben ging, den denkwürdigen Tag, den Waffenstillstandstag. Als Tischtuch verwendeten wir eine erbeutete britische Flagge. Bald gingen wir jedoch zu Bett, denn nun, nachdem die ewige Spannung von uns abgefallen war, machte sich die Erschöpfung bemerkbar. Die vielen durchwachten Nachtstunden, die großen körperlichen Anstrengungen, die verbrauchte Nervenkraft, all das trat nun zutage. Kaum jemals habe ich wieder so viel geschlafen wie in der nun folgenden Ruhephase.

23. Juni 1940

Heute war ein richtig fauler Tag. Er verging mit verschiedenen Appellen, um die Ausrüstung der Leute wieder zu vervollständigen. Aus Langeweile übte ich Gewichtheben und versuchte, meinen Hund zu dressieren. Dann kam mein Leutnantskamerad Berka und wartete mit einem neuen Sport auf. Er hatte ein Jagdgewehr mit der nötigen Munition gefunden und lud mich zum »Tontaubenschießen« ein. Das ging so vor sich, dass ein Pionier eine der massenweise bei der Kompanie vorhandenen Schallplatten in die Luft warf, sodass wir auf dieses in der Luft fliegende Ziel schießen konnten. Traf man, so zersprang die Platte in tausend Scherben. Ein Abendspaziergang und eine Partie Doppelkopf beendeten den Tag. In der Hängematte wurde schließlich weiter auf Vorrat geschlafen.

24. Juni 1940

Ich folgte einer Einladung der zweiten Kompanie, die im Verwaltungsbau eines der größten französischen Munitionslagers untergebracht war. Stolz wie der leibhaftige Besitzer zeigte mir Oberleutnant Zeit die dort lagernden riesigen Bestände an Munition sämtlicher Kaliber. Unter anderem fanden wir auch noch Gewehr- und Pistolenmunition aus dem Ersten Weltkrieg, und zwar mit den deutschen Fertigungszetteln »Reinsdorf 1918«. Nun gehörten sie wieder ihren ursprünglichen Besitzern.

Nicht weit von diesem Munitionslager entfernt lag ein kostbares Rohstofflager mit unüberschaubaren Mengen von Metallen wie Kupfer, Zinn, Zink oder Blei. Unsere Rüstungsindustrie würde sich über diese Bereicherung ihrer Bestände bestimmt freuen. Es handelte sich dabei tatsächlich um solch gewaltige Mengen, dass sie nicht im Entferntesten zu schätzen waren.

Auf dem Rückweg von dieser Besichtigungsfahrt besuchte ich noch die leichte Pionierkolonne mit ihrem Führer Leutnant Otte. Hier wurde ich, da es gerade Mittagszeit war, zu einem ordentlichen Mahl eingeladen.

Der Nachmittag brachte das große Entscheidungsspiel im Fußball, Kraftfahrer gegen Kompanie, um den von mir gestifteten Ehrenpreis in Form einiger Schachteln Zigaretten. Danach erfolgte meine Gegeneinladung zum Kaffee mit Oberleutnant Mayer, Leutnant Otte und Assistenzarzt Miller. Mein Schlackl und Millers Schnupsi, ein junger Irish Setter, schlossen schnelle und stürmische Freundschaft.

So konnten wir diesen Tag als einen Höhepunkt im »gesellschaftlichen Leben« begehen, was uns besonders freute, da wir infolge der durch die kriegerischen Ereignisse bedingten Isolation nun endlich wieder in Ruhe plaudern und unsere vielen Erlebnisse austauschen konnten. Tod und Freude, Schrecken und Triumph im permanenten Wechsel waren eigentlich nicht zu begreifen.

Um 21 Uhr kam die Sondermeldung, dass um 19.35 Uhr der Reichsregierung offiziell mitgeteilt wurde, dass das italienisch-französische Waffenstillstandsabkommen unterzeichnet worden sei. Vereinbarungsgemäß trat sechs Stunden später, das heißt also am 25. Juni um 1.35 Uhr, die Waffenruhe an allen Fronten ein.

25. Juni 1940

Wir blieben bis zu diesem denkwürdigen Augenblick wach und gaben uns den Erinnerungen der vergangenen Tage hin, die nun noch einmal vor unser aller Augen erstanden. Wir waren dabei in einer ganz eigenartigen Stimmung, die durch die vermeintlich historische Stunde, die wir nahen sahen, geradezu weihevoll wurde.

Als um 1.35 Uhr die Glocken im Rundfunk zu läuten begannen, das niederländische Dankgebet gesprochen wurde und schließlich die Nationalhymnen zum Nachthimmel aufstiegen, kam uns zu Bewusstsein, dass Deutschland einen Sieg von einmaliger Größe und Bedeutung erfochten hat. Wir dachten in diesem Moment, dass wir all diese Erfolge dem »Führer« verdankten und dass uns dieser auch weiterhin bis zum endgültigen Sieg vorangehen würde.

Ein neuer Abschnitt war zu Ende, eine Etappe, auf die wir alle stolz waren. So wie Polen im letzten Jahr waren jetzt Holland, Belgien und Frankreich von unserer Wehrmacht überrannt worden. Deutsche Truppen standen vom Nordkap bis zur Biskaya, bereit, auch England die Stirn zu bieten. Das glaubten wir damals, das wurde uns eingetrichtert, das waren zu diesem Zeitpunkt tatsächlich unsere Gedanken und Gefühle. Die vielen verstümmelten Toten, die unendlichen Grausamkeiten dieses Krieges ignorierten wir irgendwie und glaubten das Recht auf unserer Seite.

25./26. Juni 1940

Am Abend des Waffenstillstandstages, dem 25. Juni, versammelten wir uns alle beim Bataillonsgefechtsstand in einem Schlösschen nahe des Ortes Salbris zu einer kleinen Feier. Es war das erste Mal seit dem 3. Juni, dass alle Offiziere des Bataillons zusammenkamen, und es gab deshalb viel zu berichten und zu erzählen. Gleichzeitig wurde Oberleutnant Eifler, der als Chef die erste Kompanie übernehmen sollte, in sein neues Amt eingeführt.

Am folgenden Tag übergab ich Eifler, dem bisherigen Bataillonsadjutanten, die Kompanie und übernahm wieder den ersten Zug, den ich noch genau drei Monate lang führen sollte, bis ich zum Chef der dritten Kompanie ernannt wurde.

27./28. Juni 1940

Heute war Zeit für einen Unterkunftswechsel, den wir alle sehr begrüßten, denn gerade während der Tage des Waffenstillstandes lagen wir in einer öden Gegend, fernab von irgendwelchen menschlichen Siedlungen, in unserer Kiesgrube mit den baufälligen Bretterhütten. Wir fuhren über Salbris-Romorantin-Contres-Pontlevoy und Saint-Règle bis kurz vor Amboise, wo unsere Quartiermacher ein wunderschönes kleines Schlösschen in einem netten Park für uns ausfindig gemacht hatten. Der Ort Amboise selbst liegt an der Loire dicht oberhalb der Stadt Tours. Durch das Vorkommando erfuhr ich, dass mein Freund Pfannenstiel ganz in meiner Nähe weilte. Ich besuchte ihn noch am gleichen Tag in Saint-Aignan-sur-Cher, einem alten, trutzigen Ort, etwa dreißig Kilometer von uns entfernt. Erinnerungen und Erlebnisse wurden ausgetauscht, bis ich um 23 Uhr wieder zurückfuhr.

In den folgenden Tagen wurde Großreinemachen durchgeführt. Dies war auch in jeder Beziehung nötig. Kraftfahrzeuge, Pioniergerät und Bekleidung der Leute wurden von früh bis abends in Ordnung gebracht und gesäubert, damit wir möglichst bald wieder voll einsatzbereit waren.

29. Juni 1940

Ein großer Kompanieabend im Park unseres Schlösschens war geplant worden. In mühsamer Arbeit hatte man das nötige Bier herbeigeschafft, eine Bühne aufgeschlagen und den ganzen Nachmittag lang geprobt und vorbereitet. Es wurde tatsächlich ein selten schöner und harmonischer Abend, der unseren Kommandeur, viele andere Offiziere und die Kompanie miteinander vereinte. Auch Pfannenstiel, den ich eingeladen hatte, kam aus Saint-Règle herüber.

Zunächst gab es, von allen mit Freude und lautem Hurra begrüßt, Schweinebraten, Semmelknödel und Bier. Anschließend wurde durch unsere »Kompaniekanonen« für Frohsinn gesorgt. Höhepunkt bildeten die von Pionier Schlund mit guter Stimme vorgetragenen Wienerlieder und die echt bayrischen Schnurren und Erzählungen, die der Pionier Reiser mit unwiderstehlicher Komik zum Besten gab. Auch die Schallplatte mit dem schon leicht überholten englischen Kriegsschlager »We hang our washing on the Siegfriedline« trug zur allgemeinen Heiterkeit bei. Das runde Fest ging gegen ein Uhr nachts seinem Ende entgegen, und wir nahmen uns vor, morgen einmal richtig auszuschlafen.

30. Juni 1940

Daraus wurde aber nichts, denn um fünf Uhr morgens wurden wir alarmiert. Das ganze Gerät, das zum Zwecke der Reinigung von den Kraftfahrzeugen abgeladen worden war, musste schleunigst verladen werden, Fahrzeuge, die man zur Generalüberholung teilweise zerlegt hatte, waren fahrbereit zu machen. Mit der Ruhe und dem Ausschlafen war es jedenfalls vorbei.

Um acht Uhr war die Kompanie marschbereit, und kurze Zeit später fuhren wir los in Richtung Nordosten. Amboise war der südlichste Punkt, den wir erreicht haben. Der Weg führte uns durch eine reizvolle, abwechslungsreiche Gegend, durch nette Bauerndörfer und altertümliche kleine Städtchen. Es ging zunächst ein Stück den alten Weg zurück, bis wir Soings-en-Sologne erreichten. Dann bogen wir nach Nordosten ab, fuhren in einem Bogen um Orléans herum und erreichten die Loire etwa zwanzig Kilometer oberhalb davon bei der Stadt Jargeau. Hier war schon eine schwere Brücke entstanden. Die noch stehen gebliebenen Teile der alten Brücke wurden geschickt ausgenützt, sodass die Behelfsbrücke nur einen verhältnismäßig kleinen Teil des Stromes überbrücken musste.

Weiter ging die Fahrt nach Nordosten über Châteauneuf nach Bellegarde. Hier trafen wir wieder auf die Vormarschstraße der vergangenen Tage. Wir folgten ihr einige

Zeit in umgekehrter Richtung und machten Halt in Juranville, einem schmutzigen kleinen Dorf, um dort zu übernachten, allerdings in recht mäßigen Quartieren. Obwohl jede Feder der Matratze, auf der zu liegen ich die Ehre hatte, einzeln aus dem Bett hervorkam, schlief ich überraschenderweise ganz prächtig.

1./9. Juli 1940

Trotzdem sahen wir uns die Umgebung nach einer neuen Unterkunft an und fanden dabei zunächst ein Denkmal für die Schlacht von Juranville vom 28. November 1870, von der ich bislang noch nie etwas gehört hatte. Nach längerem Suchen fanden wir in der Nähe von Beaune-la-Rolande ein Château, das unseren Vorstellungen entsprach, und beschlossen, hierher umzuziehen, was am Nachmittag auch durchgeführt wurde.

In den kommenden Tagen folgten wir einer Einladung der zweiten Kompanie auf deren Schloss. Nach einem großartigen Abendessen und einigen guten Flaschen Wein und Likör unternahmen wir eine Kahnfahrt auf den Gewässern, die das Schloss umflossen. Leutnant Bergerhoff spielte dabei, im Kahn stehend, den *Postillon von Lonjumeau* auf seiner Trompete. Kurz gesagt, es wurde ein ausgelassener, bunter Abend, der erst beim Morgengrauen sein Ende fand. Bemerkenswert wäre noch, dass wir in eine schnell gegründete Tischkasse innerhalb einer Stunde 100 Mark an verhängten Strafen eingezahlt haben, was für eine Teilnehmerzahl von acht Mann eine ganz beachtliche Summe war. Dieser Betrag wurde später bei einer ähnlichen Feier nutzbringend verwendet.

Am Tag darauf hatten wir naturgemäß einen kleinen Katzenjammer. Trotzdem sollte uns am Montag, den 8. Juli, noch etwas anderes, Erfreuliches, beschieden sein: Unser Kommandeur, der beim Oberkommando des Heeres in Fontainebleau war und dort in alten Akten gekramt hatte, fand in einer alten Beförderungsliste, dass Schatte und ich seit dem 1. Juni Oberleutnants waren. Wir haben somit tatsächlich erst vier Wochen nach dem Termin per Zufall von unserer Beförderung erfahren. Das Schreiben, in dem dies dem Bataillon hätte mitgeteilt werden sollen, muss wohl irgendwo verlorengegangen sein.

Es half alles nichts, wir mussten eben auch heute wieder feiern, und das wurde trotz der »Strapaze« des vorangegangenen Abends auch wacker besorgt. Man wurde schließlich nur einmal in seinem Leben Oberleutnant. Da wir wieder einmal Menschen sehen wollten und eine große Sehnsucht nach »Großstadt« verspürten, fuhren von Scanzoni und ich in das in der Nähe gelegene Städtchen Montargis. Dies war der erste größere Ort, an dem wir nach Beendigung des Krieges wieder Menschen antrafen, offene Läden und Betrieb auf den Straßen sahen. Wir bummelten herum, tranken in einem kleinen Boulevard-Cafe einige Gläser Wein, kamen uns furchtbar großstädtisch vor und fuhren dann nach diesem »ungeheuren« Ereignis wieder befriedigt in unser Château bei Beaune-la-Rolande zurück.

Bei unserer Ankunft erfuhren wir, dass morgen wieder Reisetag sein würde. Der Kommandeur, der noch einmal in Fontainebleau war, teilte uns mit, dass wir einen äußerst interessanten Sonderauftrag vom O.K.H. bekommen hätten, der in Zusammenhang stünde mit einer geplanten Landung in England. Unsere Herzen schlugen bei dieser Nachricht höher, hatten wir doch kaum zu hoffen gewagt, dass wir dafür in Frage kommen könnten.

10. Juli 1940

Wir fuhren dann auch programmgemäß sofort ab und erreichten in zweitägigem Marsch die Gegend um Amiens.

Die genaue Route führte uns über Juranville–Beaumont–Fontainebleau–Melun–Meaux–Senlis (wo wir die Nacht verbrachten) –Creil–Saint-Just-en-Chaussée über Amiens nach Beaucourt-sur-l'Hallue. Hier angekommen mussten wir uns in einem alten, verkommenen Schloss einrichten, das noch dazu durch viele Einquartierungen derart verdreckt war, dass erst viel Wasser und Putzarbeit nötig waren, bis man sich darin aufhalten konnte.

Nach getaner Arbeit badeten wir alle noch in einem kleinen Bächlein und spielten danach Handball und sogar Tennis, denn Unteroffizier Conrad hatte Bälle und Schläger gefunden, und ein Tennisplatz befand sich direkt hinter dem Schloss.

11./12. Juli 1940

Im Rahmen unseres Sonderauftrages durfte ich eine wunderschöne Erkundungsfahrt durchführen, die mich zunächst nach Albert brachte, wo der Bataillonsstab lag, dann weiter nach Amiens–Abbeville–St. Valery–Eu und wieder zurück über Abbeville nach Amiens. Die ganze Strecke war übrigens mehr als 300 Kilometer lang und führte uns in all die Orte, die aus den Wehrmachtsberichten des Ersten Weltkriegs bekannt geworden sind. Amiens war am 20. Mai von unserer Ersten Panzerdivision erobert worden, hatte aber dabei nur wenig gelitten. Dagegen wurde die Altstadt 1944 durch Bombenangriffe der Alliierten weitgehend zerstört.

Der Weg von Amiens nach Abbeville war gesäumt von zerschossenen feindlichen Panzern und sonstigem Kriegsgerät, von englischen, französischen und auch deutschen Soldatengräbern und von Ortschaften, von denen jede Spuren der Panzergefechte aufwies. Über diesen historisch bedeutsamen Weg führte uns die Straße nach Abbeville. Dieses mittelgroße Städtchen machte einen unvergesslichen Eindruck auf uns. Überall waren Spuren der härtesten Kämpfe zu sehen. Hier ein Rudel Panzer, geborsten und ausgebrannt, dort eine zerschossene deutsche Flakbatterie, die Rohre noch drohend gegen die Panzer gerichtet – das eindringliche Bild eines verbissenen Zweikampfes auf Leben und Tod.

13./15. Juli 1940

Um das Bataillon, das mit seinen einzelnen Einheiten ziemlich weit verstreut lag, zusammenzuziehen, zog die Kompanie über Albert nach Bray-sur-Somme um. Bei Albert fuhren wir an dem von deutschen Bombern restlos zerstörten Potez-Flugzeugwerk vorbei, das nur noch aus Trümmern und Flugzeugwracks bestand. Dieses Werk hatte während des ganzen Westfeldzuges kein einziges Flugzeug mehr verlassen.

In Bray angekommen, bezogen wir die für uns ausgesuchten Quartiere. Ich lag mit von Scanzoni und Berka zusammen in einem unbewohnten Haus, und wir bemühten uns zunächst, uns wohnlich einzurichten. Das war nicht ganz einfach, denn das ganze Haus befand sich in einem maßlos verwahrlosten Zustand.

Wir richteten an einem durch die Somme gebildeten Altwasserarm, der sich seeartig erweitert, unseren Wasserplatz ein, an dem die ersten befohlenen Versuche und Tests durchgeführt werden sollten. Der Ort Bray selbst, der uns bis zum 26. Juli beherbergen sollte, hatte durch die vielen sumpfigen Altwässer, die ihn umgaben, ein sehr schlechtes Klima. Viele Leute erkrankten an ruhrartigen Symptomen, dazu kam die ungeheure Mückenplage, kurzum, wir bemühten uns einschließlich des Kommandeurs alle darum, möglichst bald wieder von hier wegzukommen, da unser Auftrag nichts mit Binnengewässern, sondern mit der See zu tun hatte.

Bei einem Spaziergang entdecken wir Fundament und Geschützrohr einer »dicken Berta«, des 42-cm-Mörsers aus dem Ersten Weltkrieg, der hier an der Somme-Front eingesetzt war und beim deutschen Rückzug 1918 gesprengt zurückgelassen werden musste. Das Rohr war so mächtig, dass man bequem hindurchkriechen konnte.

Die Zeit war ausgefüllt mit technischen Versuchen auf unserem Wasserplatz und verschiedenen Erkundungsfahrten, die mich weit in Nordfrankreich herumführten. Eine von ihnen war besonders interessant, weil ich dabei einiges Pech hatte. Der Weg führte mich über Amiens nach Rouen. Diese Stadt, in einem sanften Talkessel gelegen, stimmte den Besucher insofern besonders nachdenklich, weil die Altstadt und das daran angrenzende Hafengelände schwere Brandschäden aufwiesen, während die wundervolle gotische Kathedrale mit ihrem überschlanken, filigranartigen Turm unversehrt stehen geblieben war. Deutsche Soldaten hatten die Feuerwehr an der Brandbekämpfung gehindert, als die Stadt brennend in ihre Hand gefallen war, und selbst Löscharbeiten eingeleitet. So ist wenigstens dieses unvergleichliche Bauwerk der Nachwelt erhalten geblieben und schaute nun auf die ringsum verwaist daliegende Stadt. Zuerst wirft man Bomben auf eine Stadt, um dann mitzuhelfen, die Brände zu löschen. Welch ein Wahnsinn! Die weitere Zerstörung Rouens besorgten dann 1944 die Alliierten.

Von dort ging es weiter, dem Unterlauf der Seine folgend, nach Caudebec-en-Caux, westlich von Rouen. Hier war ein Zweigwerk der Potez-Flugzeugwerke, in dem ich einen Auftrag durchzuführen hatte. Ich kam gerade um die Mittagszeit dorthin und wurde von den Arbeitern, die zufällig alle vom Erdinger Flugplatz stammten, zu einem ausgezeichneten Mittagsmahl eingeladen. Weiter ging die Fahrt seineabwärts nach Le Havre, der großen Hafenstadt an der Mündung der Seine. Nach meinem Besuch bei der Stadtkommandantur sowie den Flugzeugwerken Schneider & Co. und Breguet trat ich den Rückweg an.

Doch schon kurz darauf, an einem steilen Berg, dicht hinter Le Havre, ereilte uns das Schicksal. Mit ohrenbetäubendem Krachen brach das Getriebe unseres Wagens entzwei, Öl und Zahnräder ergossen sich über die Straße, und wir saßen 270 Kilometer vom Bataillon entfernt fest. Keine Möglichkeit zu telefonieren oder uns dem Bataillon irgendwie bemerkbar zu machen! Nach drei Stunden Wartezeit gelang es uns endlich, einen Lastwagen aufzuhalten, dessen Fahrer uns versprach, uns zur nächsten Werkstattkompanie zu schleppen. Nach mehreren Zwischenfällen – mehrmals riss uns das Schleppseil, dann wieder wurden unsere Bremsen heiß – gelangten wir nach Hericourt-en-Caux, wo wir bei der Werkstattkompanie das Getriebe ausbauen und uns den wenig tröstlichen Rat geben lassen mussten, dass solch ein Getriebe nicht vorrätig sei und bei Anforderung frühestens in zehn Tagen hier sein könne.

Ziemlich enttäuscht und mutlos verbrachten wir den Abend mit den beiden Leitern der Werkstattkompanie, bis einer von diesen technischen Inspektoren die Patentlösung fand. Er wollte mir ein Motorrad leihen, mit dem ich zum Bataillon zurückfahren und ein Ersatzgetriebe holen könne.

16./19. Juli 1940

Die Idee war prinzipiell gut, aber es regnete unaufhörlich in Strömen. Trotzdem trat ich meine Fahrt mit einem neuen 750-ccm-BMW-Motorrad an, das eigentlich nur als Beiwagenmaschine gefahren wurde. Doch der Beiwagen befand sich in Reparatur, deswegen überließ man sie mir als Solomaschine, was zur Folge hatte, dass meine Fahrt

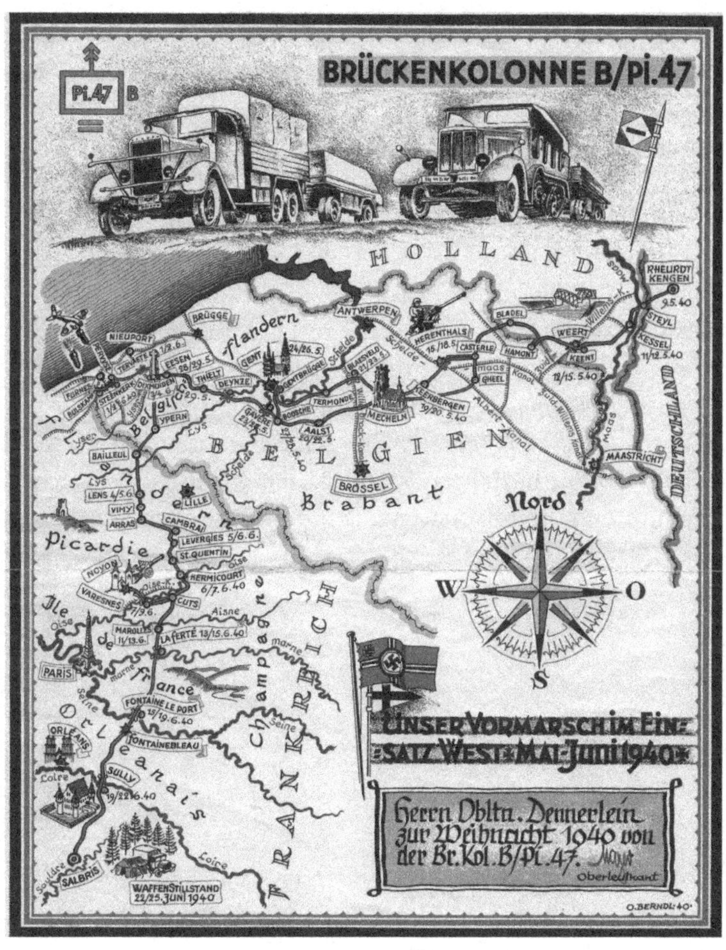

Unser Vormarsch 1940

auf diesen glatten Asphaltstraßen recht halsbrecherisch war. Dazu hatte ich noch mehrmals eine Panne mit dem Vergaser. Kurzum, die Fahrt war alles andere als angenehm. Als ich endlich nach etwas mehr als fünf Stunden völlig durchnässt in Bray ankam, war ich froh, den ersten Teil der Tour gut hinter mich gebracht zu haben. Ich nahm das Getriebe mit und war nach wiederum fünfstündiger

Fahrt wieder wohlbehalten, wenn auch patschnass und todmüde, bei meinem kaputten Wagen in Héricourt. Die Rückfahrt am Tag darauf nebst der befohlenen Erkundung verlief planmäßig. Von da an begann für das Bataillon und uns ein neuer Abschnitt, nachdem der Frankreichfeldzug beendet war.

Hitler hielt am 19. Juli 1940 eine große Siegesrede, sprach eine letzte Warnung gegen England aus und ernannte zahlreiche Generäle zu Feldmarschällen. Sein nächster Plan, der auch uns betreffen sollte, war die Landung deutscher Truppen in England. Doch dies war ein neues Kapitel, das ich allerdings nicht ganz exakt im zeitlichen Ablauf berichten kann, da ich keine Tagebuchaufzeichnungen mehr machte, sondern die Ereignisse aus dem Gedächtnis schildere.

Unternehmen Seelöwe

Am 23. Juli 1940 besuchte uns in Bray-sur-Somme der General der Pioniere Jacob und erklärte unser Bataillon zum »Versuchsbataillon des OKH für den Bau und Betrieb seetüchtiger Fähren aus Behelfsgerät, Mitteln des Landes und Kriegsbrückengerät.«

Nun war also offenkundig, was bisher nur hinter vorgehaltener Hand gemunkelt worden war: Es war eine Landungsoperation über den Ärmelkanal hinweg nach England geplant, und wir sollten dabei sein! Das war umso verwunderlicher, als unser Bataillon seinen Friedensstandort in München hatte und die meist bayerischen Soldaten noch nie das Meer gesehen hatten, geschweige darauf herumgeschippert waren.

Die Frage war müßig, ob das »Unternehmen Seelöwe«, wie der Codename lautete, wirklich beabsichtigt war oder die offen gezeigten Vorbereitungsmaßnahmen nur dem Zweck dienen sollten, England zu einem Waffenstillstand zu bewegen. Vielleicht sollten sie aber auch von den ebenso laufenden Vorbereitungen für einen sich abzeichnenden Krieg gegen die Sowjetunion ablenken. Jedenfalls verlegten wir, und nun mit dem ganzen Bataillon zusammen, auf die Halbinsel Cotentin südlich der Hafenstadt Cherbourg in die kleine Ortschaft Carteret. Ausschlaggebend für die Wahl dieses Ortes war die Tatsache, dass es dort einen breiten Sandstrand, aber auch Steilküste wie an der jenseitigen Kanalküste gab. Außerdem war die zwar englische, aber inzwischen auch von deutschen Truppen besetzte Kanalinsel Jersey in etwa dreißig Kilometer Entfernung vorgelagert. Das entsprach ungefähr der Entfernung Calais–Dover, die es beim »Seelöwen« zu überwinden galt. Dorthin erfolgten dann auch unsere Testfahrten mit dem zusammengebastelten schwimmenden Gerät.

In England hatte mittlerweile Winston Churchill die Regierungsverantwortung übernommen. Für ihn kam ein Waffenstillstand nicht in Frage. Aufklärungsergebnisse bestätigten, dass die Engländer sich an der Steilküste um Dover zur Abwehr einrichteten. Es war also klar, dass es ernst werden würde. Landungstruppen im eigentlichen Sinne gab es in der deutschen Wehrmacht nicht. Lediglich das Pionierbataillon 2 in Stettin war im »Landen an freier Küste« ausgebildet, aber sein Gerät reichte natürlich bei weitem nicht für den bevorstehenden Einsatz aus. Also mussten wir mit unseren Versuchen und unserer Phantasie ran.

Die Zeit drängte, denn nach einem normalerweise ruhigen September pflegten die Äquinoktialstürme im Oktober durch den Kanal zu fegen, also Stürme, die am Herbst- und Frühlingsanfang auftreten. Es blieben somit nur knapp zwei Monate zur Vorbereitung übrig. Wir schwärmten deshalb in alle Himmelsrichtungen aus, um schwimmfähiges Gerät aufzutreiben. Das ging von großen Weinfässern in Rouen über Schwimmer für Wasserflugzeuge bis hin zu Schwimmkörpern aus Segeltuch, die mit Kapok gefüllt waren und als schwimmende Unterstützung für einen Schwimmsteg der französischen Armee verwendet wurden. Der Fantasie waren keine Grenzen gesetzt. Natürlich testeten wir auch unser ganz normales Brückengerät auf seine Tauglichkeit.

Am 26. Juli war das Bataillon in Carteret eingetroffen. Bereits am 30. Juli, beim nächsten Besuch des Generals der Pioniere, konnten wir die ersten Produkte vorführen.

Schon am 6. August fand das erste Scharfschießen auf See von unseren Fähren aus statt.

Aufgabe dieser Fähren sollte es ja sein, während der Überfahrt über den Kanal durch Flugabwehrgeschütze die Bedrohung aus der Luft auszuschalten und dann beim Anlanden die angreifende Infanterie zu unterstützen. Diese Infanterie nebst Panzereinheiten sollte im Übrigen auf umgebauten Rheinkähnen, sogenannten »Penischen« übergesetzt werden. Zu diesem Zweck wurden Lastkähnen, wie sie auf Rhein und Schelde verkehrten, die Bugteile abgeschnitten und durch bewegliche Klappen ersetzt, durch die dann die anlandenden Truppen inklusive Panzer am offenen Strand ausgeladen werden sollten.

Als Erstes schied unser Brückengerät als mögliche Fährenplattform aus. Die oben offenen Pontons schöpften bei jedem noch so kleinen Wellenschlag Wasser, wogegen auch das Abdecken mit Persennings oder das Auffüllen der Hohlräume mit Kanistern keine Abhilfe brachte. Bei einem Sturm zerschellte eine derartige Fähre jämmerlich am steilen Kap von Carteret.

Bei einer Testfahrt nach Jersey erlitt auch unsere Weinfassfähre Schiffbruch. Im Verlauf der Fahrt verlor das Gefährt nach und nach immer mehr Fässer, sodass die Besatzung nur noch in dem für alle Fälle auf dem Deck befindlichen Schlauchboot an das Ufer zurückkam.

Summa summarum also ein ernüchterndes Ergebnis. Das registrierte man natürlich auch höheren Ortes und schickte als Abhilfe mehrere Zugladungen von Pontons des ehemaligen schweren Brückengeräts des österreich-ungarischen Heeres aus dem Ersten Weltkrieg. Es war nach seinem Erfinder, dem Oberst Herbert, Herbertgerät benannt worden. Jede Fähre bestand aus je zwei siebenteiligen, oben geschlossenen Pontons. Bug- und Heckponton waren für ihren jeweiligen Zweck speziell geformt.

Da der Überbau für eine Verwendung auf See nicht brauchbar erschien, haben wir die beiden Pontons jeder Fähre mit zehn Meter langen Holzbalken der Stärke dreißig mal dreißig Zentimeter verbunden. Solche Balken aber waren in ganz Frankreich nicht aufzutreiben. Es war eine Glanzleistung, dass etwa hundert Balken solcher exotischen Abmessungen innerhalb von 14 Tagen von deutschen Sägewerken bei uns angeliefert wurden.

Schon am 10. September waren die vorgesehenen zwölf »Herbert-Fähren« fertiggestellt und ausgerüstet, jeweils mit drei 75-PS-Motoren im zentralen Heckbereich, die Wasserschrauben antrieben, und je zwei Flugzeugmotoren mit Propellern, die während der Anlandung noch zusätzlichen Schub geben sollten.

Die Fahrt um die Halbinsel Contentin zunächst nach Cherbourg verzögerte sich einige Tage wegen stürmischen Wetters, konnte dann aber doch erfolgen. Wie rau die See wirklich war, wurde uns bei der Einfahrt in den Hafen von Cherbourg bewusst: Eine Fähre hatte trotz unermüdlicher Arbeit an den handbetriebenen Lenzpumpen so viel Wasser übernommen, dass sie kurz vor Erreichen des Anlegestegs im Hafenbecken versank. Wir konnten sie später wieder heben und flott machen. Unsere zwölf »Herbert-Fähren« wurden in den nächsten Tagen auf die Kanalhäfen von Le Havre bis Fécamp verteilt und begannen mit Übungen gemeinsam mit der Flak, die ja von den Fährenplattformen aus auf Luft- und See- beziehungsweise Bodenziele schießen sollten.

Das »Aus« für alle behelfsmäßig zusammengebastelten schwimmenden Untersätze in Bezug auf Tragfähigkeit und Seetüchtigkeit erzwang neue Lösungen. Die bahnten sich in Antwerpen unter der Leitung des Majors Gantke vom Landungspionierbataillon 2 an. Auf der dortigen Seewerft entstanden die nach ihrem Erfinder Siebel, einem

Luftwaffeningenieur, benannten »Siebel-Fähren«. Sie zeichneten sich durch hohe Stabilität und Tragfähigkeit aus, bestanden je Ponton aus neun Einzelschwimmern, und waren mit Stahlträgern zu Fähren verbunden. Sie konnten eine 8,8-cm-Flak-Kanone sowie zwei 2-cm-Vierlingsflakgeschütze tragen. Somit hatten sie eine hohe Feuerkraft, fast so viel wie ein leichter Zerstörer.

Der Antrieb erfolgte durch je vier 75-PS-Motoren mit Wasserschrauben und zusätzlich drei BMW-Flugzeugmotoren, wie sie für die sagenhafte Ju 52 verwendet wurden. Diese Motoren standen auf dem Achterdeck und verbreiteten, wenn sie liefen, einen unbeschreiblichen Lärm, aber auch einen stattlichen Vorschub. Der Fährenführer hatte seinen Platz etwa drei Meter vor dem mittleren Propeller. Meine frühe Schwerhörigkeit rührt wohl auch von daher. Denn es galt damals als Verweichlichung, wenn man sich Stöpsel in die Ohren steckte.

Es wurde mir klar, dass ich mit diesen neuen Fähren zu tun haben würde. Die dritte Kompanie, die ich mittlerweile führte, wurde, in zwölf Fährentrupps gegliedert, am 23. September nach Antwerpen verlegt. Wir begannen dort, »unsere« Siebel-Fähren zu übernehmen und erste Fahrversuche, zunächst im Hafenbecken, später auf der Außenschelde, zu unternehmen.

Am 6. Oktober besichtigte der Oberbefehlshaber des Heeres, Genenaralfeldmarschall von Brauchitsch, unseren »Fährenzirkus«. Dabei wurde die Beladung einer Fähre mit einer 8,8-cm-Flak und zweier 2-cm-Vierlingsflaks mit den dazugehörigen Zugfahrzeugen gezeigt, dazu Fahren und Manövrieren mit und ohne Flugzeugmotoren sowie ein Scharfschießen und das Landen an freier Küste. Man war mit dem Gezeigten offensichtlich zufrieden und gab den Befehl, unsere Armada in den Kanalhäfen zu stationieren.

Schon am 10. Oktober kam der Befehl vom OKH, die eine Hälfte der Fähren nach Boulogne, die andere nach Le Havre zu verlegen. In fieberhafter Eile wurden die Fähren mit ihrer Ausrüstung, Kraftstoff und Verpflegung beladen und in einer Spezialanlage zum Schutz gegen Magnetminen entmagnetisiert. Dann trafen die Flakbesatzungen mit ihren Geschützen und Gefechtsfahrzeugen ein und wurden verladen. Zuletzt wurden jeder Fähre zwei Matrosen als seemännisches Personal zugeteilt.

Am 11. Oktober konnte ich den Konvoi der zwölf Fähren mit ihrer aus allen drei Wehrmachtsteilen – Heer, Marine und Luftwaffe – zusammengesetzten Besatzung dem Hafenkommandanten von Antwerpen »Klar zum Auslaufen« melden. Am nächsten Tag, dem 12. Oktober, wurde unser Konvoi zunächst durch die große Seeschleuse in die Außenschelde geschleust. Diese Schleuse gestattete ein Durchschleusen von vier 10 000-Tonnen-Dampfern auf einmal. Unser Fährenhäuflein nahm sich da drinnen jedenfalls recht bescheiden aus.

Aus eigener Kraft und ohne Zwischenfall legten wir an diesem Tag die 75 Kilometer lange Strecke bis Vlissingen, westlich von Antwerpen an der Atlantikküste, zurück. Wenn man bedenkt, dass sich unsere Pioniere insgesamt nur 17 Tage auf ihre neue und gänzlich ungewohnte Tätigkeit hatten einstellen können, war schon dieser Tag eine Glanzleistung.

Am nächsten Tag übernahm uns der bereitgestellte Begleitschutz. Voraus fuhr eine Minensuch-Halbflottille, es folgte in Keilform eine Vorpostenflottille, unter deren Feuerschutz unsere Fähren fuhren, jede von einem Hochseeschlepper gezogen, um unsere Motoren zu schonen. Eine Schnellboot-Flottille, die uns umrundete, gab uns weiteren Schutz, und eine Gruppe Jagdflugzeuge sicherte uns aus der Luft ab.

Die Hafeneinfahrt von Fécamp

Auf diese Weise wohlgeschützt fuhren wir bei strahlend sonnigem Wetter, guter Sicht und schwachem Seegang an der belgisch-französischen Küste entlang, vorbei an Ostende und La Panne, wo wir noch die aus Kraftfahrzeugen gebildeten und in das seichte Wasser vorgetriebenen Stege sehen konnten, über die die alliierten Soldaten auf die Boote geflüchtet waren. Am Abend erreichten wir Dünkirchen, das Ziel des zweiten Tages. Im Hafenbecken machten wir fest. Hier sahen wir zum ersten Mal eine große Anzahl von Rhein- und Scheldekähnen, die als behelfsmäßige Landungsboote für überzusetzende Infanterie- und Panzerkräfte hergerichtet worden waren. Der Bug war jeweils abgeschnitten und durch eine ausklappbare Rampe ersetzt worden, auf der die im Kahn verladenen Panzer oder Fahrzeuge am flachen Strand entladen werden sollten. Am Heck war jeweils eine Plattform für ein Geschütz angebracht.

Die Nacht in Dünkirchen war wegen der pausenlos angreifenden englischen Nachtbomber recht unruhig. Vor allem fürchteten wir, dass eine in das Hafenbecken fallende Bombe die Benzinvorräte und Granaten unserer dicht aneinanderliegenden Fähren entzünden könnte. Wir hatten aber Glück, und nichts passierte. Am nächsten Morgen, dem 14. Oktober, formierte sich unser Geleitzug erneut auf der Reede vor dem Hafen zur Weiterfahrt. Das schwierigste Stück unserer Seereise stand bevor: Die Durchquerung der engsten Passage des Ärmelkanals zwischen Calais und dem Cap Gris-Nez auf der einen und Dover auf der anderen Seite.

Das Auslaufen verzögerte sich wegen Nebels bis zum Mittag. Auf der Höhe von Calais brach die Sonne durch, der Wind frischte auf und man konnte mit bloßem Auge die weiße Steilküste von Dover mit den Funktürmen und den Gebäuden ausmachen. Wegen der Seeminenfelder musste unser Konvoi mitten durch den Kanal fahren, etwa gleich weit von Calais und Dover entfernt. Die englische Artillerie konnte natürlich umgekehrt auch uns beobachten. Wir warfen daher zusätzlich unsere Flugzeugmotoren an, um möglichst schnell durch dieses Nadelöhr zu kommen. Von der englischen Küstenartillerie blieben wir zwar unbehelligt, plötzlich aber überflogen uns zwei englische Spitfires. Dank unserer geballten Flugabwehrkraft wurden die angreifenden Flugzeuge aber schnell zum Abdrehen gezwungen. Sie warfen ihre leichten Bomben ungezielt in die See. Wind und Seegang nahmen zu. Brecher fegten über unsere Fährendecks. Es wurde ziemlich ungemütlich. Aber auch Schlackl, der wie wir alle eine Schwimmweste trug, trotzte den Elementen.

In Boulogne, unserem nächsten Ziel, trafen wir wegen der späten Abfahrtszeit erst in der Nacht ein. Auch wegen der widrigen Witterungsumstände hatten wir wieder nur etwa 100 Kilometer geschafft. Weil wir so spät ankamen, mussten wir die Nacht vor Anker auf der Reede verbringen. Ich wollte mich noch beim Hafenkommandanten melden und ließ mich daher mit einem kleinen Schlauchboot in den Hafen rudern. Dabei wäre ich beinahe erschossen worden, denn die Sicherungsposten waren wegen nächtlicher englischer Kommandounternehmungen nervös geworden und hatten schon Stellung bezogen. Erst einige bayerische Flüche überzeugten sie, dass es sich um eigene Leute handelte.

Am nächsten Morgen, dem 15. Oktober, bekamen wir für sechs Fähren Liegeplätze im Hafen, die anderen sechs kämpften sich bei zunehmend rauer werdender See in den folgenden Tagen über Dieppe und Fécamp bis zu ihrem Liegeplatz Le Havre durch. Mit dieser Überführungsfahrt war für uns dieses Kapitel abgeschlossen. Es war uns auch klar geworden, dass es im Jahr 1940 kein »Unternehmen Seelöwe« mehr geben würde, denn die gefürchteten Äquinoktialstürme begannen immer heftiger durch den Kanal zu toben.

Zwar machten wir an jedem einigermaßen günstigen Tag Verladeübungen, auch um uns aneinander zu gewöhnen. Und wir fuhren dann draußen ein bisschen herum, aber die Großwetterlage ließ ein derart anspruchsvolles Unternehmen nicht mehr zu. Gerüchte kursierten, es solle im nächsten Frühjahr losgehen.

Weil unser Bataillon entlang der ganzen Kanalküste aufgestellt war, musste ich öfters nach Étretat, dem Sitz des Kommandeurs, fahren. Auf einer meiner Rückfahrten von dort fiel die Lenkung meines Kübelwagens aus. Mein Fahrer musste anhalten. Während wir den Schaden besahen, lief mein treuer Hund und stetiger Begleiter Schlackl auf die Straße. Da nahte mit hohem Tempo ein anderes Auto. Ich rief Schlackl noch zu mir, er zögerte etwas, kam dann doch, aber wurde von dem anderen Pkw erfasst. Der Pkw fuhr weiter, Schlackl lag auf der Straße. Das Auto hatte ihm das Rückgrat gebrochen. Er zog die Hinterläufe wie leblos hinter sich her, als er mit den Vorderläufen zu mir zu kommen versuchte. Ein Bild des Jammers! Den Blick auf mich gerichtet, in den Augen eine Bitte: So hilf mir doch! Weil nichts mehr zu retten war, zog ich meine Pistole und feuerte mein ganzes Magazin auf ihn ab. So hat er wenigstens nicht mehr leiden müssen. Ich kann nicht verhehlen, dass sein Tod mich nicht weniger berührt hat als der eines guten Kameraden, und noch heute bekomme ich feuchte Augen, wenn ich daran denke.

Zurück in Boulogne wurden die Angriffe der englischen Flieger immer lästiger. Es hatte sich bei ihnen eingebürgert, dass sie über Boulogne noch schnell alle Bomben abwarfen, die sie in Deutschland nicht losgeworden waren. So wurde ich eines Nachts durch einen Krach geweckt: Durch eine Fensterscheibe war ein Bombensplitter hereingerauscht und in meinem Bett gelandet. Beim Hinlangen verbrannte ich mir zwar die Finger, aber ich hatte wieder mal Glück gehabt.

Unangemeldet und mit hohem Gefolge nebst Film- und Kriegsberichterstattern besuchte uns an Weihnachten kurz Adolf Hitler höchstselbst. Und nicht nur Hitler kam zu Besuch, sondern auch der Oberbürgermeister von München, sozusagen unserer Heimatstadt. Er brachte auch etliche Fässchen Münchner Bier mit. So konnten wir noch einen zünftigen Kompanieabend mit Schweinsbraten und Knödeln und eben diesem guten bayerischen Bier feiern.

Bevor es sich so recht herumgesprochen hatte, war die Kolonne schon wieder verschwunden. Später sah man in den Wochenschauen, wie Hitler die Kanalküste mit den invasionsbereiten Truppen besichtigte – ein Signal an England, den Krieg zu beenden. Da hatte man aber nicht mit Churchill gerechnet, der unbeugsam bei seiner harten Linie blieb. Still und leise mussten wir Mitte Februar unsere ganze Flotte mit unbekanntem Ziel auf Güterzüge verladen. Anderen Einheiten ging es ähnlich. Damit war das »Unternehmen Seelöwe« gestorben, und der Aufmarsch gegen Russland begann. Unsere Herbert-Fähren wurden reisefertig gemacht. Es ging nach Osten!

Ende Februar wurden wir auf die Bahn verladen und fanden uns nach viertägiger Fahrt in Lyck in Ostpreußen wieder, dicht an der russischen Grenze. Nun spätestens war uns allen klar, wohin die nächste Reise gehen sollte. In dieser Situation erreichte mich der Versetzungsbefehl zur Pionierschule nach Dessau-Roßlau. Aber ich wollte doch gerade jetzt nicht von meiner Kompanie weg! Auch meinen Vater versuchte ich einzuschalten, um diesen Versetzungsbefehl rückgängig zu machen. Doch er sagte zu mir nur am Telefon: »Lass es kommen, wie es kommen soll. Du wirst dein Fett schon noch abbekommen.«

So kam es dann auch!

Intermezzo in der Heimat

Ich meldete mich nach einem kurzen Urlaub gehorsam an der Pionierschule und hatte fortan die Aufgabe, junge Offiziersanwärter auszubilden – eigentlich eine schöne Aufgabe, aber mittlerweile tobte der Krieg auf dem Balkan, und am 22. Juni 1941 begann der Russlandfeldzug. Wie ich hörte, erlitt mein altes Bataillon im infanteristischen Einsatz schwerste Verluste. Viele meiner alten Freunde fielen, darunter auch mein bester Freund, der Freiherr Georg von Schatte, unser Schorschl. Sein Leichtsinn war für ihn tödlich: Als Bataillonsadjutant zu einer Erkundung vorgeschickt, setzte er seinen Stahlhelm nicht auf. Als das Beiwagenkrad, in dem er sich befand, zum Gefechtsstand zurückkam, saß er zwar noch im Beiwagen, aber tot. Der Fahrer hatte es nicht einmal bemerkt. Ein kleiner Granatsplitter, nicht größer als ein Fingernagel, hatte seinen Schädel durchdrungen. Der Stahlhelm hätte ihm sicher das Leben gerettet. Armer Schorschl! Seine fröhliche Art hat uns viele nette gemeinsame Stunden beschert. Nebenbei bemerkt war ich mit seiner Schwester Camilla recht befreundet, und diese Freundschaft erlosch just etwa zum gleichen Zeitpunkt.

Der Krieg ging ohne mich weiter. Ich betreute fortan die Offiziersanwärterlehrgänge. Um Weihnachten hatte ich wieder einmal Urlaub und verbrachte einen Teil davon in Ortenburg, wo ich seinerzeit im Hause Lößl, der Fellermühle, so gut aufgenommen worden war – vor allem von Karin, der ältesten der drei Töchter, in die ich mich verliebte. Einen kurzen Jahresurlaub verbrachte ich bei meiner Mutter in Wiesbaden, wozu auch Karin, sozusagen zum Begutachten durch meine Mutter, eingeladen war. Alles verlief harmonisch.

Im folgenden Februar verlobten wir uns und beschlossen zu heiraten. So einfach, wie wir uns das vorgestellt hatten, war das Unternehmen allerdings nicht. Wir mussten uns dem heiligen Bürokratius beugen. Für die Veröffentlichung unserer Verlobung brauchten wir zunächst einmal das Einverständnis meiner Personalabteilung in Berlin. Für die eigentliche Heiratsgenehmigung wurde von dort eine ärztliche Bescheinigung meiner zukünftigen Frau verlangt, das deren Gebärfähigkeit bestätigte. Also zum Frauenarzt! Der Bürgermeister von Ortenburg, der uns trauen sollte, verlangte außerdem noch einen Staatsangehörigkeitsnachweis von mir. Ich sollte also beweisen, dass ich deutscher Abstammung sei. Diesen Part übernahm meine Mutter, nicht eingedenk der Arbeit, die damit verbunden war. Sie musste alle Einwohnermeldeämter anschreiben von den Orten, an denen wir jemals gemeldet waren, und das waren etwa zehn. Als dann lückenlos feststand, dass ich immer nur in deutschen Landen gelebt hatte und meine Mutter diesen Beweis vorlegte, meinte der Bürgermeister, der die Trauung vornehmen sollte, treuherzig:

»Ja, da hab ich noch amal nachgschaut. Der Bräutigam is ja ein deutscher Offizier, und da muss er ja deutscher Staatsangehöriger sein.«

Das war's dann! Die ganze Arbeit meiner Mutter war also unnötig gewesen.

Noch eine Hürde tat sich auf. Alles war zur Hochzeit am Vorabend vor Pfingsten vorbereitet, das Essen besorgt, was zu dieser Zeit durchaus nicht einfach war, und ich saß in Roßlau wie auf Kohlen, weil die Heiratsgenehmigung aus der Personalabteilung noch nicht eingetroffen war. Ohne diese hätte ich nicht heiraten dürfen. Am Vorabend der letzten Abreisemöglichkeit nach Ortenburg machte der Personaloffizier der Pionierschule Dampf, und ich bekam schließlich per Fernschreiben die benötigte Genehmigung, mit der ich dann sofort Richtung Ortenburg verschwand. Ende gut, alles gut!

Es wurde eine wunderschöne Hochzeitsfeier, von der die Ortenburger noch lange schwärmten. Mein Vater und ich erschienen natürlich in Galauniform. Einen leibhaftigen General hatte man dort noch nicht gesehen. Außerdem fuhren wir in Kutschen an Rathaus und Kirche vor, wo sich jeweils ein Häufchen Schaulustiger eingefunden hatte. Karin natürlich in weißem Kleid mit Schleppe, die von ihrer jüngsten Schwester Helga getragen wurde.

Trotz dieser rosaroten Wolken, die uns umgaben, beschäftigte mich unentwegt ein Gedanke: Kannst du es einer Frau zumuten, sich an einen Mann zu binden, der vielleicht schon in Kürze nicht mehr am Leben sein wird? Ich fasste den Entschluss, es trotzdem zu wagen, aus zweierlei Gründen: zum einen im festen Glauben, unversehrt aus diesem verdammten Krieg wieder herauszukommen, und zum anderen, dann wenigstens einen Erben zu haben, sollte der erste Wunsch nicht in Erfüllung gehen.

Unsere erste gemeinsame Unterkunft sollte ein Zimmer in einem Kasernenblock der Pionierschule in Dessau-Roßlau sein. Als Karin dorthin anreiste – ich wusste nicht, wann sie kommen würde –, schloss sie sich am Bahnhof einer Abteilung Soldaten an, bei der sie mitmarschierte und wo man ihr abwechselnd den Koffer trug. So zog sie also in die Pionierschule ein. Nach einiger Zeit fanden wir eine Ein-Zimmer-Wohnung bei einer Frau Maltry in der Nähe der Schule, wo wir sozusagen unsere Flitterwochen verbrachten. Viel Flittern konnten wir allerdings nicht, denn der tägliche Dienst nahm mich stark in Anspruch. Trotzdem war es eine schöne und unbeschwerte Zeit und ich bekam richtige Gewissensbisse, wenn ich an meine Kameraden draußen an den Fronten dachte.

Russland

Zum Jahresende zeichnete sich eine Veränderung ab. Ich erfuhr von meiner geplanten Kommandierung zum Bataillonsführerlehrgang ab Anfang des Jahres 1943. Der erste Teil, an die Waffengattung gebunden, fand an der Pionierschule statt. Das brachte noch keinen Ortswechsel mit sich. Schauplatz des zweiten Teils aber war die altehrwürdige »École Militaire« in Paris.

Neben dem Dienst blieb uns noch genügend Zeit, um die Schönheiten und Attraktionen der Stadt zu genießen. Das Leben in Frankreich hatte sich erstaunlich schnell wieder dem Friedensstandard angeglichen. Auch gab es Dinge zu kaufen, die in Deutschland nicht zu haben waren, zum Beispiel die heißbegehrten Nylonstrümpfe.

In dieser Zeit spielte sich das Drama um Stalingrad ab. Am 4. Januar wurde zwar Landestrauer verordnet, aber das konnte nicht über die Unzulänglichkeiten und Überheblichkeiten unserer Heeresleitung hinwegtäuschen. Die Fehler, die gemacht worden waren, konnten nicht wieder gutgemacht werden. Und ob wir es wahrhaben wollten oder nicht, so war doch klar, dass der Krieg von diesem Zeitpunkt an verloren war – ein Krieg, der von Beginn an wahnsinnig war und dem Millionen Menschen sinnlos zum Opfer fielen.

Von Paris aus hatte ich noch ein Wiedersehen mit meinem Vater während eines freien Wochenendes, und zwar in Toulouse, wo er eine Division kommandierte, die zur Küstensicherung an der Mittelmeerküste eingesetzt war.

Ihr rechter Flügel stand am Rande der Pyrenäen mit Anschluss an die spanische Grenze.

Anfang März, nach Beendigung meines Lehrganges, wartete ich in Ortenburg auf die Versetzung zu meinem neuen Feldtruppenteil. Es war natürlich sehr schön, zu Hause zu sein, aber ich war auch extrem angespannt, denn meine Frau war hochschwanger, und es war ungewiss, ob ich das freudige Ereignis noch daheim oder erst in Russland erleben würde.

Am 16. März erhielt ich schließlich den Befehl, die Führung des Pionierbataillons 138 zu übernehmen. Es lag nach seiner Neuaufstellung in Pontchâteau an der französischen Kanalküste. Kaum war ich dort eingetroffen, kam auch schon der Verlegungsbefehl an die Ostfront. Die Bahnfahrt mit dem ganzen Haufen und all seinem Gerät dauerte volle sieben Tage. Es war der längste Doppelkopf meines Lebens! Das Kartenspiel vertrieb ein wenig die düsteren Vorahnungen und die Sorgen, ob wir überleben würden und ob ich meine junge Familie jemals wiedersehen würde. Außerdem hatte ich auf dieser Fahrt Zeit und Gelegenheit, mein erstes Testament zu schreiben.

Unsere Transportzüge rumpelten immer weiter und weiter nach Osten. Schließlich fanden wir uns im Osten der Ukraine wieder und wurden in Artemiwsk ausgeladen. Es empfing uns ein unbeschreiblicher Dreck und knietiefer Schlamm. Feste Straßen gab es nicht, die Pisten bestanden nur aus festgewalztem schwarzem Lößboden – zwar sehr fruchtbar und ertragreich, aber während der Schlammperiode, in die wir gerade im wahrsten Sinne des Wortes hineingeschlittert waren, gab es nur ein Geschiebe und Gewürge, bis wir endlich die Dörfer erreicht hatten, die uns zur Unterbringung zugewiesen waren.

Beeindruckender hätte unser Einstand nicht sein können! Während der ganzen Tage war ich in großer Span-

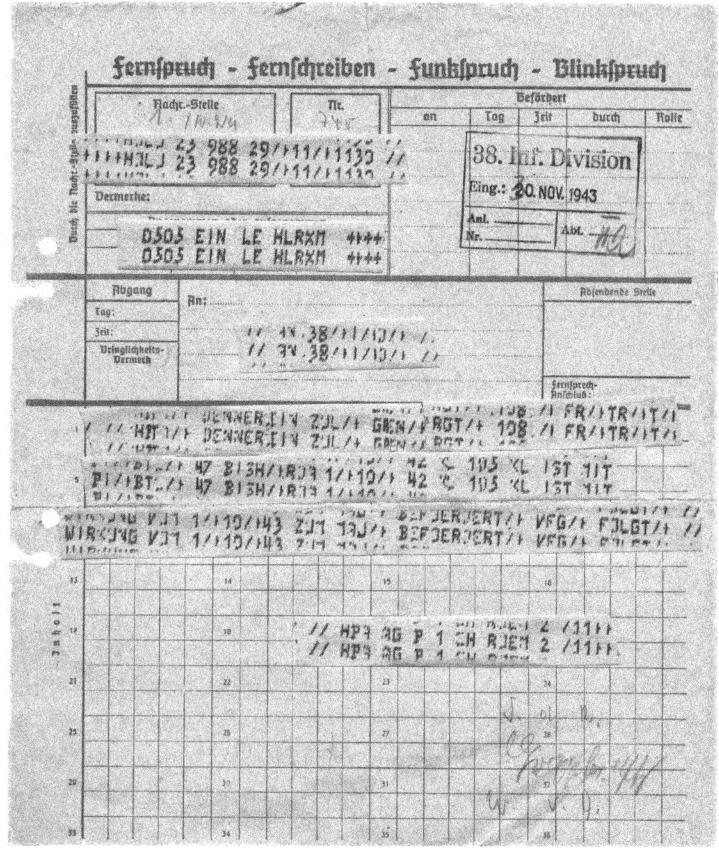

Fernspruch - Fernschreiben - Funkspruch - Blinkspruch

Nachr.-Stelle | Nr. | Befördert: an | Tag | Zeit | durch | Rolle

++HJLJ 23 988 29/+11/+1130 //

38. Inf. Division
Eing.: 30. NOV. 1943
Anl. Nr. | Abt.

Vermerke:

0303 EIN LE HLRXM +++

Abgang | Tag: | Zeit: | Dringlichkeits-Vermerk | An: | Absendende Stelle | Fernsprech-Anschluß:

// 3V.38/11/10/+ //

// HIT 1/+ DENNER EIN ZUL/+ GREN/+ RGT/+ 108 /+ FR/+TR/+T/+
PI/+BT./+ 47 BISH/+R33 1/+10/+ 42 C 105 KL IST MIT
WIRKUNG VOM 1/+10/+43 ZUM HAU/+ BEFOERDERT/+ VFG/+ FOLGT/+ //

// HP3 AG P 1 CH RJEM 2 /11++

Fernschreiben zur Geburt meiner Tochter Ingrid am 9. April 1943

nung, denn jeden Tag konnte ja Karins Entbindung bevorstehen. In der Nacht vom 7. auf den 8. April kam dann das erlösende Fernschreiben. Telefonieren zwischen dem Heimatgebiet und der Front war aus Geheimhaltungsgründen unmöglich. Ich hatte aber mit meinem Vater ein Fernschreiben mit privatem Code vereinbart, das mir schnellstmöglich Bescheid geben sollte. So wurde ich in jener Nacht um zwei Uhr aus dem Schlaf geholt. Man brachte mir ein dringendes Fernschreiben – sofort auszuhändigen! – und darin stand wörtlich:

»Unteroffizier Lößl am 7. April nach Linz versetzt. Wieder kv. Absender: Inspekteur der Westbefestigungen.« Entschlüsselt hieß das: »Ein Mädchen ist am 7. April in Linz zur Welt gekommen, der Mutter geht es gut.«

Ein Junge hätte den Dienstgrad Feldwebel gehabt, und wenn es der Mutter schlecht gegangen wäre, hätte es nicht »kv« (kriegsverwendungsfähig), sondern »GvH« (Garnisonsverwendungsfähig Heimat) geheißen. Der Geburtsort Linz gab mir allerdings noch Rätsel auf, denn eigentlich war die Entbindung in Würzburg geplant. Linz war im letzten Augenblick gewählt worden, weil Würzburg überfüllt war.

Tags darauf wurde dann natürlich gefeiert, und das, obwohl die Russen pausenlos gegen unsere Stellungen anrannten. Es war die Schlacht um die Donez-Schleife. Der nach Norden mäandrierende Fluss war wie eine Halbinsel, in die die Russen von allen drei Seiten einzudringen versuchten. Wir Pioniere wurden, wie leider so oft in kritischen Lagen, als Infanterie eingesetzt. Ich wurde zum »Abschnittskommandeur Dolomit« ernannt. Auf einem »Feldherrnhügel«, von dem aus man einen guten Überblick hatte, grub ich mir zusammen mit meinem Adjutanten einen Gefechtsstand in den Boden in Form eines quadratischen Zelts, das von vier Zeltplanen gebildet war. Und darunter buddelten wir zwei parallele Vertiefungen als Schlafstellen. Der »Mittelgang« war noch einmal fünfzig Zentimeter tiefer. Da hinein konnten wir unsere Beine stellen, wenn wir im Zelt sitzen wollten. Damit uns der Zeltstab in der Mitte des Zeltes nicht immer stören konnte, richteten wir außen aus schweren Ästen einen Dreibock auf, an den die Zeltspitze angebunden war. Damit war das Innere des Zeltes frei.

Mein Zelt bei Proletarsk hat uns gerettet.

Diese Konstruktion hat uns beiden vermutlich das Leben gerettet. Als die Russen wieder einmal einen Artillerieschlag gegen uns unternahmen, und zwar mit ihren »Stalinorgel« genannten Raketenwerfern, bei denen immer eine ganze Salve auf einen Schlag gezündet wurde, da traf ein Geschoss genau in das Zentrum der drei Äste und explodierte dort, während wir im Zelt schliefen. Die Zünder dieser Raketen waren äußerst empfindlich und reagierten auf den geringsten Kontakt, wobei die Splitter waagerecht zur Seite gestreut wurden. Wäre die Rakete nur wenige Zentimeter daneben gegangen, hätte es uns unweigerlich erwischt. Schwein gehabt! Allerdings liefen mein Adjutant und ich für ein paar Tage taub durch die Gegend.

Trotz der immerwährenden Angriffsversuche der Russen blieb die Front stabil. Um den Ausbildungsstand der Offiziere und Unteroffiziere zu erhöhen, wurde in Konstantinowka in der Ukraine eine Armeewaffenschule gegründet, zu der die Ausbildungsoffiziere von überallher aus der Armee kommandiert wurden. Wahrscheinlich, weil ich schon an der Pionierschule tätig gewesen war, traf es mich als Ausbildungsoffizier für »Pionierausbildung aller Truppen«. Ich zog also um nach Konstantinowka und traf dort einen Oberleutnant Pohlmann, der als Adjutant des Schulkommandeurs fungierte. Da er aus der Pioniertruppe stammte, unterhielten wir uns etwas ausgiebiger, wobei sich herausstellte, dass er als Fahnenjunker einmal meinem Vater gegenübergestanden hatte, der ihn gefragt hatte: »Wie weit wollen Sie es einmal bringen, Fahnenjunker Pohlmann?«

Er hatte kurz nachgedacht: Mein Vater war damals Oberst. Wenn er höhere Ziele im Auge gehabt hätte, hätte sich mein Vater vielleicht darüber geärgert. Darum sagte er wacker: »Bis zum Oberst, Herr Oberst!«

»Mein lieber Pohlmann, Sie müssen es bis zum General bringen wollen!«

Wir lachten darüber und fühlten uns recht verbunden.

Die Geschichte ist aber noch nicht zu Ende. Im Jahr 1975, also 32 Jahre später, hörte ich von der Möglichkeit, im »Kloster auf Zeit«, im Benediktinerkloster Niederaltaich, Einkehrtage zu verbringen. Meine Dienstzeit in der Bundeswehr war gerade zu Ende, und ich war von der Idee angetan, in klösterlicher Ruhe und Beschaulichkeit das bisherige Leben zu überdenken. Ich fuhr also nach Niederaltaich, um mich nach den näheren Umständen zu erkundigen. Bei meiner Ankunft hatte das dort betriebene Gymnasium gerade große Pause. In all dem Gewühle entdeckte ich einen Mann in klösterlichem Habit. Ich sprach ihn an und erklärte ihm meine Absicht. Er sagte, da sei ich gerade beim richtigen Ansprechpartner gelandet, denn er sei sozusagen der Adjutant des Abtes. So eine militärische Einordnung seines Dienstes im Kloster verwunderte mich etwas, ich dachte mir aber weiter nichts dabei. Er bat mich in seine Zelle, die im Übrigen mit alten Möbeln wohl aus-

gestattet war. Ich hatte ihm vorher bereits meinen Namen genannt. Nach einiger Zeit fragte er nach: »Wie war doch Ihr Name?« Ich nannte ihn noch einmal. Da meinte er, einem Pionieroberst dieses Namens sei erst einmal begegnet, und dessen Sohn habe er an der Waffenschule in der Ukraine kennengelernt. Das gab natürlich ein großes Hallo! Und wir sind uns seit dieser Zeit eng verbunden geblieben. Nur, dass er mittlerweile Frater Carl hieß, weil er nach dem Kriege in das Benediktinerkloster Niederaltaich eingetreten war. Ebenso klar war es auch, dass ich eine zweiwöchige Periode »Kloster auf Zeit« mitmachte, an die ich mich im Nachhinein noch mit Freude und Dankbarkeit erinnere.

Zurück nach Russland! In der Armeewaffenschule gab es eine allgemeine Lehrgangspause von acht Tagen. Ich fasste den ziemlich wahnsinnigen Entschluss, die Zeit für einen Kurzurlaub in Ortenburg zu nutzen, um meine kleine Tochter und die stolze Mutter zu sehen. Diese Idee erschien verrückt, weil ein normaler Urlauberzug schon für die einfache Strecke die zur Verfügung stehende Zeit benötigte. Also versuchte ich es mit Fliegen! Mein getreuer Fahrer brachte mich also zum Flughafen Dnjepropetrowsk. Dort machte ich mich an einige Besatzungen heran. Bei einer klappte es. Alles war natürlich illegal. Die Besatzung hatte den Auftrag, mehrere Motoren der Ju 52 oder »Tante Ju«, wie sie liebevoll genannt wurde, zur Überholung nach Deutschland zurückzubringen. Ein Sitzplatz stand nicht zur Verfügung. Ich musste mich in der Kabine auf einen dieser Motoren legen, mit all den Zylindern im Rücken und dem Rumpfdach dreißig Zentimeter über mir. Viel Platz blieb da nicht. Aber Hauptsache, es ging schnell voran. In Rekordzeit erreichte ich Berlin und konnte mit normalen Zügen nach Ortenburg fahren.

Mein völlig überraschender Blitzbesuch löste natürlich große Freude aus und wir erlebten ein paar unbeschwerte Tage miteinander ohne die Sorgen, was die nahe Zukunft bringen würde. Allerdings musste ich mir schnellstens überlegen, wann ich den Rückmarsch antreten sollte, um noch rechtzeitig vor Lehrgangsbeginn wieder in Konstantinowka einzutreffen. Nach fünf Tagen riss ich mich von der Familie los und fuhr auf gut Glück mit dem Zug über Wien-Krakau nach Lemberg. Am dortigen Flugplatz fand ich wieder eine Besatzung, die mich mitnahm. Es war eine Heinkel He 111, die doppelt so schnell wie die Ju 52 im niedrigen Konturenflug ihrem Ziel Stalino zuraste. Ich saß mit im Cockpit und staunte über die Fertigkeit des Piloten. Pünktlich zum Kursbeginn war ich wieder zurück, der nächste Lehrgang konnte anlaufen.

Zu seinem Abschluss Ende Juni 1943 nahmen die gegnerischen Angriffe an Intensität zu. Ich fuhr wieder zu meinem Bataillon zurück. Am 23. Juli 1943 schrieb ich in meinen Kalender, dass ich mit dem Divisionskommandeur und dem Regimentskommandeur Uhle-Wettler im Gelände sei, aber mit »Kopfweh, Dünnpfiff, musste kotzen. Miserabel! Dabei wüst viel Arbeit.«

Auch so etwas gehörte zum Alltag und musste durchgestanden werden.

Die nächsten Wochen verliefen verhältnismäßig ruhig mit Besuchen bei den einzelnen Truppenteilen und Erkundungen, um die Stellungen vor den zu erwartenden Angriffen zu verstärken. Denn überall gab es Anzeichen dafür, dass die Russen jenseits des Donez Truppen zusammenzogen.

Am 15. August war es dann so weit. Mit stundenlangem Artillerie- und Stalinorgelfeuer wurden wir eingedeckt. Ich erinnere mich noch daran, dass ausgerechnet in jener Nacht eine Mondfinsternis stattfand. Es schien perfekt zur Weltuntergangsstimmung zu passen. Wir konnten den täglichen heftigen Angriffen noch zwei Wochen in unseren bisherigen Stellungen standhalten. Dann drohte eine Umfassung, da die Russen rechts und links von uns den Fluss überwinden konnten und an unseren Flanken vordrangen. Deshalb kam der Befehl, die Stellungen zu räumen und hinhaltend bis zum Dnjepr bei Dnipropetrowsk zurückzugehen.

Die folgenden sechs Wochen waren die schlimmsten, die ich bisher im Krieg erlebt hatte. Täglich neue Situationen, nachts zurückgehen, Verteidigung aufbauen und versuchen, bis zum Abend die Stellung zu halten. Nächste Nacht wieder das gleiche Spiel. An Schlaf war nicht zu denken, alle leisteten Übermenschliches, und das, obwohl immer wieder Kameraden fielen oder schwer verwundet wurden. Ihre Schreie höre ich immer noch, so etwas kann man nicht vergessen.

Mittendrin in dem Schlamassel wurde ich zum Führer eines Grenadierregiments ernannt, dessen Kommandeur ausgefallen war – ausgerechnet ich als Pionier-Hauptmann. Mir war etwas mulmig zumute. So kam ich abends beim neuen Regimentsstab an. Er lag in einem kleinen Dorf, man saß um einen großen Topf herum und aß gekochte Hühnchen, die sich wohl im Dorf verirrt hatten. Die meisten Gesichter kannte ich ja von meinen Besuchen beim Regiment.

Kurze Zeit nach meinem Eintreffen krachten ohne Vorwarnung einige Artilleriesalven in unser Dorf, und man hörte das »Hurräh«-Rufen der aus der Nacht anstürmenden Russen. Also nichts wie raus! Ich befahl Schnellfeuer aus allen Gewehren und Maschinenpistolen und feuerte meine Mannschaften an: »Nichts wie drauf!« Unsere Vorposten, die schon am Zurückgehen waren, fassten wieder Mut und gingen erneut mit nach vorn. Nach einer halben

Stunde war der ganze Spuk vorbei. Wir konnten sogar die Reste unserer Hühnchen noch aufessen.

Wie ich später mitbekam, war dies für mich ein gelungener Einstand, der mir auch die Anerkennung gestandener Infanteristen einbrachte. Später wurde mir für diese und andere Einsätze das »Infanterie-Sturmabzeichen« verliehen, das man nur für Taten im Rahmen von Infanterieeinheiten bekommen konnte. Das war zwar schön, aber wesentlich lieber wäre mir gewesen, meine gefallenen Kameraden wären noch am Leben. Immer wieder musste ich an sie denken.

Wir schlugen uns irgendwie bis zum Dnjepr durch und mussten dort erfahren, dass die Russen rechts und links von uns den Fluss schon überschritten hatten. Uns drohte also wieder die Einschließung, aus der uns eine Panzerdivision durch einen kühnen Gegenangriff herauspaukte. Danach wurden auch wir zum Angriff gegen den Brückenkopf bei Kriwoj Rog angesetzt.

Am 17. Oktober bekam ich meinen »Heimatschuss«. Wir hatten eine Höhe besetzt, und russische T34-Panzer griffen uns an, um uns wieder zu vertreiben. Dicht neben uns hatte eine 8,8-cm-Flak Stellung bezogen, die sich auch im Erdkampf, für den sie eigentlich nicht konstruiert war, bestens bewährte, vor allem auch gegen Panzer: Jeder Schuss war ein Treffer!

Die T34-Panzer versuchten natürlich, diesen gefährlichen Feind auszuschalten und konzentrierten ihr Feuer auf die Flak-Kanone. Ein Schuss verfehlte knapp das Ziel. Die Granate schlug etwa fünfzig Meter vor mir ein, krepierte nicht, sondern prallte ab und flog deutlich langsamer genau auf mich zu. Ich konnte sie noch im Anflug sehen und eine Abwehrbewegung machen. Das Geschoss traf mich quer am linken Ellenbogen, trudelte noch einige Meter weiter und blieb im Sand liegen, ohne zu detonieren. Schon wieder einmal hatte ich unglaubliches Glück gehabt.

Aber der Arm schwoll nach kurzer Zeit so stark an, dass der Sanitäter mir den Ärmel aufschneiden musste, um die Wunde zu verbinden. An ein Weitermachen war nicht mehr zu denken. Ich meldete mich beim Divisionskommandeur ab, erhielt umgehend das Verwundetenabzeichen und einen Marschbefehl nach Hause. In Kriwoj Rog wurde gerade ein Verwundetenzug zusammengestellt. Es stellte sich heraus, dass ich der dienstälteste Offizier an Bord war. Deshalb wurde ich Zugkommandant und durfte auf der Lokomotive mitfahren. Das war ein herrliches Erlebnis und die Erfüllung eines Jugendtraumes. Die Lokomotive wurde noch mit Kohle beheizt, und der Heizer schaufelte unaufhörlich in hohem Bogen die Kohlen in die Feuerung. Gefahr drohte vor allem von Gleissprengungen, die häufig von Partisanen ausgeführt wurden. Wie gebannt starrte man daher auf die Strecke.

Wir kamen wohlbehalten in Berlin an, von dort fuhr ich mit einem normalen Urlauberzug heim nach Ortenburg. Die Freude und die Überraschung waren natürlich groß. Ich durfte bis zur Ausheilung der Verwundung zu Hause bleiben und wurde im Passauer Krankenhaus versorgt.

Vier Wochen später, Ende November, wurde ich zum Kommandeur des Pionierbataillons 7 ernannt. Es war das Bataillon, das mein Vater noch in Friedenszeiten genau zehn Jahre zuvor in München geführt hatte. Das bedeutete natürlich eine enorme Herausforderung! Ich stellte im Laufe der Zeit fest, dass es noch alte Feldwebel gab, die schon unter meinem Vater gedient hatten und mich noch als Schüler kannten, wie ich gelegentlich meinen Vater besucht hatte oder zum Tennisspielen in die Kaserne gekommen war. Jedenfalls resultierte daraus eine besonders enge Verbundenheit und Kameradschaft, wie sie sonst vielleicht anders gar nicht hätte entstehen können. Und der Kommandeur über etwa 700 Soldaten mit all dem vielen Gerät war gerade mal 26 Jahre alt!

Am 20. November verließ ich Ortenburg und kam über Frankfurt/Oder, wo mein Vater Kommandeur einer Heimatdivision war, nach kurzem Aufenthalt weiter bis nach Mosyr, mitten hinein in die Pripjetsümpfe. Zwischendrin blieb der Zug für 14 Stunden stecken, weil er wieder auf eine Partisanenmine gefahren war. Aber Zeit spielte schon lange keine Rolle mehr.

Ich kam wieder mal so richtig in die Schlammperiode hinein. Doch jetzt war die Ausrüstung schon erheblich besser. Der Fahrer, der mich vom Zug abholte, kam mit einem VW-Schwimmwagen. Das war ein tolles Gefährt. Der Rumpf glich einer Badewanne, oben offen, breite Geländereifen, und als Clou gab es eine zuschaltbare Schiffsschraube für Fahrten im Wasser. Dieses Ding hat uns in mancher Situation viel geholfen.

Beim Bataillon angekommen, beschnüffelte ich der Reihe nach die Kompanien und die Grenadierregimenter, auf deren Zusammenwirken es ankommen würde, und natürlich auch den Divisionsstab mit dem Divisionskommandeur, den von allen geachteten, hochgeschätzten, ja geliebten »Vater der Division«, Generalleutnant von Rappard. Nach Kriegsende wurde er in Welikije von den Sowjets öffentlich gehängt. Sein »Kriegsverbrechen« bestand darin, dass während seiner Zeit als Standortkommandant Russen als Zwangsarbeiter requiriert worden waren. Was hätte er dagegen tun können?

Das »Betriebsklima«, wie man es heute bezeichnen würde, war äußerst wohltuend und gut. Man wusste überall, dass man sich aufeinander verlassen konnte. An der Front war es verhältnismäßig ruhig, wenngleich die Lage der Division durchaus Anlass zur Sorge gab. Denn unser

Mein Pferd hieß »Pionier«.

Frontabschnitt ragte zwischen den Heeresgruppen Nord und Mitte noch am weitesten nach Osten hinaus, man hätte uns also leicht abschneiden und einschließen können. Statt dessen blieb es einstweilen beim Kleinkrieg, Mann gegen Mann im unwegsamen Waldgestrüpp, durchzogen von Sumpf und Wasserläufen.

Die Lage änderte sich schlagartig am 15. Dezember, als nach heftiger Artillerievorbereitung ein Großangriff über uns hereinbrach. Wir hatten uns in der ruhigen Zeit in eingegrabenen Bunkern eingerichtet. In einem stand sogar ein Klavier, das von irgendwoher requiriert worden war. Unser Bataillonsarzt, Dr. Patrzek, der gut Klavier spielen konnte, erfreute uns oft mit seiner Musik. Wegen des Vorstoßes der Russen mussten wir die Stellung und damit auch den Bunker räumen. Vorher veranstalteten wir allerdings noch ein regelrechtes Happening. Jedenfalls war in jener Nacht die Hölle los. Hinzu kam, dass meine Beförderung zum Major und meine Auszeichnung mit dem

Deutschen Kreuz in Gold bekannt geworden waren. Unser Doktor hämmerte wie wild auf den Tasten herum, während wir immer mehr von den Holzhämmerchen herauszogen und Saiten entfernten. Es muss schaurig anzuhören gewesen sein. Zum Schluss waren wir alle ziemlich besoffen, hatten aber das befriedigende Gefühl, dass die Russen vom Bunker, den wir ebenfalls zerstörten, und vom Klavier keinen Nutzen mehr hatten.

Das Jahr 1944 dämmerte herauf. In unserem Frontbereich gab es viel Kleinkrieg in dem unübersichtlichen und von Sümpfen durchzogenen Gelände. Die Gefahr, auf der rechten offenen Flanke abgeschnitten zu werden, bestand noch immer. Übrigens habe ich auf einer alten Landkarte unseres damaligen Frontsektors den Ort Tschernobyl als kleines Dorf gefunden. Kein Mensch hätte damals geahnt, dass dieser Name später um die ganze Welt gehen würde.

Das Wetter schwankte zwischen Regen und Frost. Trotzdem mussten wir als Pioniere viele Knüppeldämme bauen. Unvergesslich ist mir eine Situation, die sich nach einem kleinen Vorstoß gegen ein Bunkersystem der Russen ergab. Wir konnten sie nicht verjagen, steckten im Morast fest, waren völlig durchnässt und mussten in der Nässe liegen bleiben. Das Wasser gefror so langsam an unserem Körper. Ich habe noch nie so erbärmlich gefroren wie damals und mir geschworen, nie wieder zu frieren, so lange ich mir noch einen Mantel oder eine Decke leisten kann. Den anschließenden Hexenschuss hat mir unser guter Dr. Patrzek wieder wegmassiert.

Im April 1944 stand ich vor der Frage, ob ich lieber in der Pionierlaufbahn zum Korpspionierführer oder für den Generalstab ausgebildet werden wollte. Ich plädierte für Letzteres. Denn ich wollte nicht in einem rückwärtigen Stab nur Stacheldraht und Minen verteilen, sondern aktiven Anteil am Geschehen haben.

Im weiteren Verlauf wurde ich einige Zeit zur Armeewaffenschule kommandiert, um anschließend meinen Korpspionierführer zu vertreten. Im Mai gab es noch einmal einen Urlaub, den ich mit meiner Frau in Gastein verbrachte. Obwohl es schon Ende Mai war, fiel über Nacht Schnee und vernichtete die Fliederblüte. Auch dieser Urlaub ging viel zu schnell zu Ende. Ich traf wieder bei meinem alten Haufen ein und musste zunächst für ein paar Wochen noch einmal den Korpspionierführer vertreten.

Anfang Juni erfolgte die Offensive der Russen von Westen. Wir wussten spätestens von da an, dass wir in einer tödlichen Zange steckten. Gleichzeitig erfolgte ein russischer Frontalangriff, der uns zu einer Absetzbewegung zwang. Wir mussten dabei die Brücke über den Propjet bei Pink, die immer für den Austausch nach Osten gesorgt hatte, sprengen.

In meinem Kalender vom 10. Juli 1944 habe ich eingetragen: »Magenkrämpfe. 43 Grad im Halbschatten«. Gleichzeitig erfuhr ich von meiner Versetzung zu einer Panzergrenadierdivision in Italien. Es hieß also Abschied nehmen von der 7. Infanterie-Division, die mir auch wegen ihrer Pioniere so ans Herz gewachsen war. In den nächsten Tagen gab es herzzerreißende Abschiedsfeiern und auch feierliche Zeremonien, weil mir die Nahkampfspange verliehen worden war.

Mein Weg führte mich nun über einen kurzen Besuch in Ortenburg, wo ich die ersten selbstständigen Schritte meiner Tochter bewundern konnte, über Innsbruck–Verona–Bologna an den Po, dessen Umgebung von amerikanischen Jagdbombern beherrscht wurde. Eine Überquerung des Flusses glich einem Vabanque-Spiel, weil die amerikanischen Jagdflugzeuge bevorzugt die Fährboote attackierten. Ich kam zum Glück unversehrt hinüber und meldete mich trotz Jabos am Futapass rechtzeitig bei meiner neuen

Division in San Pietro nördlich von Florenz. Dort wurde ich im Rahmen meiner Generalstabsausbildung in verschiedenen Stabsstellungen eingesetzt. Aber dieses Gastspiel endete schon nach ein paar Wochen.

Im letzten Quartal des Jahres 1944 sollte ich auch noch zur Generalstabsausbildung an die Kriegsakademie nach Hirschberg in Schlesien versetzt werden. Das war die Alternative zur Funktion eines Korps-Pionierkommandeurs, die ich nicht für sehr sinnvoll hielt. In meiner Vorstellung als »Frontschwein« hatte ein solcher nur Minen abzuzählen und Stacheldraht zu verwalten, und das dazu noch in einem ziemlich weit hinten in der Etappe befindlichen Korpsstab.

Da kam ein neuer Befehl: Alle »Schlieffenpimpfe«, wie man uns spaßeshalber nannte, sollten zuvor noch für ein halbes Jahr zur »Frontbewährung« als Bataillonskommandeure. Da ich diese Zeit seit Frühjahr 1943 schon abgeleistet hatte und darüber hinaus trotz meiner erst 26 Jahre ein alter Hase und obendrein schon Major war, hat mich die weise Personalabteilung für diese Zeit an die Pionierschule nach Dessau-Rosslau als Ausbilder für den Offiziersnachwuchs der Pioniere versetzt. »Inspektionschef« hieß das.

Ich war also ein richtiger Heimatkrieger und musste aus dieser Perspektive miterleben, wie es an allen Fronten zurückging. Zudem habe ich an den Bergungs- und Aufräumungsarbeiten nach dem verheerenden Terrorangriff der britischen Luftwaffe auf Dresden teilgenommen. Das erdbebenartige Wummern und der Feuerschein – von Dresden bis Dessau zu hören und zu sehen – hatte uns schon in der Nacht aufgeschreckt. Was wir aber dann erlebten, als wir als Hilfskräfte alarmiert und dort eingesetzt waren, das übertraf an Grauen jede menschliche Vorstellungskraft. Der durch die Brandbomben angefachte Feuersturm

Als Major am 5. August 1944

hatte zahllose flüchtende Menschen in die Flammen gezogen. Im Großen Garten, einer ausgedehnten Parkanlage, hatten Tausende schlesischer Flüchtlinge ihr Lager aufgeschlagen. Auch hier hatten die Brand- und Sprengbomben grauenvoll gewütet. Die verkohlten Leichen, die es zu beerdigen galt, hielten wir erst für Kinder, weil sie auf die Hälfte geschrumpft waren. Über dem Ganzen waberte ein Geruch nach Süßlich-Gebratenem. Da wurde es sogar gestandenen Frontkämpfern übel. Die Bilder des Entsetzens haben sich unauslöschlich in unser aller Gedächtnis eingebrannt.

Es war Anfang 1945. Mittlerweile war Hirschberg, der Sitz der Kriegsakademie, von der Roten Armee eingenommen worden. Der Generalstabslehrgang konnte also nicht mehr stattfinden. Deshalb wurden wir angehenden »Schlieffenpimpfe« auf verschiedene Divisionsstäbe verteilt, um dort Stabsarbeit zu lernen. Ich sollte zur 320. Volksgrenadier-Division. Sie lag dem Vernehmen nach in der Hohen Tatra an der Ostgrenze der Slowakei. Auf dem Wege von Dessau dorthin habe ich noch einen Tag und eine Nacht in Ortenburg verbracht, wo meine Frau und meine eineinhalbjährige Tochter Ingrid bei den Schwiegereltern wohnten.

Es war klar, dass der Krieg nicht mehr lange dauern würde und dass er verloren war. Mir wurde die Schicksalsfrage gestellt: »Bleib doch hier, in dem Durcheinander findet dich doch keiner mehr, wir verstecken dich bis zum Kriegsende, andere tun das ja auch!«

Ich würde mir heute noch schäbig vorkommen, wenn ich diesen Einflüsterungen gefolgt wäre. Stärker als das Gefühl der Sicherheit war die Verpflichtung, die Kameraden nicht im Stich zu lassen. Ich konnte nicht anders, es war einfach so. Und die Pflichterfüllung ohne Ansehen des eigenen Vorteils war eben selbstverständlich.

So war ich also am 17. März 1945 in Ortenburg. Ich weiß das noch so genau, weil es der Geburtstag meiner Schwägerin Melanie war. Wir haben ein wenig gefeiert, und am nächsten Morgen fuhr ich mit einem Kübelwagen aus dem Hof heraus, winkend und in der festen Gewissheit, dass wir uns bald wiedersehen würden, weil der unselige Krieg ja bald aus wäre! Es sollten fünf lange Jahre der Trennung sein. Im Nachhinein verstehe ich zwar mein damaliges Pflichtbewusstsein, gleichzeitig ärgere ich mich natürlich über meine Entscheidung, denn sie bedeutete fünf lange Jahre ohne meine Familie.

Nur mit einem Rucksack als Gepäck traf ich dann bei meiner Division ein. Was war eine Volksgrenadier-Division? Es war sozusagen das letzte Aufgebot, also einige altgediente Frontsoldaten, verstärkt durch aktivierte Reservisten, dazu junge Soldaten, die dem Knabenalter kaum entwachsen waren. Außerdem unterstanden diese Einheiten nicht der Wehrmacht, sondern der SS, waren also ideologisch besonders intensiv indoktriniert. Die Division hatte die Aufgabe, die Pässe über die Beskiden und die Hohe Tatra so lange wie möglich zu verteidigen, um die ungezählten Scharen von Flüchtlingen, die zumeist aus Schlesien kamen, möglichst lange vor dem Zugriff der Roten Armee zu schützen.

Die letzten Kriegswochen

Ich kam also beim Divisionsstab an, wurde beäugt und der Operationsabteilung zugeteilt. Nach wenigen Tagen fiel der Kommandeur des Volkgrenadier-Regiments 582 aus. Als Pioniermajor wurde ich zu dessen Nachfolger bestimmt. Kaum hatte ich mich bei dem Gefechtsstab eingefunden, da kam auch schon ein besonderer Einsatzbefehl. Wir sollten eine Höhe zurückzuerobern, von der aus die Rote Armee unsere Verteidigungsstellung hätte aushebeln können.

In Anbetracht meiner schwachen Kräfte, die zudem nicht mehr auf den Angriff, sondern nur noch auf die Verteidigung eingeschworen waren, musste mir etwas Besonderes einfallen, um ein sinnloses Blutvergießen zu verhindern. Denn es war klar, dass ein in der üblichen Weise vorgetragener Angriff zum Scheitern verurteilt gewesen wäre. Also was tun?

Meinem Regiment war eine ungarische Flugabwehrbatterie mit 3,7-cm-Geschützen zugeteilt. Denen befahl ich, sich auf die Stellungen der Russen einzuschießen. Inzwischen machte sich das Regiment für einen Nachtangriff fertig. Nach Mitternacht begann der Feuerzauber. Die Ungarn beharkten die russischen Stellungen, und unsere Landser stürmten nach oben, wobei sie aus allen Signalpistolen Leuchtraketen in Richtung der russischen Stellungen verschossen. Der Erfolg war verblüffend. Die Russen flohen in Panik aus ihren Stellungen, die wir nahezu kampflos besetzen konnten. Der Auftrag war erfüllt, und plötzlich hatte ich einen Ruf als findiger Truppenführer. Einen besonderen Anteil an diesem Erfolg hatte einer der Bataillonskommandeure, Hauptmann Albrecht Schimpf, ein Haudegen mit Herz, ausgezeichnet mit dem Deutschen Kreuz in Gold und Nahkampfspange. Das waren die beiden höchsten Tapferkeitsauszeichnungen unterhalb des Ritterkreuzes.

Trotz unserer lokalen Erfolge nahm der Druck der Sowjetarmee natürlich immer mehr zu. Mir wurden einige Panzer und Haubitzen auf Selbstfahrlafette, sogenannte Hummeln, zugeteilt. Gleichzeitig galt nun unser Verband als Kampfgruppe Dennerlein. Das brachte nicht viel, nur die Möglichkeit, mit dem Oberkommando der Heeresgruppe Mitte direkt in Verbindung zu treten. Wir waren zu diesem Zeitpunkt die noch am weitesten im Osten befindliche Heereseinheit.

Dann kam der Tag, an dem bekannt wurde, dass Adolf Hitler in seinem Bunker in Berlin Selbstmord verübt hatte. Die Konfusion war perfekt. Schimpf, der tapfere Soldat, verlor völlig die Fassung und bekam einen Weinkrampf. Ich musste ihn zum Tross zurückschicken und übernahm zusätzlich auch die Führung seines Bataillons.

Schließlich brach der 9. Mai 1945 an. Russische Schlachtflieger überflogen uns in geringer Höhe. Sie warfen keine Bomben ab, sondern Flugblätter, aus denen hervorging, dass der Krieg nun zu Ende sei. Aus der Wehrmachtsführung kamen keinerlei Informationen. Wie ich später feststellte, hatte sich der Oberbefehlshaber der Heeresgruppe Mitte, Generalfeldmarschall Schörner, ein fanatischer Nazigeneral, zum Ende des Krieges mit seinem Fieseler Storch in die Alpenregion abgesetzt und damit seine Truppe verlassen.

Es war der gleiche General, der gefürchtet war als »Generalfeldschandarm«, weil er bei seinen Fahrten durch das rückwärtige Kriegsgebiet ständig drei Wehrmachtsrichter und eine Rotte Feldjäger dabei hatte, sogenannte »Kettenhunde«, weil sie ein Blechschild an einer Kette um den Hals gehängt trugen. Traf er irgendwo auf einen Landser, so kontrollierte er persönlich dessen Ausweispapiere. Konnte der Soldat nicht nachweisen, dass er aus dienstlichen Gründen hinter der Front war, so traten die drei Richter in Aktion, bildeten ein »mobiles Standgericht« und verurteilten den Delinquenten zum Tode durch den Strang. Die Feldjäger knüpften ihn dann sofort am nächsten Laternenpfahl oder Ast auf.

Nach dem Krieg hat man mehrfach versucht, Schörner Prozesse anzuhängen. Man konnte ihn aber nicht aburteilen, weil er durch den Trick mit den Richtern formal nach geltendem Kriegsrecht gehandelt hatte. Trotzdem war und blieb die Empörung über diesen gnadenlosen General natürlich groß. Eine gewisse Genugtuung bereitete es uns, als zu lesen war, dass ihm ein Offizier, der ihm damals unterstellt war, auf offener Straße in München eine schallende Ohrfeige versetzte, als er ihn im Vorbeigehen erkannt hatte. Schörners Beleidigungsklage verlief dank eines weisen Richters im Sand.

Meine vorgesetzte Stelle, der Heeresgruppenstab Schörner, war per Funk nicht mehr zu erreichen. Also musste nach eigenem Ermessen gehandelt werden. Ich beorderte alle Soldaten meines Bereichs zu einer Straßenkreuzung westlich unserer Stellungen und befahl, von den Gefechtswagen alles Gerät herunterzuwerfen, um die Soldaten aufladen zu können. Denn wir waren ja wohlgemerkt ein Grenadierregiment zu Fuß, und es gab keine Möglichkeit, eine Verlegung auf Achse durchzuführen.

An dieser Kreuzung stand ich dann und winkte jedem Lkw meiner Einheit zu, der vorbeikam. Es war der letzte Kontakt. Ich weiß auch nicht, wie viele Landser wirklich durchgekommen sind. Denn ich habe nie wieder etwas von einem meiner Leute gehört.

Allmählich versiegte der Strom der Fahrzeuge, die durchkamen. Kurz danach hörte man das Rasseln russischer Panzer. Trotz des angeblichen Waffenstillstands oder der bedingungslosen Kapitulation trauten wir dem Frieden nicht. Wir schlugen uns in die Büsche. Dabei merkte ich, dass mein Kübelwagen, ein sogenanntes Kfz 15, auf dem notfalls ein Dutzend Leute Platz hatte, Richtung Westen davongebraust war. Nun waren wir allein, zu dritt und zu Fuß! An meiner Seite lag der schon bekannte Albrecht Schimpf, der wieder ganz der Alte war, und der Umsichtigste auf unserer Flucht. Und dazu gesellte sich ein Unteroffizier einer Gebirgsjägereinheit, den es zufällig hierher verschlagen hatte. Wir bekräftigten uns gegenseitig unseren Entschluss, uns nach Hause durchzuschlagen, um nicht in russische Gefangenschaft zu kommen.

Flucht

Da standen, oder besser gesagt, lagen wir drei also und beratschlagten über unser weiteres Vorgehen. Welche Chancen blieben uns? Uns war klar, dass die Sowjetarmee die ganze Tschechoslowakei besetzt hielt und dass die Tschechen eine eigene Revolutionsarmee im Lande aufbauten, deren Ziel es war, alle Deutschen und Deutschstämmigen unter ihre Kontrolle zu bringen, mit anderen Worten in Internierungs- oder Gefangenenlager.

Was hatten wir drei entgegenzusetzen? Zum einen waren wir erfahrene Frontsoldaten, Alfred und ich obendrein alte Pfadfinder. Außerdem hatten wir einen Marschkompass, der uns die Generallinie »Go West« anzeigen konnte. Zum zweiten besaßen wir ein Fernglas zehn mal fünfzig, mit dem wir auch bei ziemlicher Dunkelheit vieles erkennen konnten und zum dritten eine Karte der Tschechoslowakei, allerdings in einem unmöglichen Maßstab. Die Gesamtkarte war etwa 25 mal dreßig Zentimeter groß. Aber sie zeigte uns doch ungefähr die Lage von größeren Städten, die wir meiden, und Flüssen, die wir überwinden mussten.

Während dieser Zeit war es natürlich unmöglich, ein Tagebuch zu schreiben, wie ich es sonst immer getan hatte, und später wäre es idiotisch gewesen, solche Daten festhalten zu wollen. Ein Fetzen beschriebenen Papiers konnte bei der abschließenden Filzung vor der endgültigen Entlassung die Fortsetzung der Kriegsgefangenschaft bedeuten. Ich erinnere mich an einen österreichischen Kameraden, der während der Zeit seiner Kriegsgefangenschaft als Hobbykoch fleißig Kochrezepte gesammelt und aufgeschrieben hatte. Das wurde ihm im letzten Moment vor seiner Entlassung zum Verhängnis. Keiner der russischen Soldaten glaubte ihm die Geschichte von den Kochrezepten. Er wurde ausgesondert. Was aus ihm geworden ist, weiß ich nicht.

Ich musste daher von nun an auf genauere Daten verzichten. Die Zeit lief einfach dahin, das Geschehen nahm seinen Lauf. Es war uns klar, dass wir nur nachts marschieren konnten. Tagsüber war die Gefahr, entdeckt zu werden, zu groß. Außerdem wussten wir, dass wir eine Entfernung von rund 300 Kilometern zu überwinden hatten, um bis zur alten deutsch-tschechischen Grenze zu gelangen. Wir trugen noch unsere Uniformen, hatten allerdings unsere Rangabzeichen und Orden abgelegt. Auch so waren wir natürlich von Weitem als deutsche Soldaten erkennbar. Vor allem hasserfüllte Tschechinnen verfolgten uns mit erbeuteten deutschen Maschinenpistolen. Wir kamen uns wie die Hasen in einem Kesseltreiben vor.

Einmal wurden wir am Tag, in einer Deckung verborgen, von einigen Sowjetsoldaten umzingelt. Sie waren wohl gerade beim Wildern. Es war ein Rendezvous aus nächster Entfernung. Die einen waren so erstaunt wie die anderen. Bloß – die Russen hatten Gewehre bei sich und wir nichts. Also blieb uns nur die Flucht! Sie uns nach. Ich versuchte, hinter einem Gebüsch abzutauchen. Hinter mir die stampfenden Schritte der Sowjetsoldaten. Einer blieb unmittelbar hinter mir stehen, rief »Stoj!« und begann aus ungefähr zehn Metern Entfernung mit seiner Maschinenpistole zu schießen. Ich krümmte mich noch mehr zusammen und dachte: »Wann trifft er dich endlich?« Bis ich merkte, dass er auf meine Kameraden schoss, die schon etwas weiter vorgelaufen waren. Mich hatte er zu meinem

Glück gar nicht entdeckt! Er stürmte an mir vorbei, beinahe über mich hinweg, und setzte den anderen nach. Uff! Wieder mal Glück gehabt. Oder einen Schutzengel.

Es gelang auch den Kameraden, ihre Verfolger abzuschütteln. Wir krochen noch eine Weile durch den dichten Wald, bis wir uns glücklich wieder an unserem Rastplatz trafen. Unser weniges Hab und Gut war zwar durcheinandergewühlt, aber etwas für sie Brauchbares hatten die Russen nicht gefunden. Mein ganzes Gepäck befand sich in einem sogenannten Brotbeutel, den man sich mit Schlaufen ans Koppel binden konnte. Mein Rucksack war ja bei der plötzlichen Flucht in meinem Kübelwagen geblieben und verloren. Verloren waren damit auch ein Paar kleine Stiefelchen aus Chromleder, die ich meiner kleinen Tochter hatte mitbringen wollen, und zwei Flaschen Schnaps. Beides gab es im Reichsgebiet schon längst nicht mehr. In der Tschechoslowakei hingegen konnte man solche Dinge, ebenso wie Bohnenkaffee, noch ganz normal kaufen.

Nach dem Abenteuer mit den Russen beschlossen wir, bei unseren Rasten immer einen von uns Wache halten zu lassen. Das hat sich in der Folge auch bewährt. Wir konnten uns stets rechtzeitig aus dem Staub machen, wenn es brenzlig wurde. Ein weiteres Problem war unsere Verpflegung. Da alles so rasend schnell gegangen war, hatten wir keine Möglichkeit mehr gehabt, uns noch mit etwas Essbarem einzudecken. Aber wochenlang ganz ohne Nahrung auszukommen, war unmöglich, zumal wir ja die ganze Nacht über unterwegs waren. So erbettelten wir uns in einsamen Bauernhöfen einen Laib Brot und eine Flasche Milch. Die aufgeschreckten Bauern waren sicher froh, wenn wir wieder abzogen. Bei keinem wurden wir von der Türe gewiesen, ohne etwas zu bekommen.

Einmal fanden wir bei Nacht einen Hof, vor dessen Saustall ein Trog mit übriggebliebenen Futterkartoffeln stand. Wir bedienten uns nach Herzenslust, ohne jemanden zu wecken. Auch der Sand, der mit dabei war, störte uns wenig.

Ein anderes Mal verlief die Essenssuche wesentlich dramatischer. Durch ein beiderseits bewaldetes kleines Tal schlängelte sich eine schmale Straße, auf der gelegentlich ein russischer Panjewagen vorbeizuckelte. Wir konnten das Geschehen aus der Deckung des bewaldeten Abhanges gut überblicken. Uns interessierte vor allem ein einzeln stehendes kleines Häuschen neben der Straße. Es war offenbar von einem Schneider bewohnt, denn wir konnten mit unserem Fernglas durch das offen stehende Fenster sehen, wie ein Mann, offensichtlich der Schneider, einem russischen Soldaten eine Uniformjacke flickte. Im unteren Geschoss werkelte einstweilen seine Frau in der Küche. Rauch stieg aus dem Schornstein. Es war Mittagszeit, und sie war dabei, das Mittagessen zu bereiten. Unsere ausgehungerten Mägen begannen zu knurren.

Plötzlich ging die Frau aus dem Hause und entschwand hinter einer Biegung des Weges. Das war der geeignete Augenblick. Albrecht und ich sausten unbemerkt über die Straße in das offen stehende Haus, unser Gebirgsjäger sicherte derweilen. Irgendwie war es eine fatale Situation. Oben der Schneider mit seinem Russen, und die Frau konnte jeden Moment zurückkommen. Also wurde schnell alles zusammengerafft, was in der Küche zu finden war: ein Topf vorgekochter Kartoffeln, eine Tüte Mehl, die sich später als Puddingpulver herausstellte, und ein paar rohe Eier. Da kam schon von der anderen Seite der Pfiff unseres Kameraden. Die Frau war auf dem Weg zurück, sah uns mit dem Kartoffeltopf und den anderen Sachen aus ihrem Haus flüchten und fing an zu schreien. Aus dem oberen Fenster schaute der Soldat heraus, holte seine Maschinenpistole und begann zu schießen. Das taten auch noch ein paar andere russische Soldaten, die zufällig gerade des Weges kamen. Inzwischen waren wir im Wald verschwunden und hechelten den Hang hinauf.

Ungefähr eine Stunde lang haben sie uns gesucht, aber nicht gefunden. Für mich war es das Schwierigste, die rohen Eier vor dem Zerbrechen zu retten. Das wäre ja zu traurig gewesen. Später gab es dann in unserem Versteck ein Festessen. Bloß mit dem Puddingpulver kamen wir nicht so ganz zurecht. Schließlich haben wir es in Wasser aufgeweicht und die Pampe getrunken. Noch einmal davongekommen! Schon wieder ein Schutzengel?

Wenn es gar nicht mehr anders ging, haben wir auch angebrochene Konservendosen aus dem Straßengraben gefischt, die von flüchtenden deutschen Truppen weggeworfen worden waren. Wir haben die langen Schimmelhaare weggekratzt und den Rest vertilgt. Hunger kann wehtun. Trotzdem sind wir nicht krank geworden.

Das größte Risiko aber war die Überquerung der Moldau. Eine Brücke zu benutzen, wäre der reine Selbstmord gewesen. Denn die Brücken waren natürlich alle von Sowjettruppen besetzt. Es gab ja außer uns noch viele tausende Flüchtlinge. Also blieb uns nichts anderes übrig als hinüberzuschwimmen. Unser Kamerad Schnürschuh, der Gebirgsjäger, gestand, nicht schwimmen zu können. Au weia! Nun war ich als Pionier gefragt. Ich hatte ja einmal das Übersetzen von Truppen über einen Fluss gelernt. Bloß unter etwas anderen Voraussetzungen!

Die Moldau war für uns so etwas wie eine Schicksalsgrenze. Wir hatten gehört, dass die amerikanischen Truppen bis an die Moldau vorgedrungen seien. Das waren sie auch. Was wir aber nicht wussten, war, dass sie sich von dort wieder zurückgezogen hatten. In unserem Elan glaubten wir uns am Ende unserer Odyssee, sobald wir am jenseitigen Ufer der Moldau wären. Aber wie sollten wir das anstellen? Mit einem Nichtschwimmer? Den konnten wir natürlich nicht zurücklassen.

Der Zufall kam uns zu Hilfe. Und was für einer! Wir waren, wenn wir der Karte aus unserem hundertjährigen Kalender glauben konnten, schon sehr nahe an der Moldau. Es war eine stockdunkle, mondlose Nacht mit Dauerregen. Ich war noch, bis auf die Stiefel, halbwegs trocken, weil ich einen sogenannten Kradmantel gerettet hatte. Der war aus einem gummierten Gewebe und wasserdicht. Meine beiden Kameraden, die das nicht hatten, waren quietschnass.

Als wir so in einer Schneise Richtung Westen dahintrotteten, hörten wir von hinten Pferdegetrappel. Wir schlugen uns in die Büsche und sahen einen Panjewagen, oder genauer genommen zwei müde, klatschnasse Klepper, die einen Wagen zogen. Auf dem Bock saßen zwei ebenso müde »Muschiks«, russische Bauern, die sich unter einer Zeltplane vor dem Regen bargen. Auch der Wagen war mit einer Zeltplane verdeckt. Da kam mir die Idee, mittels dieser Wagenplane ein Floß für unsere Moldauüberquerung zu bauen.

Vorsichtig liefen wir neben dem Wagen her, die Russen bemerkten uns nicht. Gleichzeitig schnitten wir die vier Schnüre durch, mit denen die Plane am Wagen festgemacht war. Die Bändel waren los, wir blieben stehen, der Wagen fuhr weiter, und wir hatten die Plane. Die Augen der Bauern hätte ich gerne gesehen, als sie am Ende ihrer Fahrt merkten, dass ihnen die Plane fehlte.

Zunächst einmal diente sie zum Schutz gegen den Regen. Zu dritt eingehakt marschierten wir weiter. Dann hörten wir schon das Rauschen des Flusses. Wir waren unglückseligerweise dort gelandet, wo die Moldau in Stromschnellen dahinströmt. Wer *Die Moldau* von Smetana kennt, weiß, was ich meine. Da wird es ganz wild, Wasser stürzen übereinander. Genau dort waren wir angekommen. Heute gibt es diese Stromschnellen übrigens nicht mehr, weil das Gebiet in einem Stausee liegt. Bevor wir unsere Vorbereitungen trafen, verteilte ich noch meinen letzten Trumpf: Trotz allen Hungers hatte ich noch eine Schachtel Scho-Ka-Kola gehortet. Diese koffeinhaltige Schokolade, abgepackt in runden Dosen, bekamen wir in sogenannten »Nahkampfpackungen«, wenn also zum Beispiel in Angriff oder Verteidigung ein Nahkampf bevorstand.

Wir genossen also unsere Scho-Ka-Kola. Dann zogen wir einige Holzprügel aus einem Meterstapel. Die wurden in die Mitte der Wagenplane gelegt, um Auftrieb zu erzielen. Dann zogen wir uns aus, und alle Klamotten kamen in die Plane. Das war kein Problem, denn wir waren ja ohnehin schon alle nass. Die Plane wurde schließlich zusammengeschnürt. Leider hatten wir nicht so viel Schnur, wie wir eigentlich gebraucht hätten. Albrecht startete mit dem Floß. Ich folgte nach mit dem Oberjäger in der Rettungshaltung, also im »Rückenschwumm«, und hielt ihn am Kopf in Rückenlage. Die Strömung nahm immer mehr zu, es hat uns nur so herumgebeutelt. Dabei muss mein Gebirgsjäger auch Wasser geschluckt haben. Daraufhin klammerte er sich an mich, voller Angst, ich würde ihn auslassen. Deswegen konnte ich nicht mehr richtig schwimmen. Um seine Panikreaktion auszuschalten, musste ich ihn nun tatsächlich unter Wasser drücken, bis er ruhig war. Mit einem bewusstlosen Kameraden kam ich am jenseitigen Ufer an. Da hörte ich schon die Rufe von Albrecht: Das Bündel mit unseren Kleidern war aufgegangen und abgetrieben. Wir hechteten den Stiefeln und Gegenständen nach. Schließlich hatten wir wieder alles zusammen.

Es war tiefdunkle Nacht, die Temperatur nahe Null, unsere Klamotten alle tropfnass, wir schlotterten vor Kälte. Aber wir hatten die Hoffnung, jetzt im Gebiet der Amerikaner zu sein. Nackt, wie wir waren, drückten wir uns eng aneinander, um uns etwas zu wärmen. So erwarteten wir den nächsten Morgen. Es war ein schlimmes Erwachen. Kaum kam die Sonne hoch, um uns und unsere Klamotten zu trocknen, hörten wir wieder die Gesänge der russischen Soldaten. Es war ein Schock: Also immer noch bei den Russen!

Zum Glück bekam keiner von uns eine Lungenentzündung, niemand wurde krank. Anscheinend hat die menschliche Natur dann, wenn es wirklich darauf ankommt, noch besondere Abwehrkräfte bereit. Ist es noch einmal gut gegangen? Schon wieder ein Schutzengel?

Wir mussten also, trotz aller Enttäuschung, weitermachen wie bisher. Also marschieren bei Nacht, verstecken am Tage. Dann kam eine rabenschwarze Nacht. Wir marschierten auf einer kleinen Landstraße dahin, Marschrichtung West. Plötzlich tauchten vor uns Soldaten mit ihren Maschinenpistolen auf und eröffneten sofort den Feuerzauber. Sie stürmten auf uns zu – wir waren in eine Falle gelaufen. Meine Kameraden flüchteten zurück. Ich warf mich in den Straßengraben. Die russischen Soldaten liefen über mich hinweg, den Kameraden nach. Es bestand kein Zweifel, dass sie sie festgenommen haben. Albrecht habe ich erst viele Jahre später in der Bundeswehr wiedergetroffen, unseren Gebirgsjägerkameraden nie wiedergesehen. Ich weiß nicht einmal mehr seinen Namen.

Jetzt war ich also ganz allein. Ein furchtbares Gefühl! Inmitten eines feindlichen Umfeldes, ohne Rat und Schutz von Kameraden – und doch durchdrungen von dem Wunsch, nach Hause zu kommen. Es waren vielleicht noch sechzig Kilometer bis zur bayerischen Grenze. Die müssten doch auch noch zu schaffen sein. Allein, aber neu motiviert, machte ich weiter.

Der Wald wurde weniger und damit die Möglichkeiten, mich den Tag über zu verstecken. Ich weiß noch, dass ich einmal in einem großen Strohhaufen Zuflucht gefunden habe, mitten auf einem Feld. Es war ausgerechnet Haferstroh. Wer weiß heute noch, wie widerborstig Haferstroh ist? Es war den ganzen nächsten Tag über eine Tortur mit dem Gekratze am ganzen Körper. Aber auch dieser Tag ging vorbei.

Wieder kam eine Nacht, in der ich weiter nach Westen marschierte. Es war stockdunkel, ich konnte kaum ein paar Meter weit sehen und musste mich an den Baumwipfeln der Waldschneise orientieren. Plötzlich stieß ich an irgendetwas Hartes an. Mein Kopf knallte gegen eine Wand. Es war – ein abgestellter Panzer! Vorsichtig ging ich weiter und trat auf einen Körper. Der drehte sich um, murmelte »Oh damned!« und schlief weiter.

Ich hätte ihn umarmen können. Denn nun wusste ich, dass ich amerikanisch besetztes Gebiet erreicht hatte. Ich war den Russen entronnen. Also versuchte ich weiter über Böhmisch Eisenstein, heute Zelesna Ruda, nach Deutschland zu kommen. Vorsichtig ging ich auf den Bahngleisen. Wenige Kilometer weiter musste Bayerisch Eisenstein liegen, davor war die alte Reichsgrenze. So langsam kam die Morgendämmerung. Ich musste nach einem Versteck für den Tag suchen, bis zur Grenze reichte es nicht mehr. Die Gegend war unbewaldet, bot also wenig Schutz. Aber da stand auf der Strecke ein Personenzug. Er war leer. Offensichtlich in höchster Eile verlassen, was man an den herumliegenden Gegenständen erkennen konnte. Ich beschloss also, im Zug den Tag zu verbringen. Das Fenster konnte man verdunkeln. Ich fand sogar noch etwas verschimmeltes Kommissbrot und legte mich zur Ruhe nieder. Nichts war zu hören, bis etwa zur Mittagszeit. Dann wurde ich von Geräuschen geweckt. Es waren plötzlich

Leute im Zug. Ich verkroch mich in das Gepäcknetz und deckte mich mit meinem Mantel zu. Die Stimmen kamen näher und näher. Mich erfasste ein dummes Gefühl, als käme der Schaffner und ich hätte keine Fahrkarte. Bloß ging es hier um mehr als nur die Fahrkarte. Es ging ums Überleben!

Ich konnte erkennen, dass die Stimmen tschechisch sprachen. Auch das noch! Es war etwa ein halbes Dutzend junger Burschen, die in dem Zug nach brauchbaren Sachen suchten. Tür um Tür kamen sie näher. Da ging auch meine Tür auf. Zwei Kerle durchstöberten das Abteil, in dem es ja halbdunkel war. Dabei suchten sie auch in meinem Brotbeutel herum und leerten ihn aus. Da fielen meine Orden und Achselstücke heraus. Ich eitler Tropf! Die hatte ich doch tatsächlich die ganze Zeit mitgeschleppt, nun hatten die jungen Tschechen ihr Erfolgserlebnis.

Der eine war schon weitergegangen, während der andere noch etwas zögerte. Da fiel sein Blick auf den Ärmel meines Kradmantels, der vom Gepäcknetz herunterhing. So ein Stück war sehr begehrt, und der Tscheche wollte ihn herunterholen. Nur lag da ja leider ich drauf. Er fasste nach und fühlte meinen Körper. Nerven behalten! Ich stellte mich tot und starrte mit aufgerissenen Augen ins Leere. Da wurde es dem Kerl doch etwas seltsam. Er suchte das Weite und rief nach seinen Kameraden. Ich kletterte aus dem Gepäcknetz, stieß das Fenster auf, sprang hinunter und lief davon. Es blieb mir nur die Möglichkeit, auf dem Bahndamm nach Westen zu rennen.

Jetzt merkten auch die anderen, dass der »Tote« lebendig geworden war, sich als deutscher Soldat entpuppte und zu türmen versuchte. Das Wettrennen war ungleich: vom Hunger und den Entbehrungen der letzten Wochen geschwächt, konnte ich ihnen nicht entkommen. Sie holten mich ein und begannen, mich mit den Steinen vom

Bahndamm zu bewerfen. Sie trafen mich erst am Rücken und schließlich auch am Kopf, sodass ich bewusstlos wurde.

Ich kam erst wieder zu mir, als mich jemand hochriss und schüttelte. Als Erstes sah ich einen baumlangen GI vor mir, der kohlpechrabenschwarz war. Mein erster dummer Gedanke war, dass mich jetzt der Teufel geholt hätte. Man mag es mir verzeihen, denn ich war ja noch ganz benommen. Ja, und dieser »Teufel« hat mir das Leben gerettet. Er kam auf der parallel zur Bahn verlaufenden Straße daher und sah, wie ich da auf dem Boden lag und die Meute dabei war, mich zu steinigen. Er muss sie mit seiner MP vertrieben haben, denn ich sah die Burschen in respektvollem Abstand herumstehen.

Mein rettender Engel packte mich in seinen Jeep und brachte mich zum Hauptquartier einer der selbst ernannten Befreiungskämpfer. Ein Kerl empfing mich mit lautem Brüllen »Du deutsches Schwein! Du deutsches Schwein!« und boxte mich mit Faustschlägen in die Ecke. Im Fallen merkte ich, dass meine Brille kaputt war. Ohne diese ging nichts mehr, weil ich damals schon stark kurzsichtig war. Ich sammelte die Trümmer ein und steckte sie in die Tasche.

Während dieser Prozedur packte mich mein GI mit dem guten Herzen wieder in seinen Jeep. Er hat wohl gemerkt, dass dies nicht die richtige Umgebung für mich war. Jetzt ging es in ein kleines amerikanisches Gefangenenlager. Er übergab mich an einen Sergeant, ich sagte »Thank you«, und er reichte mir die Hand. Kein Name, keine Adresse ist mir von ihm geblieben. Ich hätte viel dafür gegeben, mich einmal richtig bei ihm bedanken zu können, denn mein Leben lang stehe ich in seiner Schuld.

Dieser schlimme Tag war aber noch nicht zu Ende. Zwar konnte ich meinen blutigen Kopf abwaschen, aber dann ging es zum Verhör und ich musste zwei Vernehmungsoffizieren gegenübersitzen. Der eine war offensichtlich ein Jude, denn er sprach unverkennbaren Frankfurter Dialekt mit jüdischem Akzent. Ich betone dies nicht aus Judenfeindlichkeit, sondern um anzudeuten, dass ich bei ihm keine guten Karten hatte. Immer wieder sollte ich erklären, warum ich nicht gleich nach der Kapitulation in Gefangenschaft gegangen sei. Meine Antwort befriedigte ihn nicht: Ich hätte nur nicht in russische Gefangenschaft gewollt, und der Weg von der Hohen Tatra sei nun einmal ungefähr 300 Kilometer lang.

Das sei gar nicht möglich, dass sich ein Mensch so lange durchschlagen könne, meinte er misstrauisch. Seine Vermutung war, dass ich zu der Organisation »Werwolf« gehörte, die in den letzten Kriegsmonaten gegründet worden war, um hinter den gegnerischen Linien Sabotageakte zu begehen, aber in der Praxis keine Rolle spielte. Zwischendurch musste ich meinen Oberkörper freimachen und die Hände heben. Ich fragte, was das solle, und er fauchte mich an, ob ich denn nicht wisse, dass alle SS-Leute ihre Blutgruppe in den Oberarm tätowiert bekommen hätten. Da war bei mir natürlich nichts zu finden.

Ich weiß nicht mehr, wie lange sich dieses erste Verhör noch hingezogen hat, und war fix und fertig, als man endlich Schluss machte. Das »Lager«, in das ich dann geführt wurde, entpuppte sich als ein Tennisplatz, in dem etwa siebzig deutsche Kameraden herumstanden oder -lagen. Die Idee war nicht schlecht. Ein Tennisplatz ist hoch umzäunt und übersichtlich. Ein GI saß außerhalb des Platzes auf dem Schiedsrichterstuhl, die MP lässig auf den Beinen. Manchmal schnippte er eine halbgerauchte Zigarette durch das Gitter, und ein Dutzend Landser balgten sich darum. Ich wickelte mich in meinen Mantel, bettete mich auf den roten Sand und fiel in abgrundtiefen Schlaf nach diesem aufregenden Tag. Eigentlich war meine Rechnung im Wesentlichen, wenn auch mit einigen Schrammen, aufgegangen. Ich befand mich in amerikanischer anstatt in sowjetischer Gefangenschaft und nur etwa siebzig Kilometer von Ortenburg entfernt, wo Frau und Tochter auf meine Rückkehr warteten. Wenn die gewusst hätten, wie nah ich ihnen schon war!

Aber es sollte ganz anders kommen. Als ich im amerikanischen Lager ankam, war es etwa die erste Juniwoche, während die Kapitulation bereits am 9. Mai stattgefunden hatte. Der Aufenthalt auf dem Tennisplatz war natürlich sehr langweilig, nur von erneuten und bohrenden Vernehmungen unterbrochen. Mit der Verpflegung unseres Häufleins machten es sich die Amerikaner denkbar einfach: Ab und zu, aber unregelmäßig, brachten sie ein paar Kommissbrote herein, viel zu wenig, um auch nur ansatzweise den Hunger zu stillen. Oder es fiel ihnen ein, einen Sack getrocknete Erbsen hereinzuwerfen. Aber was sollte man damit machen, wenn man keine Kochmöglichkeit hat? Wir steckten uns ein paar Erbsen in den Mund und weichten sie so lange mit unserer Spucke ein, bis man sie hinunterschlucken konnte.

Während der Wochen der Flucht war ich schon so abgemagert, dass ich in meinen Gürtel immer neue Löcher bohren musste. Der Bauchumfang, wenn man das Loch unterhalb der Brust so bezeichnen konnte, hatte um über zehn Zentimeter abgenommen. Und das Abnehmen ging auch jetzt noch weiter.

So vergingen etwa zwei Wochen der Untätigkeit. Dann tauchte das Gerücht auf, Eisenhower und Marschall Sokolowski hätten ein Abkommen unterzeichnet, wonach alle Soldaten, die an der Ostfront gekämpft hatten, den Russen zugesprochen werden sollten. Das hieße für mich, dass alle Anstrengungen, Entbehrungen und Wagnisse meiner Flucht umsonst gewesen wären. Ich wollte es einfach nicht glauben.

Eines Tages fuhr ein Lkw an unserem Tennisplatz vor. Mein Vernehmungsoffizier erschien und las von einer Liste etwa dreißig Namen vor. Meiner war dabei. Wir mussten den Lkw besteigen. Wohin es denn ginge? Keine Antwort. Da ich als Major der Dienstälteste war, sollte ich das deutsche Kommando über den Trupp übernehmen. Ich quetschte mich auf die Fahrerbank neben den Fahrer und einen Sergeanten, der das Ganze zu leiten hatte. Schon sehr bald merkte ich, dass die Fahrt Richtung Osten ging.

Ich verwickelte ihn in ein Gespräch und entlockte ihm die Auskunft, dass er den Auftrag hatte, uns in ein Kriegsgefangenenlager in Tabor in der Tschechei zu bringen. Ich fragte ihn, ob er denn gerne dorthin in Gefangenschaft gehen würde, und er äußerte unverhohlene Ablehnung. Warum müssten dann wir dorthin? Das wisse er auch nicht, aber es wäre eben Befehl. Ich schlug ihm vor, irgendwo im Wald kurz anzuhalten. Wir würden dann alle abspringen, und er könne dann zurückfahren und melden, er habe uns dort abgesetzt. Eine Quittung über unsere Einlieferung brauche er ja wohl nicht.

Der Sergeant war hin- und hergerissen. Einerseits taten wir ihm offensichtlich leid, andererseits kämpfte er mit seinem Pflichtbewusstsein, das ihm auferlegte, seinen Auftrag auszuführen. Bevor unsere Diskussion zu einem Ende kam, waren wir schon in Tabor, einem kleinen tschechischen Städtchen.

Das Gefangenenlager war eine ehemalige Polizeikaserne am Rand der Stadt. Bei unserer Ankunft am Lagertor erschien der russische Natschalnik, der Lagerkommandant. Er schien über unser Erscheinen überhaupt nicht erfreut. Er habe ja schon viel zu viele Gefangene im Lager. Noch einmal schöpfte ich Hoffnung. Radebrechend zwischen Russisch und Englisch versuchte ich zu erreichen, dass er uns ablehnen und mit unserem Sergeanten wieder zurückschicken würde. Aber plötzlich machte der russische Oberst eine generöse Geste. Nun habe er schon so viele Gefangene, da käme es auf weitere dreißig auch nicht mehr an. Wir waren also in Gnaden im Lager Tabor aufgenommen. Der US-Lkw rollte davon, der Sergeant war über die Lösung sichtlich erleichtert, und wir marschierten durch das Lagertor. Meine sowjetrussische Kriegsgefangenschaft hatte begonnen.

In Gefangenschaft – Tabor (CSSR)

Welche Zeit vor mir lag, konnte ich nur erahnen. Mit gemischten Gefühlen ging ich in das Lager, dachte an meine Familie und hoffte, dass ein Jungverheirateter vielleicht gar nicht so lange würde bleiben müssen.

Als ich runde fünf Jahre später wieder zu Hause war, musste ich zu einem Verhör zur CIA nach München. Dort wollte man von mir wissen, was ich denn so alles in Russland an militärischen Aktivitäten bemerkt hätte, ob ich beispielsweise Jagdflugzeuge mit Düsenstrahlantrieb gesehen hätte. Außerdem kannten sie sich prima mit Namen und Charakteristiken von Offizieren aus, die in den von mir »besuchten« Lagern ihr Unwesen getrieben hatten. Ich erklärte ihnen, dass ich eigentlich gar nichts zu erzählen hätte, da ich ja in amerikanische Gefangenschaft geraten sei, man mich aber von dort an die Sowjetrussen ausgeliefert hätte. Das grenze an Menschenhandel. Man bedauere das sehr, erklärte man mir – heute würde man das nicht mehr machen. Aber inzwischen herrschte ja der Kalte Krieg. Übrigens war auch dieser Vernehmungsoffizier mosaischen Glaubens. Dank ihrer perfekten Sprachkenntnisse waren die jüdischen Emigranten sowohl für die US-Army als auch für die Geheimdienste von besonderem Wert.

Noch war ich aber fünf Jahre von diesem Ereignis entfernt. Zunächst einmal galt es, sich im Lager zurechtzufinden. Wie gesagt, handelte es sich um eine ehemalige Polizeikaserne, die ursprünglich für 500 Mann eingerichtet worden war. Jetzt waren hier schätzungsweise über 2000 Kameraden eingesperrt. Die festen Gebäude waren überfüllt, die Masse der Gefangenen kampierte in selbstgebastelten Erdhöhlen, zum Teil mit Komfortdach aus einem abmontierten Kotflügel oder einer organisierten Zeltplane.

Das Lager unterstand noch der Roten Armee. Das war ein Vorteil gegenüber den sogenannten Truppen des Innenministeriums, damals NKWD, später KGB genannt. Kommandant war der uns schon am Lagertor bekannt gewordene Oberst. Er baute auf deutsche Ordnung und ernannte den dienstältesten deutschen Offizier zum deutschen Lagerältesten. Der hatte für die Ordnung und Struktur im Lager zu sorgen. Es wurden Gruppen, Züge, Kompanien und Bataillone gebildet, deren Führer jeweils von den »Untergebenen« gewählt wurden. Das waren nicht immer die Dienstgradältesten, sondern Männer, denen man zutraute, den jeweiligen Verein gut zu vertreten.

Als ich im Lager ankam, meldete ich die Ankunft unserer dreißig Hansel aus der US-Gefangenschaft. Wir waren die ersten dieser Kategorie. Der deutsche Lagerkommandant wies uns einen Teil des Exerzierplatzes zu, auf dem wir kampieren könnten. Mein Kradmantel war Schutz und Schirm, auch bei Kälte und Nässe. Mein zweiter Eindruck nach wenigen Tagen war, dass das Lager »funktionierte«. Der russische Kommandant hatte befohlen, eine Bäckerei zu errichten. Die Deutschen schafften es. Man versorgte uns mit selbstgebackenem Brot. Dann kam ein Metzgerkommando hinzu, denn viele Pferde der bespannten Artillerieeinheiten streunten im Lager herum. Wir hatten genügend Veterinäre und Metzger, die sich dieser Tiere »annahmen«. Sie versorgten uns mit Fleisch. Jedenfalls hatte ich Grund zu der Vermutung, dass uns die Russen im Gegensatz zu den Amerikanern nicht durch Hunger ausrotten wollten. Wir spürten ein gewisses Bemühen, uns menschlich zu behandeln. Außerdem konnte ich mich des Eindrucks nicht erwehren, dass die russischen Soldaten stolz darauf waren, so viele hochdekorierte Soldaten gefangen zu haben.

Wenn wir zu Einsätzen in der Stadt aufgeboten wurden, haben die Wachsoldaten immer die hochdekorierten Gefangenen als Blickfang vorne und außen hingestellt. Es gab sogar im Lager eine Werkstatt, die Nachbildungen von Auszeichnungen hergestellt hat, um mit dem Einverständnis der Sowjets Glanz und Gloria wieder aufleben zu lassen. Den Tschechen hingegen begegneten die Besatzer mit unverhohlener Abneigung und Verachtung. So wurden wir Zeugen, wie ein Trupp russischer Soldaten einem tschechischen Hochzeitspaar beim Verlasssen der Kirche die Eheringe abnahm.

Wenn wir zu unserem Arbeitseinsatz durch Tabor marschieren mussten, forderten uns die russischen Bewacher auf, ein Lied anzustimmen. Unsere Landser sangen dann aus voller Kehle mitten in der Tschechei und zum Unmut der Tschechen am Straßenrand auch Nazi-Lieder wie »Es zittern die morschen Knochen …«

Das Lager konsolidierte sich allmählich. Mir wurde das Kommando über das sogenannte Sonderbataillon übertragen, das aus drei Einheiten bestand: einer Kompanie Waffen-SS, einer Kompanie Polizei und einer Kompanie Österreicher. Letztere hatten sich schnell und elegant aus der Verantwortung für den Krieg und die NS-Verbrechen gestohlen, indem sie sich rot-weiß-rote Kokarden an die Mützen hefteten und beteuerten, sie seien ja nur durch Hitler und die Deutschen in diesen Krieg hineingezwungen worden. Nachdem ich die Funktion angenommen hatte, war ich also wohlbestallter Sonderbataillons-Gefangenenkommandeur.

Eigentlich war das eine vertrackte Situation. Bei einem Morgenappell meldete mir der Kompaniechef der Waffen-SS seine Einheit mit Hitlergruß und ausgestrecktem Arm. Das geriet zum Lacherfolg. Schwieriger wurde es für mich, als die österreichischen Kameraden zur Entlassung anstanden. Sie hatten es doch wirklich erreicht, nicht als Deutsche eingestuft zu werden. So ließ beispielsweise der russische Lagerkommandant seine in russisch gehaltene Rede sowohl von einem deutschen als auch von einem österreichischen Dolmetscher übersetzen.

Kurze Zeit später kam der Befehl, sämtliche österreichischen Gefangenen zu entlassen. Ich bekam genau abgezählte Entlassungsscheine, die schon unterschrieben waren. Wir brauchten nur noch die Namen einzutragen. Welche Versuchung! Ich hätte nur meinen Namen auf eines der Dokumente schreiben müssen, um als »Österreicher« entlassen zu werden. Aber dann wäre der letzte wirkliche Österreicher nicht nach Hause zurückgekehrt. Die Versuchung war tatsächlich groß. Aber ich bin ihr nicht erlegen.

Irgendwann siedelte ich von einem zwei mal ein Meter großen Deckungsloch, das von einer Plane vor dem Regen geschützt war, in ein Zimmer des »Stabsgebäudes« über. Das war immerhin ein beachtlicher Aufstieg.

So verging die Zeit. Höhepunkt unseres Daseins waren die Konzerte unseres Lagerarztes. Irgendwoher hatte er ein Klavier aufgetrieben. Vor einer andächtigen Zuhörerschaft spielte er Beethoven: die Appassionata oder die Mondscheinsonate. Wir waren für ein paar Stunden verzaubert, entrückt von unserem tatsächlichen elenden Dasein. Dank diesem Oberstabsarzt.

Mittlerweile wurde langsam das Wetter unbeständig. Mir kamen folgende Verse in den Sinn:

Regen rinnt und einsam liegt die Welt.
Ausgelöscht ist Hoffnung, Zeit und Raum.
Freiheit, Leben nur ein ferner Traum!
Sehnsucht die Gedanken quält.

Sehnsucht nach der Heimat ist so schwer,
wenn Gedanken in die Ferne bangen.
Zukunft ist von Wolken dicht verhangen.
Hoffnungslos die Welt und leer.

Hoffnung dennoch zagen Sinn erhellt,
denn nicht ewig kann das Warten dauern:
Öffnen werden sich auch uns die Mauern.
Regen rinnt, und einsam liegt die Welt.

Die lyrische Stimmung wurde jäh unterbrochen, als plötzlich auf der Straße vor unserem Lager eine Kolonne von Schützenpanzern mit dem weißen Stern der US-Army vorbeifuhr. Wir jubelten und hofften, es handele sich um ein Kommando der Amerikaner. Das Ganze entpuppte sich aber als der Einzug der tschechischen Brigade, die bei den Amerikanern Dienst geleistet hatte. Also wieder mal eine Enttäuschung.

Unser Lager in Tabor diente als Basis für die Transporte von Kriegsgefangenen aus dem tschechischen Raum nach Russland. Es war also nur ein Durchgangslager, aus dem viele Transporte in den Osten abgingen. Dann hieß es immer: Neuer Konvoi. Das bedeutete, dass geschlossene Güterwagen, die eigentlich zum Viehtransport bestimmt waren, für den Transport von Menschen herzurichten waren. Der Aufwand war sehr bescheiden. In eine Ecke des geschlossenen Güterwaggons wurde ein Loch gesägt. Das diente als Klosett. Außerdem wurden die Luken mit Stacheldraht verschlossen. In so einen Waggon mit etwa

35 Quadratmetern Grundfläche wurden dann jeweils fünfzig Gefangene gepfercht. Außerdem wurde ein Küchenwagen gebaut mit einem Kessel, in dem je nach Lage, das heißt je nach Haltezeit des Zuges, eine Suppe gekocht werden konnte.

Ein Transport umfasste immer 2000 Mann: vierzig Waggons à fünfzig Mann. Die ersten Transporte kamen aus unserem Lager, aber die Belegung mit Gefangenen wurde laufend durch Nachschub aus den benachbarten Lagern Pisek, Strakonitz oder Klattau ergänzt. Die Gefangenen dieser Lager mussten zu Fuß von ihrem Standort aus Tabor erreichen, bewacht von russischen Soldaten. Wer nicht mithalten konnte, wurde unterwegs kurzerhand erschossen.

Ein Kamerad, ein schon etwas älterer Hauptmann, erzählte mir, er habe auf dem rund neunzig Kilometer langen Marsch von Pisek hierher schlapp gemacht. Dabei geriet er immer weiter nach hinten in dem Gefangenenzug. Schließlich schleppte er sich nur noch mühsam voran und konnte das Marschtempo nicht mehr mithalten. Ein russischer Posten schrie ihn, wie üblich, mit »Dawaj, dawaj!« an. Als das nichts half, führte er ihn an den Straßengraben, zog seine Pistole, hielt sie ihm ins Genick und drückte ab. Aber die Pistole hatte eine Ladehemmung. Ein zweiter und dritter Versuch scheiterte ebenfalls. Die Reaktion des russischen Soldaten war typisch russisch. Das Schicksal hatte es anders gewollt. Der Posten warf sein Schießeisen in hohem Bogen weg, umarmte meinen gemarterten Kameraden, organisierte einen Panjewagen, lud ihn auf, gab ihm eine Machorka zum Rauchen und kümmerte sich bis zur Einlieferung in unser Lager um ihn.

Eines Tages wechselte das Wachpersonal. Anstelle der Rotarmisten kamen nun Soldaten des Innenministeriums, erkennbar an ihren grünen Mützen. Nun ging es härter und unpersönlicher zu. Außerdem fingen die ersten Verhöre an. Mit den Offizieren wurde begonnen. Auch ich kam natürlich dran. Ich hatte mir in einer gewissen Vorahnung eine Laufbahn im Kriege ausgedacht, bei der ich nur bei den Vormarschphasen an der Ostfront war, bei Rückzügen dagegen nicht. Damit wollte ich den Eindruck erwecken, dass ich als Pionier die von den russischen Truppen zerstörten Brücken wieder aufgebaut, Straßen repariert und Minen beseitigt hatte. Bei den Rückzügen dagegen, wo Pioniere Brücken zu sprengen pflegten, war ich just in Italien oder im Westen. Die Wahrscheinlichkeit, dass irgendwelches Material gefunden wurde, durch das mein tatsächlicher Einsatzort zu einer bestimmten Zeit hätte nachgewiesen werden können, war äußerst gering. Diese meine erste Aussage schrieb ich auf einen kleinen Zettel und trug ihn immer bei mir.

Erst im Frühjahr 1949 kamen die nächsten Verhöre, und da hatten die Vernehmungsoffiziere doch tatsächlich die Vernehmungsprotokolle vom Herbst 1945 zur Hand. Da ich so bei meiner damals gemachten Aussage bleiben konnte, kam kein Verdacht gegen mich auf. Ich galt als unbelastet.

Schlechter erging es da meinem Kameraden Krusenbaum, denn als ich 1944 von meinem Posten als Kommandeur des Pionierbataillons 7, das damals im Sumpfgebiet des Pripjet lag, abgelöst worden war, hatte ich noch angeordnet, die Brücke über den Pripjet vorsorglich zur Sprengung vorzubereiten. Als ich schon weg war und die Brücke wegen des weiteren Rückzuges tatsächlich gesprengt werden musste, gab Krusenbaum als mein Nachfolger den Sprengbefehl, und das musste er wegen der Wichtigkeit des Objektes schriftlich tun. Ausgerechnet diesen Sprengbefehl hatten die Russen in die Hand bekommen, und es war ihnen tatsächlich gelungen, auch den Urheber zu identifizieren, zumal er einen so seltenen Namen trug. Hätte er Müller oder Schulze geheißen, wäre es vielleicht nicht herausgekommen. So aber wurde er als Kriegsverbrecher verurteilt, kam ins Gefängnis und erst Jahre nach mir zurück – zusammen mit den Kameraden, die Adenauer bei seinem Moskaubesuch aus der Gefangenschaft befreite.

Inzwischen waren die letzten Lager in unserem Umkreis geräumt, und wir mussten unseren eigenen Abtransport vorbereiten. Im September war es dann so weit. Wir marschierten auf die Verladerampe, wurden zu je fünfzig Mann in die Waggons hineingezählt, die Türen rollten zu, wurden verschlossen, und wir fuhren alsbald einem fernen, unbekannten Ziel entgegen.

Der Transport

Wie schon geschildert, bestand der einzige Komfort in einem Loch in der Ecke des Waggons, sonst war nur der blanke Holzfußboden da. Für jeden Mann gab es einen halben Quadratmeter Lebensraum. Das hieß, dass nicht alle gleichzeitig liegen konnten. Das Überleben gelang nur mit äußerster Disziplin und gegenseitiger Rücksichtnahme. Wir organisierten in einer Ecke des Waggons einen Schlafplatz. Hier durften jeweils drei Mann in die eine Richtung und drei in die andere ruhen. Nach sechs Stunden wurde nach einem festen Plan gewechselt. Die übrigen hockten auf ihren Rucksäcken oder dem blanken Boden. Der schlimmste Platz war unmittelbar neben dem bekannten Fäkalienloch. Den hat sich freiwillig unser Stabsarzt ausgesucht. Er war immer fröhlich, und es verdross ihn auch nicht, wenn er ab und zu eine Ladung abbekam. Immer wieder sang er mit seiner lauten, durchdringenden Stimme »unzüchtige« Lieder. Besonders liebte er den Gassenhauer der Comedian Harmonists aus den Zwanzigerjahren: »Lass mich dein Badewasser schlürfen, einmal dich abfrottieren dürfen.« Mit seinem unzerstörbaren Humor half er uns über viele böse Stunden, vor allem während der äußerst unbequemen Fahrt, hinweg.

Die kleine, offene, aber mit Stacheldraht geschlossene Luke an einer Waggonseite oben ließ auch am Tage kaum Licht herein, geschweige, dass man sehen konnte, wohin die Fahrt ging. Natürlich ging sie immer weiter nach Osten. Entweder rollte der Zug, oder er stand auf irgendeinem Nebengleis. Wo oder wie lange? Wir wussten es nicht. Alles war Schicksal.

Wenn sich abzeichnete, dass ein Halt länger dauern könnte, begann die Mannschaft im Küchenwaggon, eine Suppe in ihrem Kessel zu kochen. Im Fahren ging das nicht. Ging die Fahrt während der Kochzeit weiter, so war die Suppe verloren, denn sie schwappte aus dem Kessel. War der Halt lang genug, so wurden die Waggontüren von den russischen Posten geöffnet, und es durften jeweils zwei Essenholer pro Waggon aussteigen, um in einem Kübel die Suppe abzuholen. Derweil hatten sich die etwa fünfzig Sicherungsposten am Bahndamm verteilt, damit keiner entwischen konnte.

Es ging durch die Slowakei hinein nach Rumänien. Irgendwo in Siebenbürgen kamen wir wieder mal auf einem Nebengleis zum Stillstand. Auf dem anderen Nebengleis aber stand ein Zug, der dem unseren ähnlich war. Nur fuhr er nach Westen, und die Türen der Viehwaggons standen offen. Es waren die ersten deutschen Altkriegsgefangenen, die von der Sowjetunion wegen Krankheit und Arbeitsunfähigkeit entlassen wurden. Da begann ein lebhafter Dialog zwischen den Insassen der beiden Züge. Ich rief hinüber, ob einer der Kameraden aus dem Raum Passau sei. Nach einigen Minuten erschien tatsächlich ein Mann drüben an der Tür. Ja, er werde nach Passau entlassen, rief er herüber. Ob er mir eine Nachricht an meine Familie übermitteln würde? Ja, freilich! Ich kramte daraufhin einen kleinen Papierzettel hervor, schrieb darauf die Anschrift meiner Frau in Ortenburg und »Es geht mir gut, zur Zeit in Jassy, weiter in die Ukraine«.

Ob man es glauben mag oder nicht: Der Zettel kam in Ortenburg bei meiner Familie an. Der Kamerad hat diesen Zettel in Passau in einen Briefkasten geworfen, und die Post hat ihn, ohne Marke und ohne Ähnlichkeit mit einem

Brief, an den Adressaten übermittelt. Ein Dank der Post und ein Dank an jenen unbekannten Kameraden! Dieser Zettel würde für zwei Jahre das einzige Lebenszeichen von mir sein, aber meine Familie war doch in gewisser Weise beruhigt. Ich war noch am Leben, und das allein zählte.

Nach etwa zwanzig Tagen erreichten wir Jassy in Rumänien. Hier endete die europäische Eisenbahnspur. Wir wurden auf einen Zug mit russischer Breitspur verladen. An der Umladestation war ein besonderes Lager eingerichtet. Hier verbrachten wir drei Tage, aus unserer Sicht herrliche Tage. Freier Himmel über uns, Entlausung, damit wir nichts Böses in die Sowjetunion einschleppen konnten, verbunden mit einem heißen Bad und regelmäßigen Mahlzeiten.

Am dritten Tag bestiegen wir unseren Breitspurzug. Die Waggons waren etwas größer, und damit hatte jeder von uns ein wenig mehr Platz. Die Fahrt ging weiter um das Schwarze Meer herum, nördlich der Krim und am Kaukasus vorbei, durch Grosny in Tschetschenien, dann weiter nach Machatschkalla und bis Baku. Hier fuhren wir in einem scharfen Winkel von Südost nach West. Es ging nun das Tal der Kura aufwärts bis fast nach Tiflis in Georgien. Nach genau vierzig Tagen war in Rustawi Endstation, etwa vierzig Kilometer südostwärts von Tiflis.

Natürlich sollte der Konvoi mit ebenso vielen Gefangenen ankommen, mit denen er aufgebrochen war, also genau mit 2000 Mann. Dafür hatte ja der russische Kapitan zu bürgen. Ein paar Kameraden aber überlebten den Transport nicht. Die Strapazen waren für die ausgemergelten Menschen einfach zu groß. Und in den Bergen von Siebenbürgen, in denen unsere Lok recht langsam dahinfuhr, gelang einigen die Flucht. Trotzdem waren wir in Rustawi beim ersten Zählappell akkurat 2000 Mann. Des

Rätsels Lösung war, dass unser Transportführer immer dann, wenn ein Abgang durch Tod oder Flucht entstanden war, den nächstbesten Mann für den Transport einkassiert hat. Es gab im Lager Mitgefangene, die beispielsweise als Bahnwärter in Rumänien Dienst getan hatten und nur zum Auffüllen geschnappt wurden. Das war ihre einzige »Schuld«. Und sie brauchten Jahre, bis sie »wegen erwiesener Unschuld« entlassen wurden.

Im Lager Rustawi

Der Zug hielt wieder einmal, wie so oft. Wir waren schon in Lethargie verfallen, sodass es uns egal war, ob unser Zug fuhr oder nicht. Wahrscheinlich mussten wir wieder einmal einen wichtigeren Zug vorbeilassen. Unser Ausguck am Waggonfenster meldete: »Kein Bahnhof«.

Trotzdem kamen von außen ungewohnte Geräusche, die Waggontüren wurden aufgerissen, und es hieß »Aussteigen!«

Wir suchten unsere Siebensachen zusammen und sprangen aus dem Waggon. Unsere sichtlich nervösen Konvoiposten trieben uns mit lautem »Dawai, dawai« zusammen in eine Marschkolonne, die sich auch alsbald in Bewegung setzte. Noch war man zu sehr mit sich selbst beschäftigt, um auf die Umgebung und die Umstände zu achten, die uns aus dem Zug vertrieben hatten. So seltsam es auch klingen mag: An unseren Zug und die Verhältnisse in ihm hatten wir uns irgendwie gewöhnt. Er gab uns sogar ein bisschen Geborgenheit. Und nun plötzlich dieser Hinauswurf, wo wir ihn am wenigsten erwartet hatten.

Wir marschierten also in Fünferreihen dahin, das war für uns Gefangene so üblich. Plötzlich sahen wir vor uns ein Lager, das von einem doppelten Stacheldrahtzaun umgeben war. Dazwischen liefen nachts Hunde, wie wir später feststellten. Das Lager bestand aus einem großen Viereck mit einstöckigen Holzbaracken. Es gab dort schon Bewohner, dic uns neugierig beobachteten. Nun wurden wir offensichtlich an das ortsansässige Lagerkommando übergeben, wie wir aus dem aufgeregten Palaver am Lagertor entnehmen konnten. Listen wurden überreicht. Unser Kapitan, der uns hierher gebracht hatte, schien sichtlich erleichtert, dass die Rechnung dank seiner »Rekrutierungsmaßnahmen« unterwegs aufgegangen war, als wir abgezählt wurden.

Und nun begann das, was wir »Die große Filzung« nannten. Das passierte regelmäßig, wenn man in ein anderes Lager kam. Wir wurden mit ein paar Metern Abstand in Fünferreihen aufgestellt. Dann musste jeder sein gesamtes Hab und Gut auf dem Boden auslegen. Daraufhin begannen die NKWD-Soldaten mit ihren grünen Mützen unsere Sachen durchzuschauen. Ursprünglicher Sinn derartiger Aktionen war es natürlich, niemanden ins Lager zu lassen, der gefährliche Gegenstände bei sich hatte. Verboten waren beispielsweise Messer. Ich weiß nicht, wie viele Messer bei solchen Aktionen sichergestellt wurden – und ebenso viele Messer wurden wieder neu angefertigt, aus einem großen Nagel gehämmert, an irgendeiner Baustelle geschmiedet und gegen Tabak oder Brot wieder verkauft.

Eigentlich versuchten die filzenden Soldaten aber noch irgendwelche Schätze ausfindig zu machen, um sie in den eigenen Taschen verschwinden zu lassen, zum Beispiel Uhren oder Ringe. Mir selbst war meine Armbanduhr, die sogenannte Wehrmachtsuhr, schon bei den Tschechen abgenommen worden. Meinen Ehering nähte ich in banger Vorahnung in die Falte meines Hosentürls ein. Zwar gab es auch Leibesvisitationen, doch gewisse Stellen tasteten auch die russischen Filzer nicht so genau ab. Ich habe den Ring auch wirklich nach Hause gebracht.

Nur einmal hatte ich echte Angst um ihn: Bei einer Entlausungsaktion wurde meine Hose mit dem Ring gegen eine gleichartige eines unbekannten Kameraden vertauscht. Es dauerte lange, bis ich meine Hose wieder entdeckte und zurückbekam. Ich konnte ja auch nicht sagen, warum ich so scharf darauf war.

Unvergessen blieb mir ein Erlebnis an diesem Tag. Bei unserem Transport befand sich auch ein österreichischer Oberstabsarzt. Er »reiste« mit zwei Koffern. Koffer! So etwas hatte ich schon lange nicht mehr gesehen! Er jedoch ging mit seinen Koffern schnurstracks zum Lagerkommandanten. Während wir um die kleinsten Sachen kämpfen mussten, öffnete er seine Koffer, in denen sich der gesamte Schmuck seiner Familie und sonstige Pretiosen befanden. Sein Vorteil war, dass er russisch konnte und daher imstande war, sein Anliegen vorzutragen. Er wollte nicht mehr und nicht weniger, als dass man seine Wertsachen für ihn aufbewahren sollte.

Wir wieherten vor Lachen, als uns das bekannt wurde. Weil er Leopold hieß, nannten wir ihn von nun an nur noch »Brillantenpoldi« und machten uns lustig über seine Leichtgläubigkeit. Aber er sollte Recht behalten. Als er im Jahre 1947 zusammen mit den noch im Lager befindlichen Österreichern entlassen wurde, bekam er seine auf Haftschein hinterlegten Koffer zurück. Es soll nur wenig gefehlt haben. Russland ist eben groß und voller Wunder …

Bei der »Großen Filzung« am Lagertor des Lagers 7181/2 wurden wir schließlich einzeln hineingezählt in den Ort, der nun für längere Zeit unsere neue Heimat werden würde. Jeweils hundert Mann kamen in eine Baracke. Sie war ausgestattet mit Holzpritschen zu je zwei Mann, also so etwas wie Doppelbetten, nur dass es weder Matratzen noch Strohsäcke gab. In der Mitte des Raumes stand ein eiserner Kanonenofen. Um ihn zu heizen, musste jeder täglich von seiner Baustelle ein Stück Holz mitgehen lassen. Der Ofen konnte natürlich nur in einem engen Kreis wirkliche Wärme spenden, weswegen die Plätze um ihn herum besonders begehrt waren.

Die Baracken, die wir vorfanden, waren noch nicht winterfest, und wir hatten schon November. Wenngleich im Sommer hier subtropische Temperaturen herrschten, so war es im Winter doch bitterkalt. Wir mussten also zuerst die Schindeln, mit denen die Dächer gedeckt waren, mit Füllmaterial aus allerlei Lumpen abdichten. In der Baracke, in der ich landete, waren vor allem Offiziere untergekommen. Die Russen machten keinen Unterschied zwischen Offizieren, Unteroffizieren und Mannschaften. Lediglich die Generäle wurden alle in einem Lager bei Moskau zusammengefasst. Alle anderen, ob Offizier oder nicht, wurden zunächst gleichermaßen zur Arbeit geschickt. Einen kleinen Unterschied gab es aber doch: Während gefangene Kameraden, die wegen Krankheit oder Unterernährung als sogenannte Dystrophiker in die Heimat entlassen wurden, durfte kein Stabsoffizier heimkehren, zumindest nicht bis Dezember 1949. Ich war davon betroffen, denn trotz Typhus, Hepatitis und Malaria wurde ich nicht heimgeschickt.

Die Baracken boten etwa 4000 Mann Platz. Außer den Wohnbaracken gab es noch die Küche. Darin konnten in ihren Kesseln nur Suppen oder sonstige flüssige Gerichte gekocht werden Also gab es am Morgen, mittags und abends jeweils eine Suppe und am Abend für die guten Arbeitsbrigaden den Normkascha.

In der Banja, dem sogenannten Baderaum, konnten wir alle einmal in der Woche ein Duschbad nehmen, und unsere Sachen wurden dabei entlaust. Beim Friseur konnte man sich auf Altväterart mit Hilfe eines Rasiermessers von seinem Bart befreien lassen.

Die Obsluga war die deutsche Lagerleitung, die das ganze Lagerleben inklusive des Arbeitseinsatzes zu steuern hatte. Die Russen hielten an ihrem Konzept fest, dass die Deutschen sich selbst führen sollten. Das hieß, dass die

Russen die Aufgaben erteilten, und wir Deutsche mussten zusehen, dass sie durchgeführt wurden. Im täglichen Arbeitsablauf teilten altgediente deutsche Spieße als Kompaniefeldwebel nach dem morgendlichen Anwesenheitsappell und der Zählung der einzelnen Arbeitsgruppen die jeweiligen Kräfte ein. Da Papier Mangelware war, hatten diese Organisationskräfte ein Sperrholzbrettchen zur Hand, auf dem der Stand der Arbeitskräfte mit Blei aufgeschrieben war. Ergaben sich irgendwelche Änderungen, so wurde mit einer Glasscherbe »ausradiert«. Die Glasscherbe konnte die überholte Zahl auskratzen, die neue Zahl wurde eingetragen. Dieses System bewährte sich über all die Jahre.

Natürlich benötigten wir eine Krankenbaracke. Wer akut erkrankt war, konnte sich dort melden. Es gab deutsche Militärärzte, die sich aufopferungsvoll um ihre Kameraden bemühten. Hinderlich war natürlich der Mangel an Medikamenten und Hilfsmitteln. Den deutschen Ärzten war eine russische Ärztin vorgesetzt. Wir nannten sie »Miss Silberzahn«, weil sie als Prothesen eine Reihe von »silbernen« Zähnen aufzuweisen hatte, sodass es in ihrem Mund beim Reden und Lachen nur so glitzerte.

Alle vier Wochen fand die sogenannte »Komisowka« statt. Alle Gefangenen mussten einzeln mit entblößtem Oberkörper und heruntergelassener Hose an dem Tisch, an dem sie residierte, vorbeigehen. Zunächst wurde von vorn, dann von hinten gemustert. Manchmal kniff sie persönlich in die Arschbacken, um den Grad der Arbeitsfähigkeit festzustellen. Das jeweilige Ergebnis war für den einzelnen Gefangenen von Bedeutung. Man wurde in die Kategorien eins bis drei eingeteilt, dazu kamen noch OK und Dystrophie. Das bedeutete Arbeitsunfähigkeit.

Die Inhaber von bevorzugten Posten waren meist Rumänen und Ungarn, ehemalige »volksdeutsche« Angehörige der Wehrmacht und der Waffen-SS, die den Vorteil hatten, russisch zu können. Sie zweigten bei ihren Tätigkeiten auch ganz schön für sich ab. Wenn an der Küche Säcke mit Nahrungsmitteln abgeladen wurden, konnte es geschehen, dass plötzlich einige im Untergrund verschwanden. Das gab natürlich große Spannungen im Lager, und wir mussten lernen, damit zurechtzukommen. Fatal war, dass auch die Lagerdolmetscher meist aus ungarischen und rumänischen Gruppen stammten, die oft nicht korrekt übersetzten, sondern den Russen sagten, was diese hören wollten, um sich Pluspunkte zu verschaffen.

Im Lager gab es auch einen Tauschmarkt, um die vielen Wünsche der Gefangenen zu befriedigen. Die Währung war Tabak oder Brot. Wir bekamen täglich vierzig Gramm Tabak und etwa 500 Gramm Brot. Wer irgendetwas suchte, schrieb das auf eine Pinnwand im Lager. Und wer etwas anzubieten hatte, teilte dies dort mit. So bekam ich beispielsweise nach langer Zeit eine passende Brille, die ich so sehr vermisst hatte. Mit der bin ich dann auch glücklich bis nach Hause gekommen.

Wie stand es um unseren Arbeitseinsatz? Zunächst einmal wurden wir der primitivsten Kategorie zugeteilt, das hieß Erdarbeiten machen. Meine »Brigade« bestand aus etwa einem Dutzend Arbeiter. Wir mussten täglich zehn Löcher ausheben, die später als Pflanzlöcher für Bäume dienen sollten, denn die ganze Gegend war ohne jeglichen Baumbewuchs. Jeder von uns hatte eine Schaufel und eine Kreuzhacke. Die Norm war also zehnmal ein Kubikmeter. Meistens schafften wir diese Norm nicht und kamen deshalb nicht in den Genuss des abendlichen Normkaschas, eines Breies, der nur bei über hundertprozentiger Normerfüllung einer Brigade ausgegeben wurde.

Mir wurde deshalb sehr schnell klar, dass ich meine Lage nur verbessern konnte, wenn ich die Landessprache lernte. Ich begann daher, mit einem Kameraden russisch zu büffeln. Dieser war ein deutscher, absolut zweisprachiger Balte, der sein Abitur in Moskau abgelegt hatte. Jeden Abend, und das war nach einem aufreibenden Tag oft nicht leicht, verbesserte ich meine russischen Sprachkenntnisse. Ich avancierte dann zum Vorarbeiter in einem Sägewerk, übrigens mit einem Gatter der Firma Esterer aus dem Jahre 1914, und nannte mich Utschotschik. Das war der Mann, der für das Aufmaß des angelieferten Rundholzes und für das hieraus erzielte Ergebnis beim Schnittholz zuständig war. Meine Krankheiten im Jahre 1947 beendeten schließlich diese Karriere.

Wie funktionierte das ganze Arbeitssystem? Das Gebiet um das Dörfchen Rustawi war sogenanntes Sperrgebiet. Niemand durfte es ohne besondere Erlaubnis betreten oder verlassen, wir Gefangenen natürlich sowieso nicht. Aber es gab auch sowjetische Staatsbürger, die quasi Verbannte waren. Sie lebten und arbeiteten, oft mit ihren Familien, in ihrem Beruf auf den verschiedenen Baustellen, durften aber ebenfalls das Gebiet nicht verlassen.

Schließlich befanden wir uns noch in der Stalinzeit, und hier schloss man nahtlos an die Verbannungspraxis der Zaren an. Der Dichter Lermontow beispielsweise war nach einem Duell nach Tiflis verbannt worden und hatte schöne und ergreifende Gedichte über den Kaukasus und die Drangsal seiner Verbannung geschrieben. Ein paar davon habe ich mir gemerkt.

Insgesamt arbeiteten im Raum Rustawi schätzungsweise 8000 Menschen, die Hälfte davon Kriegsgefangene, und unter diesen auch Ungarn, Rumänen, Balten, ja sogar Japaner. Dann kamen richtige Strafgefangene, männlich wie weiblich, sowie die sogenannten »Sakljutschonnies«, das bedeutete »Die Eingeschlossenen«. Das waren demobilisierte Soldaten, die nach Kriegsende in den westlichen russisch besetzten Gebieten gedient hatten. Sie waren für meist zwei Jahre hierher verbannt worden, um ihnen westlich-kapitalistische Gedanken auszutreiben.

Jeder Morgen begann in allen Lagern vor dem Ausrücken mit dem Zählappell. Man musste zehn Mann tief gestaffelt antreten. Nur die Kranken in der Lazarettbaracke waren davon befreit. Tote waren mitzubringen. Sie wurden anschließend von einem Pferdefuhrwerk fortgebracht und an einem bestimmten Platz verscharrt. Weil das dafür bestimmte Kommando auch nur aus schwachen Menschen bestand, meist waren es Rekonvaleszenten, gaben sie sich nicht allzu viel Mühe, die Gräber recht tief zu graben. Nachts hörten wir regelmäßig Schakale, deren Geheul an das Weinen von Kindern erinnerte. Man konnte auch ausgescharrte Leichenteile herumliegen sehen.

Die Zählappelle dauerten manchmal endlos, wenn beispielsweise der diensthabende Unteroffizier der Wachmannschaft nicht richtig zählen konnte oder ein Abgang nicht korrekt registriert war. Danach formierten sich die einzelnen Arbeitsbrigaden und marschierten, begleitet von mehr oder weniger Wachposten, die Konvoys genannt wurden, zu ihren jeweiligen Baustellen. Da ging es dann zu wie auf einem Ameisenhaufen, da die Kolonnen aus den in der Gegend verstreuten Lagern auf staubigen, unbefestigten Wegen in alle Richtungen zogen, sich gegenseitig kreuzten, nebeneinander her oder entgegen marschierten. Die Konvoys versuchten mit Gebrüll und auch mal mit Gewehrstößen ihre Schäflein zusammenzuhalten, wenn es eng herging.

Gearbeitet wurde nach dem in der ganzen Sowjetunion geltenden Normsystem. In einem mehrbändigen dickleibigen Werk waren alle nur denkbaren Arbeiten und Verrichtungen aufgeführt und dabei der Zeitaufwand für eine Arbeitseinheit angegeben. Ein einfaches Beispiel: Die

Norm von 100 Prozent für das Umschaufeln von Erde in einer Stunde betrug rund drei Kubikmeter. Musste der Boden erst mit der Kreuzhacke gelockert werden, genügten zwei Kubikmeter. Waren noch Steinbrocken wegzuräumen, wurde es noch weniger. Am Abend vor Arbeitsende kam dann der sogenannte »Normirowtschik«. Er maß die »Kubatura« aus, stellte eine »Sprawka«, also eine Bescheinigung, aus und gab sie dem »Brigadir«, dem Führer der jeweiligen Brigade mit. Sie wurde dann bei der Lagerleitung abgegeben. Nur Brigaden – sie wurden immer insgesamt gewertet – mit einer Arbeitsleistung von mindestens hundert Prozent, bekamen abends den sogenannten »Normkascha«. Das waren extra zur Abendsuppe noch einmal hundert Gramm Brei aus Graupen, Hirse, Mais oder was gerade da war..

Die Normen waren natürlich nur von einem athletisch gebauten, gesunden Arbeiter zu schaffen. In unserer ganzen Zeit habe ich es kein einziges Mal erlebt, dass wir bei Grabarbeiten die Norm zu hundert Prozent oder mehr erfüllt hätten. Abgesehen davon, dass man abends nur seine Wassersuppe bekam, wurde der Brigadir zum Lagernatschalnik, also dem Kommandanten, beordert, der laute Vorhaltungen machte, von »Sabotasch« sprach und »Dawai Sibir – ab nach Sibirien« androhte.

Natürlich gab es Tricks, um eine bessere Norm geschrieben zu bekommen. Wenn man die Gunst des Normirowtschik zu gewinnen vermochte – auch kleine Geschenke spielten da eine Rolle – dann wurde schon mal die Kategorie des Bodens etwas günstiger eingeschätzt oder die Kubatura des Tages großzügiger vermessen. Oft spielten die russischen oder georgischen Vorgesetzten direkt mit oder ermunterten sogar zum Schwindel. Wenn zum Beispiel Maschinenfundamente aus Beton zu gießen waren und der Obernatschalnik gerade nicht anwesend war, rief der Unternatschalnik »Dawai Kamen!«. Das hieß »Los, Steine!«. Daraufhin kippten wir kubikmeterweise Steinbrocken ins Loch. Das ging schneller, sparte Beton und verbesserte die Norm, von der ja auch der Natschalnik abhing. Ob das Fundament später der Belastung standhielt, scherte niemanden.

So entpuppte sich das ganze, ach so gerechte sozialistische Normsystem als ein gewaltiger Flop. Es erzog die Menschen systematisch zum Schwindeln, zum Wirtschaften in die eigene Tasche und in den höheren Etagen zu falschen, da zu günstigen Einschätzungen der Leistungsfähigkeit bis hin zu den völlig unrealistischen Zielen der jeweiligen Fünfjahrespläne. Darunter litt ja der ganze Kommunismus. Um zu funktionieren, hätte es eines anderen Menschen bedurft. Aber Lenins Umerziehungsversuche der Gesellschaft zum sozialistischen Menschentyp haben kläglich versagt, weil der Mensch einfach ganz anders ist als es dem ideologischen Wunschdenken entspricht.

Wir haben den real existierenden Sozialismus stalinistischer Prägung sozusagen aus der Froschperspektive, heute würde man sagen »an der Basis«, miterlebt. Alle Russlandheimkehrer hatten jedenfalls die Nase davon voll. Hätten die Russen uns von den Vorzügen des Kommunismus überzeugen können, wäre Deutschland wohl sozialistisch geworden. So aber wollten wir auf dieses System nie mehr setzen. Ich hatte einen Kameraden, der als Kommunist in einem deutschen KZ war. Kurz vor Kriegsende kam er von dort in ein sogenanntes Bewährungsbataillon, bei Kriegsende dann in sowjetische Gefangenschaft. Er hatte beides erlebt, wohl ein seltener Fall. Seine Meinung war eindeutig: Nie mehr Kommunismus!

Aber was wurde von den Arbeitskräften unseres Lagers eigentlich geschafft oder gebaut? Rustawi war ein Dörfchen mit ein paar Hütten am Ufer der Kura, dem hier etwa fünfzig Meter breiten Fluss, der aus dem Kleinen Kaukasus kommt und Richtung Osten fließt, um bei Baku in das Kaspische Meer zu münden. Das Kuratal selbst ist ein breites Urstromtal , im Norden vom Großen und im Süden vom Kleinen Kaukasus begrenzt. Der Hauptkamm des Kaukasus, etwa hundert Kilometer im Norden gelegen, war beeindruckend. Es war ja fast immer klare Luft, und da konnte man die stolzen Gipfel des Kasbek, der uns am nächsten war, und links anschließend des Dykh Tau und ganz links des Elbrus bewundern, alle drei zwischen 5000 und 5600 Meter hoch. Auch im Sommer, wenn bei uns sechzig Grad in der Sonne herrschten, waren sie vom Eis bedeckt und weiß – ein herrlicher Anblick, der vor allem bei Sonnenuntergang schöne rötliche Farbspiele hervorbrachte, durchzogen von bläulichen Schatten. Dadurch waren die täglichen Zählappelle mit dem endlosen Herumstehen erträglicher. Als einmal ein Adlerpärchen scheinbar ohne einen Flügel zu rühren über uns hinwegschwebte, dachte ich an unsere wunderbaren Berge und fragte mich, ob oder wann ich sie jemals wiedersehen würde.

Lager Rustawi 1947

Sven Hedin, der das Kuratal einmal bereiste, nannte es »Das Tal des Todes«, weil es außer einem kargen Steppenbewuchs, meist aus Wermutstauden bestehend, keine Vegetation gab, keinen Baum oder höheren Strauch. Nicht einmal einen Bahnhof gab es, nur ein Nebengleis. Was um alles in der Welt veranlasste also die Russen, ausgerechnet hier so viele Menschen und Baukapazität zusammenzuziehen?

Obwohl es nicht den Anschein hatte, war dieser Standort strategisch geschickt ausgewählt. Hier sollte einmal »Sozgorod« entstehen, die Sozialistische Stadt. Später wurde sie wieder auf Rustawi umgetauft. Hier wollten die Russen Erzvorkommen des Kaukasus verhütten, und als Energiequelle war das Erdöl von Baku nicht weit. Zudem gab es schon die Bahnverbindung nach Ost und West, zum Kaspischen und zum Schwarzen Meer. Alles war am Reißbrett geplant: Hüttenwerk, Walzstraßen, Feinblechstraßen, E-Werk und schließlich Häuser für zunächst einmal 50000 Menschen.

Als ich die Gegend im Jahre 1982 wieder besuchte – nun als freier Mensch – war Rustawi eine qualmende, verrußte Industriestadt mit 220000 Einwohnern. Bei unserer Ankunft im Spätherbst 1945 waren immerhin schon ein kleines mit Öl betriebenes Kraftwerk, ein Sägewerk, ein Beton- und Asphaltwerk sowie kleinere mechanische Werkstätten und ein Lkw-Fuhrpark vorhanden. Und die verschiedenen Lager. Platz gab es ja in jede Richtung genügend, man konnte großzügig denken. Für den geplanten Aufbau der genannten Industrie stand ein großes Menschenpotential zur Verfügung. Da galt es nun, nach Facharbeitern und Hilfskräften zu sortieren. Dabei war es völlig gleichgültig, ob es sich um einen Straf- oder einen Kriegsgefangenen oder einen »Sakljutschonny« handelte, es zählten nur die fachlichen Fähigkeiten. So war es selbstverständlich, dass an den verschiedenen Baustellen alle zusammenarbeiteten. Jede Baustelle war ja ohnehin abgesperrt und von den Posten, die uns hergeführt hatten, bewacht. Facharbeitern ging es vergleichsweise gut. Sie kamen in Brigaden, denen eine hohe Norm winkte. Wer nichts Brauchbares gelernt hatte, wie zum Beispiel die Offiziere, der musste sich mit Hilfsarbeiten begnügen: Löcher ausheben, Erde schippen, Beton verfüllen, Lkws beladen und ähnliches.

Offiziere hatten keine Sonderstellung, sie mussten zur Arbeit wie jeder andere. Abgesehen von den Generälen waren alle Ränge, vom Leutnant bis zum Oberst, hier vertreten. Allerdings wohnten wir in einer eigenen Baracke zusammen. Auf den Baustellen gab es zwar eigene Offiziersbrigaden, es kam aber auch häufig vor, dass Offiziere als »Brigadir« eingeteilt wurden, die entweder von der Brigade gewählt oder aber von den Russen bestimmt worden waren.

Die Leiter der einzelnen Lager rechneten die von ihnen gestellten Arbeitskräfte mit den verschiedenen Firmen ab wie in einem Dienstleistungsbetrieb. Daher sah der Leiter, »Natschalnik« genannt, unnachsichtig darauf, möglichst viele Gefangene auf die Baustellen zu schicken. Man musste schon sehr krank sein, um auch krank geschrieben zu werden. Auch der Natschalnik des Lagers hatte ja seine Norm, von deren guter Erfüllung sein Prestige und Fortkommen abhingen.

Irgendwann erfuhren wir einmal, dass es gemäß der Genfer Konvention für Kriegsgefangene verboten war, Stabsoffiziere für körperliche Arbeiten einzusetzen. Wir waren etwa zwanzig in unserem Lager, ich gehörte als Major ja auch dazu, denn der Begriff galt vom Major bis zum Oberst.

Wir beschlossen, gegen diesen Bruch des internationalen Rechts zu opponieren und traten in den Hungerstreik, indem wir einfach unser Essen nicht mehr von der Küche abholten. Beim Frühstück fiel dies noch nicht auf, wohl aber schon beim Mittag- und Abendessen. Als wir auch am nächsten Tag streikten, ließ uns am Abend der Lagernatschalnik antreten. Er brüllte uns an, in der Sowjetunion sei Hungerstreik verboten, weil jeder Bürger die Pflicht habe, seine Gesundheit zu erhalten, um seine Arbeitsverpflichtung für den sozialistischen Staat zu erfüllen. Das wäre Sabotage!

Unser dienstältester Obrist erwiderte ganz gelassen, wir streikten ja gar nicht, wir hätten einfach keinen Hunger. Knurrend ließ er uns abziehen. Wir brauchten natürlich nicht zu verhungern, denn unsere Kameraden steckten uns etwas zu, und wir hatten zuvor schon Brot gehortet. Als wir aber auch am dritten Tag kein Essen abholten, kam eine Lawine ins Rollen. Das Gerücht, dass Hungerstreiks über drei Tage nach Moskau gemeldet werden müssten und dort zentral zu bearbeiten seien, bewahrheitete sich, und plötzlich geschah ein Wunder. Es kam ein echter General aus Moskau angereist – unseretwegen! Der ließ uns Stabsoffiziere antreten, brüllte natürlich auch herum, wollte wissen, wer der Rädelsführer wäre, den würde er nach Sibirien verbannen. »Dawai Sibir!«, donnerte er mit lauter Stimme durch den Raum.

Wir erklärten, wir hätten keine Rädelsführer, und außerdem hätten wir ja auch jeden Tag gearbeitet. Allerdings wüßten wir, dass Stabsoffiziere nach der Genfer Konvention, die die Sowjetunion ja auch unterzeichnet habe, nicht körperlich arbeiten müssten. Der Lagernatschalnik habe uns daher zu Unrecht zur Arbeit geschickt, vielleicht um seine Statistik zu verbessern. Wir glaubten aber fest an die Vertragstreue der Sowjetunion und bäten den General um eine gerechte Entscheidung.

Der Natschalnik kochte, konnte aber angesichts des Generals nichts unternehmen. Wir wurden entlassen und hatten das mulmige Gefühl, dass uns Schlimmes bevorstand. Am nächsten Tag wurde beim morgendlichen Zählappell bekanntgegeben: »Die Stabsoffiziere bleiben im Lager.« Der Natschalnik aber ward nicht mehr gesehen und wurde kurze Zeit später von einem anderen abgelöst.

Unser Wagemut hatte sich also bezahlt gemacht und bewirkte, dass auch in den anderen Lagern ebenso verfahren wurde. Die Landser beglückwünschten uns, denn es war auch für sie eine Genugtuung, dass es uns gelungen war, den ungeliebten Natschalnik zu feuern. Wir Stabsoffiziere aber lagen von da an durchaus nicht auf der faulen Haut. Einige verstärkten die interne Lagerinfrastruktur, und wir anderen bildeten sozusagen einen Hilfspool, der sich anbot, im Austausch für angeschlagene, schwache oder kranke Kameraden zu arbeiten, die trotz Krankheit zur Arbeit hätten gehen müssen. Das war für manchen eine dankbar angenommene Erleichterung.

In jedem Fall gab es keine Kluft zwischen Offizieren, Unteroffizieren und den Landsern. Wir saßen ja alle im gleichen Boot, Dienstgradabzeichen gab es seit Anfang unserer Kriegsgefangenschaft nicht mehr, sodass man es keinem ansehen konnte, welchen Dienstgrad er einmal bekleidet hatte. Es galt lediglich der Kerl, der in einem steckte. So gab es Offiziere, die nur aufgrund ihres Dienstgrades und ihrer Achselstücke etwas darzustellen versuchten und nun unter »ferner liefen« rangierten. Und es gab Stabsgefreite, die souverän ihre Brigade führten. Dabei kam es zu keinen Schwierigkeiten, wenn höhere Dienstgrade in der Brigade waren, weil sie die Qualitäten des Führenden anerkannten.

Die Kriegsgefangenenlager waren alle nach dem gleichen Schema gebaut: vorn das große Tor mit einer breiten Öffnung für den Durchlass der Marschkolonnen, das nur früh und abends geöffnet wurde. Daneben ein Fußgängertürchen für den kleinen Personenverkehr sowie das Wachgebäude mit den russischen Posten. Umgeben war das Areal mit einem doppelten Drahtzaun, dessen Zwischenraum nachts von Hunden bewacht war. Außerdem waren nachts die Zäune und die Lagergassen hell erleuchtet. Hinter dem Tor erstreckte sich ein großer, länglicher Platz, auf dem jeweils zur Zählung angetreten wurde. Dahinter standen in mehreren Reihen, je nach Größe des Lagers, die Einheitsbaracken für je etwa hundert Mann. Sie waren einstöckig, aus Holz gebaut und auch mit hölzernen Dachschindeln gedeckt. In jeder Baracke gab es zwei Öfen, deren Beheizung unsere Sache war. Wenn man es im Winter einigermaßen warm haben wollte, musste man das Holz selbst organisieren und mitbringen. Entlang der Wände waren Holzpritschen aufgestellt für je zwei Mann, dazwischen ein kleiner Gang.

Im ersten Winter 1945/46 gab es noch keine Unterlagen, sodass es ganz gemein kalt war, weil es durch die dünnen Sperrholzbretter durchzog. Später wurden dann Strohsäcke geliefert, die wir selbst mit Stroh stopfen konnten. Das Stückchen Wand hinter seiner Pritsche konnte jeder für seine Privatsachen einrichten. Ich hatte mir von einem Kameraden ein Holzkästchen zum Aufhängen bauen lassen mit zwei Schiebetüren, auf denen ein Herz und ein vierblättriges Kleeblatt eingebrannt waren.

Hinter dem Appellplatz befanden sich die Funktionsbaracken: zunächst und in zentraler Lage die Küchenbaracke. Sie hatte mehrere Ausgabefenster, an denen die Brigaden zu bestimmten Zeiten in Kübeln das Essen abholten. Da in den Küchen nur große Kessel standen, war das Essen immer flüssig, meist mehr dünn- als dickflüssig. Lediglich der schon angesprochene Normkascha war wirklich ein Brei.

In den einzelnen Brigaden wurden die Essenholer, die für das Abholen zuständig waren, turnusmäßig eingeteilt. Dazu kamen noch diejenigen, die ebenfalls jeden Morgen an einem Sonderschalter das tägliche Brot abzuholen hatten. Die Zuteilung der Rationen erfolgte nach der zahlenmäßigen Meldung durch die Brigadiere und klappte im Allgemeinen. Stellte sich nach der Verteilung des Essens heraus, dass noch etwas übriggeblieben war, bekamen, soweit es eben reichte, eine oder mehrere Brigaden den ersehnten Nachschlag. Das war dann immer ein Festtag.

Die Verteilung innerhalb der Brigaden war Vertrauenssache. Man hatte sich Schöpfkellen aus Blechdosen gebastelt, und ein vertrauenswürdiger Kamerad handhabte sie vor den kritischen Augen der übrigen. Die Kunst des gerechten Zuteilens lag darin, durch Drehbewegungen die Konsistenz der Suppe gleichmäßig zu halten, um nicht nur Dickes von unten und Dünnes von oben auszuteilen.

Auch das Brot, das als viereckiges Kastenbrot geliefert wurde, musste nach Augenmaß gerecht verteilt werden unter besonderer Berücksichtigung der Kanten, die angesichts der glitschigen Brotmasse noch etwas Festes an sich hatten. In der Bäckerei, in der auch von Gefangenen für die ganze Lagertruppe gebacken wurde, versuchte man mit möglichst wenig Mehl auszukommen, um mit dem »Erwirtschafteten« dunkle Geschäfte machen zu können. Der Brotteig war so dünnflüssig, dass man ihn nicht in

Form von Laiben einschieben konnte, sondern mit Schöpfkellen in Blechkasserollen einfüllte und so buk.

So verhielt sich das mit allen möglichen »Produkten«, auch den Rohstoffen für die Küche. Die theoretischen Essensnormen, die landesweit genau festgelegt waren, hätten durchaus für das Überleben ausgereicht. Aber es wurde zu viel verschoben. Man konnte auch nichts dagegen machen, weil ja die Russen selbst mitmachten, um ihren kargen Sold aufzubessern.

Es gab regelmäßig auch Rauchtabak und dazu Zigarettenpapier zum Selberdrehen. Weil in Georgien Tabak auf den Feldern angebaut wurde, bekamen wir auch meistens richtigen Tabak und nicht den scheußlichen Machorka wie in anderen Regionen. Überraschenderweise erhielten wir Offiziere plötzlich echte Zigaretten Marke »Kasbek« und die Hälfte unserer Brotration in Weißbrot. Da in der deutschen Wehrmacht grundsätzlich alle gleich verpflegt wurden, lehnten wir ab und gaben das Weißbrot an das Krankenrevier ab, wo immer Kameraden mit heftigen Durchfällen lagen. Die konnten das dringender gebrauchen.

Schlimm war es, wenn die Verpflegung völlig einseitig wurde. So gab es eine Graupenzeit, das hieß morgens Graupensuppe, mittags und abends das Gleiche. Und das Tag für Tag. Man konnte diese verdammten Graupen nicht mehr sehen – es geht mir heute noch so. Dann kam noch hinzu, dass es auch kein Salz mehr gab, und das nicht nur bei uns im Lager, sondern in der ganzen Region. Da hatte die zentrale Planung wieder mal versagt. Also Graupensuppe ohne Salz! Das war kein Essen mehr, das war Tortur. Jetzt erst wurde einem bewusst, wie wichtig Salz für den Menschen ist. Man wurde matt wie eine Fliege vor dem Winter, und so erging es allen, da ja auch die Russen und Georgier kein Salz hatten.

Endlich kam die Erlösung. Eines Tages ging das Gerücht um, dass ein Salzzug erwartet würde. Die Leute von der Bahn spielten mit und stellten jedes Signal auf »Halt«, sodass die Menschen sich auf die offenen Waggons stürzen konnten, um einen Brocken Salz zu ergattern. Das Salz kam so an, wie es im Bergwerk gebrochen worden war, noch mit Schichten von grauem Lehm dazwischen. Man schob sich »seinen« Brocken unter die Jacke und leckte verstohlen daran. Hatten sich alle bedient, konnte der Zug bis zur nächsten Station weiterfahren.

Auch die Fleisch- und Fischrationen waren im Prinzip geregelt. Bloß stand nichts über die Qualität in den Vorschriften. So kamen gelegentlich Lkws vom Tifliser Schlachthof an, die Rinderköpfe, Kutteln und Unterschenkel mit den Hufen daran geladen hatten. Wenn so eine Ladung im Sommer auf einem offenen Lkw angeliefert wurde, stank es im ganzen Lager. Und wenn es kein Fleisch gab, wurde die Zuteilung einfach in Fisch umgerechnet. Das waren immer kleine Sprotten, die in Holzfässern in Salz eingelegt waren. Was gelegentlich fehlte, war jetzt zu viel. Man konnte die salzige Masse kaum hinunterkriegen und bekam einen fürchterlichen Durst. Manche waren außerstande, sie zu essen, andere ließen sich deren Rationen geben und verschlangen vor Hunger Mengen davon. Sie bekamen oft vom eingelagerten Wasser Ödeme an den Beinen. Andere taten es auch absichtlich, um mit einem Transport von Heimkehrern als Arbeitsunfähige nach Hause zu kommen. Die Rechnung ging allerdings nicht immer auf, und manchmal war bei einem solchen Wettlauf der Tod schneller.

Einen Winter lang gab es nur gefrorene Kartoffeln, die wir abends nach der Arbeit schälen mussten. Diese Tätigkeit war natürlich nicht gerade beliebt. Da man möglichst schnell fertig werden wollte, waren die Schalen recht dick, dazu kamen noch die verfaulten Stellen, die man wegschneiden musste. Für die Suppe blieb da nicht mehr viel übrig. Außerdem roch es dabei unangenehm.

Die Essen- und Brotausteiler wurden immer von ihrer Brigade gewählt. Ich bin heute noch stolz darauf, dass ich die meiste Zeit meiner Gefangenschaft als solcher eingeteilt worden bin. Das Essen war tatsächlich das Allerwichtigste im Leben eines »Wojennoplennyi«, wie wir auf Russisch hießen. Der Hunger war während der gesamten Zeit in Russland unser täglicher Begleiter. Und wer nicht einigermaßen clever war, um sich irgendwie Essen zu besorgen, der magerte systematisch ab und konnte dann möglicherweise eine Krankheit nicht mehr überstehen.

Natürlich gab es in unserem Lager eine Banja, ein Bad. Die Russen hatten große Angst vor Läusen und den Krankheiten, die sie übertragen konnten. Daher fand jede Woche einmal eine Entlausung statt. Man kam im Schub hinein. Dann mussten sich alle ausziehen und ihre Klamotten auf einen Bügel hängen. Die kamen dann in einen großen Kasten, der von außen beheizt wurde. Bis die Sachen so weit erhitzt waren, dass man annehmen konnte, die Läuse seien vernichtet, konnten wir uns unter den Duschen abseifen und waschen. Dazu bekamen wir sogar ein Stückchen grobe Seife. Danach warteten wir auf der anderen Seite, sozusagen der reinen, darauf, dass unsere Sachen aus dem Ofen kamen und wir sie wieder anziehen konnten. Manchmal allerdings war die Temperatur im Ofen so niedrig oder das Durchschleusen so schnell, dass wir spöttelten, jetzt habe man eher zur Vermehrung der Läuse beigetragen, weil man sie auf eine angenehme Betriebstemperatur gebracht habe.

In der Banja war auch das Reich der Friseure und Parikmacher, was eigentlich Perückenmacher bedeutete. Da Rasiermesser für Kriegsgefangene verboten waren, durften sie nur von zuverlässigen und sorgfältig ausgesuchten Gefangenen verwendet werden. Meistens waren dies, wie auch das Küchenpersonal, Rumänen. Da wurde man dann alle 14 Tage auch noch rasiert. Es war ein unangenehmes Gefühl, wenn einem da jemand mit so einem scharfen Ding am Hals herumfummelte.

Bei der Entlausungszeremonie wurden nicht nur Kleiderläuse bekämpft, die sich in Falten oder Nähten festsetzen, sondern auch die sogenannten Filzläuse, die sich in den behaarten Regionen des Menschen aufhalten. Zu diesem Zweck stand beim Duschen während der Entlausung ein Bottich mit Karbidschlamm bereit, aus dem wir eine Handvoll schöpfen mussten, um lange und kurze Haare damit einzuschmieren. Die Wirkung war radikal, denn sämtliche Haare inklusive der Kopfhaare fielen sofort aus. Das Gemeine war jedoch, dass dieses Verfahren bei der kleinsten offenen Hautstelle höllisch brannte und auch Ekzeme hervorrief. Überwacht wurde diese Aktion in der Regel von einem russischen Feldscher. Manchmal machte sich auch die uniformierte Lagerärztin, Miss Silberzahn, den Spaß, uns dabei zuzusehen. So viele nackte Männer auf einmal! Unser Anblick muss ihr eine große Freude bereitet haben.

Einmal kam ich auf eine verrückte Idee, um die Russen zu ärgern. Uns war befohlen worden, die Kopf-, Scham- und Achselhaare zu entfernen. Von Barthaaren war aber keine Rede gewesen. Also ließ ich mir einen Vollbart stehen, den ersten meines Lebens. Um diesen Bart ging es jedes Mal bei der Entlausung, weil ich ihn nicht dem Karbidschlamm oder dem Friseur ausliefern wollte. Schließlich gewöhnte man sich an mich und meine Marotte, und Russinnen, die mir draußen begegneten, hielten mich für einen Doktor. Mit Brille und Vollbart – das konnte nur ein »Wratsch«, ein Arzt sein. Kichernd bestürmten sie mich um Pillen und glaubten mir nicht, dass ich sie nicht liefern wollte oder konnte.

An der Banja befanden sich auch die Waschgelegenheiten. Es handelte sich dabei um lange Blechrinnen mit einer Reihe von Wasserhähnen und einem kleinen Schleppdach darüber. Im Sommer war das gut, im Winter allerdings saukalt. Man hätte glauben können, dass Eiswürfel aus den Wasserhähnen purzelten.

Das Krankenrevier war das Reich der schon genannten Miss Silberzahn. Sie hatte, wie erwähnt, ihren Spitznamen einer ganzen Reihe von Metallkronen zu verdanken, auf die sie offensichtlich stolz war. Wenn ihr einmal ein Lächeln auskam, blitzten die »Silberlinge«, dass es eine wahre Freude war. Sie stand im Rang eines Kapitan, also eines Hauptmanns. Ihr beigeordnet waren einige Feldschere, wie es sie in der russischen Armee gibt. Die eigentliche Arbeit aber machten deutsche Ärzte und Sanitäter. Wer arbeitsunfähig wurde, konnte hier ambulant oder stationär behandelt werden. Letzteres musste meist dann sein, wenn man wieder einen Malariaanfall hatte.

Malaria war die Geißel dieser Gegend. In den zahlreichen Altwasserarmen der Kura nisteten und vermehrten sich die Anophelesmücken, die die Krankheit übertragen. Vor allem in der Dämmerung schwärmten sie aus. Man erkannte sie daran, dass sie im Gegensatz zu normalen Stechmücken den Hinterleib hochreckten. Schutz in Form von Moskitonetzen gab es natürlich nicht. Leider machten sie auch keinen Unterschied zwischen Freund und Feind, denn die Russen erwischte es natürlich ebenso. Die Anfälle kamen meist in der warmen Jahreszeit und wiederholten sich etwa alle vier Wochen. Zumeist, so auch bei mir, handelte es sich um die Form *Malaria tertiana*, während die gefährlichere Form *Malaria tropica* nur selten auftrat. Man versuchte sich dagegen zu schützen, indem man seine

Decke möglichst um den ganzen Kopf zog und nur einen kleinen Schlitz um die Nasenlöcher freiließ. Aber oft verrutschte die Decke und bot freie Haut zum Stich. Außerdem versuchten spezielle Lagerkommandos, die stehenden Gewässer mit Rohöl zu verseuchen, um die Brut zu vernichten. Denn damals war der Begriff Ökologie noch unbekannt.

Ein Malariaanfall lief immer nach dem gleichen Schema ab. Plötzlich und wie aus heiterem Himmel bekam man Schüttelfrost. Ohne etwas dagegen tun zu können, zuckten Arme, Beine und Kopf. Man klapperte mit den Zähnen und musste sich hinlegen. Grund für die Attacke war der Umstand, dass die von den Mücken stammenden Plasmodien über die Leber schlagartig in das Blut ausgeschüttet wurden. Durch die Reaktion der Abwehrkräfte stieg die Temperatur in weniger als einer Stunde auf vierzig Grad und darüber, man fror selbst im heißesten Sommer. Nach sechs bis acht Stunden ließ das Fieber nach und wich bei allgemeiner Mattigkeit einem wohlig-warmen Gefühl. Am nächsten Tag war Ruhe, am dritten Tag – daher der Name *tertiana* – ging es wieder mit Schüttelfrost los.

Nach dem ersten Anfall wurde man in die Sanitätsbaracke gebracht und bekam Medikamente, die dem Chinin verwandt sind. Ohne sie würden sich die Anfälle bis zum Tod wiederholen. Mit Hilfe von Acrichnin und Plasmozit wurden die nächsten Anfälle immer schwächer, und nach etwa acht Tagen wurde man von der Ärztin gesund geschrieben. Nach rund vier Wochen wiederholte sich das ganze Spielchen, weil dann Abkömmlinge der Plasmodien, die in Leber und Rückenmark überlebt hatten, wieder massenhaft virulent wurden. Aus diesem Grund gab es später auch so häufig Rezidive. Ich selbst hatte Glück, dass nach meiner Heimkehr und einer nochmaligen Tablettenkur nichts mehr nachkam. Die Leber als hauptleidtragendes Organ blieb allerdings noch lange deutlich vergrößert.

Auch anderes Ungeziefer machte uns zu schaffen und vergällte manche Nachtruhe. Das waren Flöhe und Wanzen. Bei Flöhen musste man gegen das Einzeltier auf Fang gehen. Die Wanzen dagegen traten meist in Scharen auf und mussten entsprechend bekämpft werden. Sie hatten die Angewohnheit, sich tagsüber in den Ritzen der Bettgestelle zu verstecken, um dann bei Nacht hervorzukrabbeln und sich an unserem Blut zu laben. Das gab schmerzhafte Stichwunden. Als ich einmal mit Malaria in der Sanitätsbaracke lag, zählte ich aus Langeweile meine Wanzenstiche am linken Unterarm. Bei 200 habe ich aufgegeben.

Um diesen lästigen Zustand etwas zu verbessern, flammten wir öfters an den freien Sonntagen die Pritschen und Holzwände mit Lötbrennern ab. Wir mussten uns nur vorsehen, dass nicht die ganze Baracke in Flammen aufging. Ein Oberst war in unserer Baracke, dem dieses Ungeziefer besonders schlimm zusetzte. Er schien sie alle besonders anzuziehen, sodass er nie schlafen konnte. Darum ging er nachts auf Floh- und Wanzenjagd. Auf einem Holzbrettchen legte er die erlegten Tierchen in eine Reihe, die wir am nächsten Morgen bewundern konnten.

Das mag alles ganz lustig klingen, war es aber keineswegs, weil diese Plagegeister uns Kriegsgefangene in unseren dringend benötigten Ruhezeiten störten und auf Trab hielten.

Zum Gesundheitsdienst russischer Prägung gehörte auch die jeden Monat einmal stattfindende »Komisowka«, die von uns »Schwanzparade« genannt wurde. Zweck der Veranstaltung war es, die individuelle Leistungsfähigkeit anhand von Gesundheitskategorien festzulegen, um die für die Erfüllung der Norm erforderlichen Leistungen festzusetzen. Die erste Kategorie, das waren die Stärksten, musste die Norm ohne jeden Abzug schaffen, die zweite zehn Prozent weniger, die dritte nochmal etwas weniger. Dann kam die Kategorie »OK«. Ich weiß nicht mehr, was der Begriff bedeutete, jedenfalls brauchte man bis zur nächsten Komisowka nicht zur Arbeit hinaus und machte leichten Innendienst. Das schlechteste Urteil war »Dystrophia«. In diese Kategorie wurden die abgemagerten Skelette eingestuft, die aus den Heimkehrerbildern bekannt sind. Sie kamen in ein gesondertes Lager und sollten sich bei besonderer Kost erholen. Kamen genug Dystrophiker zusammen, so konnten sie auf einen Heimkehrertransport hoffen – sofern sie lange genug überlebten.

Am Tag der Komisowka, immer an einem Sonntag, damit keine Arbeitszeit verloren ging, wurde auf dem Appellplatz ein Tisch mit Stühlen aufgebaut, an dem Miss Silberzahn und die Schreiber Platz nahmen. Wir gingen nun mit blankem Oberkörper im Gänsemarsch auf sie zu. Die Hosen waren geöffnet, sodass wir sie mit beiden Händen am Bund halten mussten. War man an der Reihe, musste man sie herunterlassen. Wenn die Ärztin den Kandidaten von vorne begutachtet hatte, musste dieser kehrt machen und ihr das Hinterteil entgegenhalten. War sie sich über die Kategorie im Zweifel, so kniff sie den Betreffenden in den Po. War der noch einigermaßen knackig, so kam eine bessere Kategorie heraus, waren es nur noch traurige Falten, so wurde es eine geringere. Von welchen Empfindungen sie dabei erfasst wurde, blieb uns verborgen, und es war auch uninteressant, denn in unserem Zustand gab es für uns absolut keine erotischen Gefühle.

Ein wichtiger Teil unseres Lagers war auch die im hintersten Eckchen gelegene »Ubornaja«, auf Deutsch die Latrine. Eine Kanalisation gab es natürlich nicht. Also wurde in der ersten Phase einfach ein rechteckiges Loch von etwa zwei Metern Tiefe ausgehoben. Darüber wurden im Abstand Bohlen gelegt. Man setzte sich auf zwei benachbarte und verrichtete dazwischen hinein sein Geschäft. Bei besonderem Andrang ließ es sich dabei oft nicht vermeiden, dass man sich unmittelbar hinter dem Hinterteil seines Vordermannes einreihen musste und gezwungen war, ihn aus nächster Nähe zu betrachten. Später wurde es allerdings etwas komfortabler. Es wurden aus Holz sogenannte »Zwölfzylinder« mit Dach gebaut. Die Erdgrube war nun kreisrund. Sie wurde mit Brettern abgedeckt, in die man zwölf Löcher sägte, die einen Kreis bildeten, sodass man bei der entsprechenden Verrichtung immerhin nach außen schauen konnte und nicht auf die Rückseite des Vordermannes. Im Winter pfiff der Wind durch die offene Anlage, und der weite Weg von den Baracken hierher wurde für manchen Kameraden zum Problem, vor allem wenn er die »Scheißerei« hatte und nachts häufig zur Latrine gehen musste. Dafür stank es im Sommer in der Umgebung ganz infernalisch, abgesehen vom Ungeziefer, das diese Einrichtung anzog.

Der Bau eines solchen »Zwölfzylinders« zeigt übrigens beispielhaft die Schwäche des strikten Zentralismus der Sowjetverwaltung. Denn war die Grube voll, musste man an benachbarter Stelle eine neue graben. Ich war Angehöriger dieses Bautrupps. Wir wollten das alte Häuschen einfach abreißen und an der anderen Stelle wieder errichten. Da kam von der Bauverwaltung der Lagergruppe Einspruch. Der Neubau des Latrinenhäuschens müsse erst von Moskau genehmigt werden.

Wir griffen uns an den Kopf. Das konnte doch nicht wahr sein! Wir mussten tatsächlich warten, bis der Bauantrag genehmigt war. Mittlerweile lief die alte Ubornaja über. Endlich war die Baugenehmigung da, und wir konnten das Häuschen bauen. Ich habe die Baugenehmigung mit meinen eigenen Augen gesehen: ein perfektes Stück

Bürokratie, unterzeichnet mit Moskau, Datum, Unterschrift. Da wurde mir klar, dass es mit dieser Art von Wirtschaft nicht aufwärtsgehen konnte.

Wohl aufgrund der schlechten hygienischen Verhältnisse bekam ich im Frühjahr 1946 Gelbsucht, eine *Hepatitis A*. Haut und Augäpfel färbten sich gelb, ich litt unter starker Müdigkeit. Ich kam für etwa 14 Tage ins Krankenrevier zur Erholung. Medikamente gab es nicht, es musste einfach von selbst wieder gut werden. Ich erholte mich auch, und bei der nächsten Komisowka wurde ich OK gestellt. Währenddessen wurde eine Stelle als »Utschotschik« ausgeschrieben in der »Lesopilnyi Sawod«. In dieser Funktion vermaß man im Sägewerk die angelieferten Rundholzstämme und die erzeugte Schnittware.

Mich hatte es immer schon zum Sägewerk gezogen, denn zu Hause wartete auf mich der Sägewerksbetrieb meines Schwiegervaters, in den ich nach meiner Rückkehr eintreten sollte. Und hier konnte ich schon erste Erfahrungen sammeln. Als OK-Mann hätte ich gar nicht zur Arbeit hinausgemusst. Daher war die Lagerleitung sichtlich erfreut, dass sie einen Innendienstmann zur Arbeit nach draußen einteilen konnte. Voraussetzung waren meine Russischkenntnisse, die mittlerweile für diese Tätigkeit ausreichten. Die nötigen Fachausdrücke hatte ich mir schnell angeeignet.

Man darf nicht vergessen, dass auch die Georgier Russisch als Fremdsprache lernen mussten. Man sprach ein Primitivrussisch, Schlusenrussisch genannt, das ähnlich einfach war wie Pidgin-Englisch. So ging ich also täglich in mein Sägewerk und vermaß fortan die Kubatura.

Von Montag bis Samstag wurde gearbeitet. Es blieben also nur der Abend und der Sonntag zur Freizeitgestaltung, sofern nicht Entlausung oder Komisowka angesagt waren. Hauptsache war, sich nicht unterkriegen zu lassen.

So gab es bald allerhand Aktivitäten, um geistig rege zu bleiben. Man konnte Russisch lernen, was zur Verbesserung der Situation im Lager beitragen konnte. Mein baltischer Freund entwickelte eine eigene Grammatik, fein säuberlich auf das braune Papier von Zementsäcken geschrieben. Es gab nämlich in unserem ganzen Umkreis kein anständiges Papier. Also klauten wir Zementsäcke, die aus mehreren Lagen gefertigt waren und den Erfordernissen einigermaßen entsprachen. Schach spielen war auch sehr beliebt. Die Figuren wurden aus kaukasischem Nussbaum geschnitzt: Das dunkle Kernholz ergab die schwarzen, das helle Splintholz die weißen Figuren. Die Schachbretter wurden ebenso angefertigt. Und natürlich spielten wir Karten. Ich lernte Bridge beim Grafen von Hochberg mit selbstgebastelten Karten, die er aus dem Isoliermaterial einer Firma für Hochspannungskabel herstellte und bemalte.

Die erste größere Kulturtat war die Gründung eines Männerchors. Unter den Lagerinsassen befand sich auch der Domkapellmeister von Speyer. Dieser suchte sich die erforderlichen Stimmen zusammen und schulte sie. Ich sang im zweiten Bass mit. Bald fand das erste und vielbeachtete Lagerkonzert mit allerlei Volksliedern und dem eigens einstudierten georgischen Volkslied »Suliko« statt. Ich kann mich noch an die Anfangsstrophe erinnern: »Sagwarli saplaws wezepti, sadachartschemo Suliko.« Ein junger Mann sucht seine geliebte Suliko überall, bis er sie endlich in einem Grab, bedeckt mit weißen Rosen, wiederfindet. Durch dieses Lied machten wir uns die Georgier in unserer Umgebung zu Freunden. Sie kamen ebenso wie später auch die Russen mit Begeisterung zu unseren Vorstellungen. Das war Kultura im Kaukasus.

Als Nächstes kam ein richtiges Orchester zusammen. Ich erzählte schon von unserem Stabsarzt am Klavier in

Tabor. Es gab noch genügend andere Musiker im Lager, das Problem waren die Instrumente. Da machte sich ein Wiener Geigenbauer daran, Streichinstrumente zu bauen. Er suchte die Umgebung nach geeignetem Holz ab und ließ sich die Instrumente von Kameraden anfertigen. Zwar baute er seine Geigen nicht mit den traditionell geformten Zargen, sondern wie Gitarren. Sie hatten aber trotzdem einen hervorragenden Klang. Für die Saiten organisierten wir Därme von Schafen, und ein Spezialtrupp machte sich daran, die notwendigen Saiten herzustellen.

Ein anderer baute aus Sperrholz einen Kontrabass, ein weiterer ein Xylophon. Nun trat auch der Politoffizier des Lagers auf den Plan. Er verwaltete einen Kulturfonds, aus dem er einige Holz- und Blechblasinstrumente finanzierte. Und so gedieh unser Lagerorchester und wurde immer klangvoller. Die Noten wurden aus dem Gedächtnis aufgeschrieben, natürlich wieder auf Zementsäcke. Das erste Konzert war ein Riesenerfolg und endete mit minutenlangem Applaus.

Als Nächstes kam eine Theatergruppe hinzu. Sie hatte sogleich ehrgeizige Ziele. Spiritus Rector war ein Berufsschauspieler aus Berlin, der Haubenreißer hieß. Er hatte mehrfach den Mephisto in Goethes *Faust* gegeben und hatte die Idee, dieses anspruchsvolle Stück auf die Bretter unseres Lagers zu bringen, die auch hier die Welt bedeuteten. Unter den vielen Gefangenen suchte er sich Kameraden aus, die für die Rollen geeignet waren. Es war klar, dass er selbst den Mephisto spielen würde. Als Faust fand er einen Hauptmann, der ihn überzeugend darbot. Das Gretchen war ein ganz junger, noch im letzten Moment eingezogener Kamerad, der sich so mit seiner Rolle identifizierte, dass wir befürchteten, er würde bei der Schlussszene wirklich überschnappen. Die Marthe Schwertlein wurde ebenso überzeugend von einem homosexuellen

Konzert des Lagerorchesters

Kameraden dargestellt, der zum Eingewöhnen wochenlang mit Stöckelschuhen herumlief. Mich traf das Schicksal des Famulus Wagner.

Ich hatte schon immer ein Faible für skurrile Rollen. Die Vorbereitungen dauerten fast ein ganzes Jahr. Was musste alles bedacht werden! Zunächst einmal bekamen wir die Genehmigung, eine Baracke als Theatersaal mit Bühne und Zuschauerraum umrüsten zu dürfen. Dort malte ein Kamerad wahnwitzige Prospekte mit endlos weiten Perspektiven. Er war früher bei Metro Goldwyn Meyer beschäftigt gewesen und hatte die Kinoplakate vor den Lichtspieltheatern gestaltet. Aber wo sollte man bloß Farben herbekommen? Die wurden von wieder einer anderen Gruppe gemischt. Schwarz war Holzkohle, grün war Plasmozit, gelb Acrichnin, beides aus der Malariaprophylaxe, rötliche Töne wurden aus verschiedenen Erden komponiert.

Das waren also die Kulissen. Das nächste Problem waren die Perücken der »Frauen«. Einer hatte die gute Idee, allen Pferden die Schwanzhaare abzuschneiden. Die dunklen waren für Marthe, die Schimmelhaare für Gretchen. Sie wurden mit Acrichnin gelb beziehungsweise blond gefärbt. Ein Kamerad, der Perückenmacher am Wiener Hoftheater gewesen war, zauberte aus den Pferdehaaren tolle Perücken, sodass sich unsere »weiblichen« Darsteller tatsächlich als Frauen fühlen konnten. Der Lagerchor übte den Choral »Christ ist erstanden« für die Osterszene ein. Voraussetzung für das Gelingen war natürlich, dass Haubenreißer den ganzen Text des »Faust« auswendig kannte und wir die einzelnen Rollen abschreiben konnten.

Der große Tag der Erstaufführung nahte heran. Wir hatten den russischen Lagernatschalnik und die übrigen Offiziere inklusive des Politoffiziers nebst Anhang eingeladen. Es wurde ein voller Erfolg, und wir mussten das Stück unzählige Male für alle Kameraden wiederholen, auch in anderen Lagern unserer Lagergruppe.

Dieser Erfolg trieb uns zu neuen Herausforderungen. Als Nächstes stand die Gesellschaftskomödie »Bunbury« von Oskar Wilde auf dem Theaterplan. Ein Kamerad namens Balve hatte den Text rekonstruiert und inszenierte das Stück. Dieses Mal wurde mir die Rolle des jugendlichen Helden Algernon angetragen. Danach sollte die große Ausstattungsrevue »Maske in Blau« starten. Inmitten der Vorarbeiten wurde ich dann 1949 nach Kiew versetzt. Über den Erfolg der Aufführung habe ich leider nie etwas erfahren.

Kultur und Politik waren im Lager eng verzahnt. Es gab also einen Politoffizier. Er holte uns gelegentlich zu einem »Meeting« zusammen. Das war ein neurussisches Wort. Er versicherte uns immer wieder, dass wir bald nach Hause kämen. »Skoro damoj« hieß das auf Russisch. In der Lagerbibliothek gab es neben dem *Kapital* von Karl Marx auch eine mehrbändige Ausgabe der Schriften von Lenin in Deutsch. Ich las darin, um mich weiterzubilden, und fand plötzlich eine bemerkenswerte Stelle. Sie lautete: »Ein Land, das Kriegsgefangene länger als ein halbes Jahr nach einem Friedensschluss noch in seinem Gewahrsam hält, macht sich der Sklavenhalterei schuldig.«

Jedesmal, wenn er mit seinem »Skoro damoj« daherkam, zitierte ich diesen Satz von seinem Idol Lenin. Er fauchte zwar, konnte aber nichts dagegen erwidern. Übrigens war auch er jüdischen Glaubens. Schließlich stellten die Juden eine besonders gebildete Gruppe innerhalb der russischen Gesellschaft dar und viele von ihnen beherrschten eben die deutsche Sprache. Plötzlich aber war unser Politoffizier verschwunden. Es hieß, er habe Gelder für unsere Kulturarbeit veruntreut. Er war jedenfalls degradiert worden und tauchte plötzlich in einem Konvoi strafgefangener Russen auf, in dem er mitmarschieren musste. Als die Deutschen ihn erkannten, riefen sie ihm aus ihrer Marschkolonne heraus ein höhnisches »Skoro damoj!«zu. Auch das war Russland!

Im Sommer 1947 erkrankte ich an Typhus. *Typhus abdominalis*, also Bauchtyphus, hervorgerufen sicher durch das unsaubere Wasser der Kura, das wir tranken, um in dem tropischen Klima unseren schlimmsten Durst zu stillen. Zwar kamen die Pferdefuhrwerke mit der mittäglichen Suppe auf die Baustelle und hatten auch etwas Wasser dabei, aber das reichte bei weitem nicht aus, um den Durst zu stillen. Auch kochten wir uns aus Wermutkräutern Tee, aber wer hatte schon eine Feldflasche? Also trank man das Wasser der Kura, in das vierzig Kilometer weiter oberhalb die Abwässer von Tiflis eingeleitet wurden – ungefiltert, versteht sich!

Ich bekam also hohes Fieber, diesmal nicht wegen Malaria. Im Krankenrevier stellte man schnell die Diagnose und schob mich in ein Nebenlager ab, wo auch eine Isolierstation eingerichtet worden war. Russischer Gepflogenheit entsprechend musste ich meine Kleider ausziehen und bekam als Anstaltskleidung ein Leinenhemd, aus dessen Hinterteil jemand Fußlappen geschnitten hatte, sodass dieser Teil fehlte. Und die leinene Unterhose war noch vom Vorgänger mit Kot verschmiert, also nicht ausgewaschen. Aber, was soll's. In meinem Zustand war mir alles gleich. Ich legte mich auf den mir zugeteilten Strohsack inmitten von etwa einem Dutzend Kameraden, die alle an Typhus erkrankt waren. Abwechslung gab es keine, man dämmerte in den Tag und die Nacht hinein. In den ersten beiden Wochen hatte ich ständig extrem hohes Fieber und, wie es typisch war, ein Abwesenheitsgefühl und Halluzinationen.

Eines Tages kam ein Sanitäter herein und fragte: »Gibt es da einen Dennerlein?«

Ich sagte »Hier!«, worauf er mir einen Brief auf meine Decke warf. Ich reagierte erst gar nicht darauf und ließ ihn liegen. Wohl von einem Kameraden aus meinem Lager? Nach einiger Zeit schaute ich mir den Brief doch etwas genauer an. Die Anschrift lautete in kyrillischer Schrift: »An den russischen Gefangenen E. D., Lager 7181/2, Rustawi, vierzig Kilometer südlich Tiflis«. Ich schaute auf den Absender: Karin Dennerlein, Ortenburg. Nun glaubte ich, verrückt geworden zu sein. Noch nie war Post aus der Heimat in unsere Lager gekommen. Und nun sollte dies tatsächlich ein Brief von dort sein? Undenkbar! Mit zitternden Fingern machte ich den Umschlag auf: Es war die Handschrift meiner Frau, und es lag ein kleines Bild meiner Tochter dabei. Mir kamen die Tränen, und ich wurde von meinen Gefühlen überwältigt. Im Überschwang der Gefühle kam mir das folgende Gedicht in den Sinn, das ich aus heutiger Sicht als kitschig empfinde, das aber damals meine Gemütslage treffend widerspiegelte:

Das erste Bild

Lager Rustawi bei Tiflis (1947)

Neulich ist ein Bildchen klein
mit der Post gekommen.
Fragte mich: Wer könnt das sein,
war erst ganz beklommen.

Sah mich draus ein Mädel an,
frisch wie Frühlingswind,
dass ich›s gar nicht fassen kann
Das ist ja Dein Kind!!

Sitzt gar lieb am Waldesrand
auf dem Felsenblock,
hält gefaltet Hand in Hand
sittsam auf dem Rock.

Lustig flattern blonde Locken,
schelmisch lacht der Mund,
Augen wie zwei Blumenglocken,
himmelblau und rund.

Doch der Schalk sitzt ihm im Nacken,
hält das Köpfchen keck,
und gleich wird es wieder lachen,
gleich läuft's wieder weg.

Und dann wird es wieder springen
wie ein Füllen klein
und wird trällern und wird singen
und wird fröhlich sein.

Du bist nun mein Töchterlein,
Mädchen auf dem Bild,
hast gestimmt das Herze mein
friedevoll und mild.

Als mich hieß das hart Gebot
aus der Heimat geh'n,
konntest du mit knapper Not
auf den Füßen steh'n,

Und jetzt läufst du wie der Wind
schon daheim herum
und bist schon ein großes Kind,
nicht mehr ganz so dumm.

Trugst in meines Daseins Grau
einen Sonnenstrahl,
kleines Abbild meiner Frau
Dank dir allzumal!

Seh der Tage öden Lauf
pfeilschnell weiterweh'n,
seh in ew'gem Ab und Auf
so die Zeit vergehn.

Zeigst mir die Gefangenschaft
und mein hart Geschick,
gibst mir aber auch die Kraft
für den Weg zurück!

Es stellte sich später Folgendes heraus: Ich hatte einem Kameraden, einem Hauptmann, der entlassen wurde, meine Adresse gegeben. Er wurde nach Passau, unweit von meiner Heimatgemeinde Ortenburg, gebracht und nahm

Kontakt mit meiner Familie auf. Dort ließ er sich erst einmal gut verpflegen und beschriftete einige Kuverts auf Kyrillisch mit der genannten Adresse. Meine Frau schickte dann Briefe mit diesen Kuverts auf gut Glück los – und hatte Erfolg damit. Das ist auch wieder typisch Russland. Wenn ein Dokument einmal einen Stempel hat, ist es ein Dokument, das entsprechend zu behandeln ist. Also wurde der Brief mit dem deutschen Poststempel, nota bene ohne Briefmarke, postalisch behandelt. Der Briefträger kam ans Lagertor und gab ihn dort ab, er wurde mir etwa vier Wochen nach dem Versenden ausgehändigt. Das geschah noch Monate vor Einführung der sogenannten Rotkreuz-Postkarte mit Antwortkarte, auf die wir anfangs nur 25 Worte schreiben durften. Die Angehörigen konnten dann die anhängende Rückpostkarte abtrennen und zurückschicken.

Ich war also in meiner Isolierstation überwältigt von der Nachricht aus meiner Heimat und bin heute noch überzeugt davon, dass sie für mich die Wende zur Gesundung war. Während ich zuvor in Lethargie verfallen war, erwachte nun neuer Lebenswille. Medikamente gab es auch bei dieser Krankheit nicht. Die nächsten Tage waren die entscheidenden. Nachts hatte man Fieber bis zu vierzig Grad Celsius, und am Morgen sank die Temperatur auf 35 Grad Celsius. Schweißausbrüche und Schüttelfrost wechselten einander ab. Das war natürlich eine enorme Belastung für das Herz, an der viele um mich herum starben. Ich war so euphorisch, dass ich zuversichtlich an meine Genesung glaubte. Und es gelang auch.

Eines Tages, das Fieber war bereits gewichen, wurde ich aus der Isolierbaracke entlassen, um in das OK-Lager geschickt zu werden. Das war etwa fünf Kilometer von meinem Lager entfernt. Ein Lkw sollte mich und etliche Kameraden dorthin bringen. Doch kurz hinter dem Lagertor gab dieser seinen Geist auf. Wir mussten den Weg zu Fuß zurücklegen. Das war in unserem Zustand die schlimmste Strapaze. Ich weiß nur noch, dass ich meinen Rucksack an einem Riemen hinter mir her zog und verbissen festhielt, um nicht meine letzten Habseligkeiten aufzugeben. Nach einer schier endlosen Zeit kam das neue Lager in Sicht. Wir wurden »hineingefilzt« und hatten eine Zeit der Ruhe und Regeneration vor uns. Während etliche Kameraden von dort aus die Heimreise antreten konnten, kam das für Stabsoffiziere wie mich nicht in Betracht. Nach einigen Wochen wurde ich wieder in mein altes Lager zurückgeschickt. Meine Kameraden zeigten sich ziemlich erstaunt, denn es kam nicht alle Tage vor, dass jemand nach einer Typhuserkrankung zurückkehrte.

Und wieder einmal hatte ich Glück. Es wurde ein Unfallverhütungs-Ingenieur für das Lager gesucht. »Inschenier po Technike Besopasnosti« hieß das im Russischen. Laut Statistik waren zu viele Gefangene während der Arbeit umgekommen. Vielleicht hatte es auch internationalen Druck gegeben, denn es herrschte ja schon Kalter Krieg. Sofort meldete ich mich und bekam auch die Position zugesprochen. Als Pionieroffizier konnte ich es mit den russischen Ingenieuren noch allemal aufnehmen. Hinzu kam, dass mein Russisch einigermaßen verständlich war und ich nach meiner Erkrankung für körperliche Arbeit ohnehin noch nicht in Frage gekommen wäre.

Als Erstes wurde ich zum Fotografen geschickt, der von mir ein Passbild von etwa Daumennagelgröße anfertigte. Ein Duplikat davon heftete ich mangels Klebstoff mit einem Faden an eine Kriegsgefangenenkarte. Es kam auch tatsächlich zu Hause an und löste große Freude aus. Nun bekam ich einen Propusk. Das war ein Ausweis, mit dem ich allein zu jeder Tages- und Nachtzeit und ohne Bewachung das Lager verlassen durfte. Es war natürlich wunderbar, nicht mehr in einem von Wachposten umgebenen Konvoi dahintrotten zu müssen. Einmal allein sein! Jetzt merkte ich erst, was das bedeutete, nicht immer in einer Menge zu stecken, ob im Lager oder auf den Baustellen. Dies war die beste Zeit für mich in der Gefangenschaft, weil man sie nicht mehr so unmittelbar spürte.

Natürlich konnte ich nicht faulenzen, denn ich musste für jeden Tag einen Rapport schreiben, wo ich gewesen war. Bei Beanstandungen schrieb ich ein Protokoll und übergab es der Lagerleitung. Manchmal konnte ich tatsächlich ein bisschen helfen, indem ich beispielsweise Geländer an den Baugerüsten verlangte oder Schutzbrillen für Kameraden anforderte, die mit der Schaufel gebrannten Kalk von Waggons abladen mussten. Darüber hinaus bahnte sich manch gutes Gespräch an mit Kameraden, die bedrückt waren. Ich kam mir fast wie ein Seelsorger vor.

Neben den dienstlichen Obliegenheiten blieb noch genügend Zeit für private Aktivitäten übrig, zum Beispiel wilde Maulbeeren oder Pfirsiche pflücken, die in den Kolchosen angebaut wurden, oder ein paar Maiskolben, Tabakblätter oder etwas Tee. Das Land war ja subtropisch und sehr fruchtbar. Man durfte sich natürlich nicht erwischen lassen, denn es gab Feldwächter.

Ein einträglicher Sport war auch die Jagd auf Landschildkröten, die es in Mengen gab, vor allem an den sonnigen Südabhängen des Kuratales. Wenn ich mit so einem Vieh, das mit Armen und Beinen ruderte, zur Wache hereinkam, schüttelte es die russischen Posten vor Ekel. Und wenn man dann noch erzählte, man werde sie verspeisen, hielten sie uns für Barbaren. »Njemjetzki nje kulturnyj!« Die Deutschen haben keine Kultur!

In Wirklichkeit verbesserten die Schildkröten den Speiseplan und dienten zur dringend benötigten Versorgung mit Eiweiß. Bis zum folgenden Sonntag wurden sie in einer Kiste unter der Pritsche gehalten. Dann kam das Schlachtfest. Zuerst musste man den Kopf abhacken, was nicht so einfach war, denn sie zogen ihn sofort in den Panzer zurück, wenn man sich ihnen näherte. Dafür hatte man einen speziell angefertigten Haken, mit dem man den Kopf herauszog. Die Schildkröten haben oft noch stundenlang ohne Kopf herumgerudert, denn ihre Bewegungen werden nicht vom Gehirn, sondern in Nervenganglien an den einzelnen Beinen gesteuert. Dann kam das Schlimmste: Man musste den Panzer rundherum mit einem Beil zwischen Ober- und Unterseite auftrennen. Oft prallte das Beil an dem federnden Horn ab, und die Finger kamen in Gefahr. Hatte man das hinter sich, kam der Lohn der Arbeit. Etwa zwei Drittel des Innenvolumens füllte die Leber aus. Gebraten schmeckte sie köstlich wie Gänseleber. Hatte man dann noch das Glück, ein trächtiges Weibchen zu fangen, so kamen noch sechs bis acht Eier in allen Stadien der Entwicklung dazu. Sie hatten keine Schalen, sondern nur eine kräftige Haut, die man abziehen konnte. So gab es also als Festessen Schildkrötenleber mit Rührei und Toast aus Kommissbrot. Wir hatten längst unsere Öfen so umgebaut, dass man darauf auch kochen konnte.

Für meinen 30. Geburtstag hatte ich mir etwas Besonderes in den Kopf gesetzt: Ich wollte eine Torte backen und meine engsten Freunde dazu einladen. Das war eigentlich eine wahnwitzige Vorstellung, deren Ausführung langer Vorbereitung bedurfte. Man nehme zunächst das Mehl. »Weißes« Mehl gab es nur an den hohen Feiertagen des Sozialismus, dem 1. Mai und dem 1. Oktober, dem Tag der Oktoberrevolution. Ich hatte ein Säckchen voll von einem Georgier eingetauscht gegen ein selbstgeschnitztes Schachspiel. Dann bekamen wir in der Regel pro Woche vierzig Gramm Zucker, den ich lange gesammelt habe.

Fett bekamen wir gelegentlich, wenn es weder Fleisch noch Fisch gab. Da meine eigenen gesammelten Mengen zu gering waren, tauschte ich mehr davon bei Kameraden gegen Tabak ein. Kurz vor dem Ereignis stahl ich Pfirsiche aus der Kolchose als Belag. Die ausgepellten Kerne ersetzten geraspelt und geröstet die Mandeln. Und dann gelang es mir auch noch, Puddingpulver als Buttercremeersatz zu beschaffen. Einen Backofen hatte ich zuvor schon außen an der Barackenwand gebaut. Ich konnte bei meinen Streifzügen ja ein bisschen Blech und ein paar Ziegelsteine organisieren.

Das eigentliche Backen war dann gar nicht so schwer. Ich knetete aus Mehl, Fett und Zucker einen Mürbteig, gab ihn in ein selbstgebasteltes Backblech und buk ihn in meinem Backofen. Danach kamen die Pfirsichschnitze darauf, darüber die Pampe aus Pudding, verziert am Rande mit den »Mandeln«. Dazu gab es echten grusinischen Tee. Auch den hatte ich vorher geklaut und geröstet, was in der Bullenhitze kein Problem war.

Als die Kameraden nach der Arbeit in unsere Baracke zurückkamen, war alles schon vorbereitet. Die machten große Augen und freuten sich riesig. Es wurde ein zwar kleines, aber in vollen Zügen genossenes Fest, das sich im Lager herumsprach. So konnte ich mich vor Aufträgen, auch für andere Geburtstagskinder Torten zu backen, kaum noch retten. Die Zutaten wurden von den Auftraggebern natürlich gestellt, und ich forderte als Lohn dafür ein angemessenes Stück von meinem Erzeugnis.

Auch im Herstellen von Zigarren habe ich mich versucht. Tabakblätter konnte man ja auf der Kolchose pflücken. Die Schwierigkeit bestand darin, die Blätter zu fermentieren. Ich probierte mehrere Methoden aus, bis es klappte. Für die Füllung benützte ich kleingeschnittenen Tabak, der mit dem Deckblatt umwickelt wurde. Die fertigen Zigarren wurden dann auf einem Brettchen aufgespannt und getrocknet, bis sie ihre Form erhielten. Auch unsere erste Zigarrenrunde war wieder eine willkommene Unterbrechung des eintönigen Lagerlebens.

Nebenbei habe ich meinen Backofen auch verwendet, um selbstgemachtes Tongeschirr zu brennen. So habe ich mir ein hübsches Essgeschirr gemacht, braun und gelb bemalt. Deshalb musste ich nicht mehr ständig aus Blechnäpfen essen. Auch das trug ein wenig dazu bei, dass man sich noch als Mensch fühlte.

Natürlich dachte jeder von uns immer wieder an Flucht, und nun, da ich verhältnismäßig viel Freiheit genoss, drängten sich solche Gedanken umso mehr auf. Aber realistisch gesehen standen die Chancen eins zu unendlich. Aus dem Lager zu entkommen oder von einer Baustelle zu fliehen, wäre nicht allzu schwer gewesen. Man hätte sich auch ausreichend Proviant beschaffen können. Die nächstgelegene Grenze, die türkische, war etwa hundert Kilometer Luftlinie entfernt. Auch das wäre zu schaffen gewesen. Aber dann! Die sowjetrussische Grenze war dort genauso streng bewacht wie später die innerdeutsche Grenze. Es gab, und das gibt es noch heute, das Kommando der Grenztruppen. Die gingen Tag und Nacht Wache, zum Teil mit Hunden, und blockierten den Grenzverlauf mit Stacheldraht.

Im Gegensatz zu meiner Flucht durch die CSSR, wo das Gelände bewaldet war, gab es dort keinerlei Deckung, sodass man unweigerlich entdeckt worden wäre. Ich habe auch während der ganzen Zeit der Gefangenschaft von keinem einzigen geglückten Fluchtversuch gehört. Einen Kameraden aus unserem Lager, den sie wieder eingefangen hatten, brachten die Russen zurück und stellten ihn tagelang zur Winterzeit, nur mit einem Hemd bekleidet, am Lagertor auf, sodass die ausrückenden Arbeitsbrigaden an ihm vorbei mussten. Wir munterten ihn zwar durch Zurufe auf, das konnte ihm aber auch nicht viel helfen. Er wurde noch wochenlang in Einzelhaft, dem »Karzer«, wie er auch auf Russisch heißt, gefangen gehalten und immer wieder verhört. Das rüde Vorgehen gegen ihn diente natürlich der Abschreckung. Dass er immer wieder zusammengeschlagen worden war, bedarf keiner eigenen Erwähnung.

Bulatschauri

Das Jahr 1947 ging zu Ende. Es war wieder ein trauriges Weihnachten, wenn auch nicht mehr ganz so schlimm wie das erste 1945. Unser Lager war damals noch sehr primitiv, doch wir versuchten, etwas Wärme hineinzubringen. Einer bastelte einen Christbaum aus Holzschindeln von unserer Bedachung. Ein anderer machte aus Talg, den er irgendwo aufgegabelt hatte, kleine Kerzen. Ein dritter hatte an die kahle weiße Wand mit Kohle einen Weihnachtszweig gemalt mit einer Kerze und einem Lichterkranz herum. Wir zündeten die paar armseligen Lichtlein an, sangen ein Weihnachtslied und zogen Fotos von unseren Angehörigen daheim hervor, soweit wir überhaupt noch welche hatten. In diese trübe Stimmung platzte unser Politoffizier hinein.

»Warum traurig? Heute Festtag. Lustig sein! Singen!«

Wir kamen uns wie verhöhnt vor. Der Kapitan merkte die gedrückte Stimmung und befahl plötzlich:

»Kameraden Deitsche, singen *Kornblumenblau*!«

Das war das einzige deutsche Lied, das er kannte. Wir wollten nicht, aber er blieb stur. So sangen wir notgedrungen und voll Wut im Bauch *Kornblumenblau* am Heiligen Abend. Es kam aber noch schlimmer. Während unseres Gesanges schweifte sein Blick über die Barackenwand mit der Kohlezeichnung des Tannenzweiges. Plötzlich rief er wutentbrannt »Stoj! – Halt!« Wir hörten auf zu singen. Jetzt tobte er, wir seien alle SS und Nazis. Mit Gepäck raustreten, Filzung, in der Kälte draußen herumstehen.

Was war Fürchterliches passiert? Erst langsam dämmerte es uns, dass der Kapitan die gezackten Lichtstrahlen des Bildes für SS-Runen gehalten hatte, mit denen wir unsere Nazi-Haltung unterstreichen wollten. Wir mussten die »Schmiererei« am nächsten Tag übertünchen und waren bei ihm lange Zeit in Ungnade.

Dieses Weihnachten verlief also etwas besser. Die Russen ließen uns in Ruhe. Vor allem waren mittlerweile die ersten Antwortkarten auf unsere Rotkreuzkarten zurückgekommen, sodass viele ein erstes Lebenszeichen aus der Heimat in Händen hatten. Am Anfang durften wir ja nur 25 Worte draufschreiben, um die Überwachung zu vereinfachen. Was kann man in 25 Worten ausdrücken? Später dann galt diese Einschränkung nicht mehr, und ich konnte auf meiner Karte mit spitzester Feder und einer aus Kopierstift selbst hergestellten Tinte einen Text von vier DIN-A4-Seiten unterbringen.

Das Jahr verging, man schrieb 1948, und wieder war es nichts mit »skoro damoj«, mit »bald nach Hause«. Da half auch kein Lenin mit seiner Sklavenhaltertheorie, wir waren halt immer noch da. Inzwischen waren auch die letzten Österreicher entlassen worden, unter ihnen mein Freund Harald von Tunkl, den meine Familie in Ortenburg erst einmal aufgepäppelt hat, nachdem er in Wien vor seiner Haustüre von seiner Frau mit den Worten empfangen worden war, er solle sich zum Teufel scheren, sie lebe jetzt mit einem anderen Mann zusammen, und wenn er nicht freiwillig verschwinde, würde sie ihn als Nazi anzeigen.

Harald war der Organisationsleiter der Wiener Messe gewesen und hatte irgendeinen Titel als SS-Sonderführer bekommen. Deswegen fuhr er in einem Güterzug unter Kohlen vergraben von Österreich nach Bayern und baute sich in Deutschland ein neues Leben auf.

Als das Frühjahr nahte, kam eine seltsame Unruhe ins Lager. Es sickerte durch, ein größeres Kommando solle auf eine neue Baustelle mitten im Kaukasus geschickt werden. Dazu wurden bestimmte Berufsgruppen und Arbeitsbrigaden herausgesucht. Als es bereit zum Abmarsch war, fanden sich ungefähr 500 Kameraden auf dem Appellplatz ein. Ich war unter ihnen. Wir wurden auf Lkws verladen und Kura-aufwärts bis Tiflis gefahren, das wir bei der Durchfahrt zum ersten Mal sahen. Dort zweigte die Straße nach Norden, Richtung Kaukasus, ab. Wir befanden uns auf der uralten Grusinischen Heerstraße, die schon in prähistorischen Zeiten über den Kaukasus führte. Das Gelände wurde immer bergiger und wilder. Nach etwa hundert Kilometern hielten wir an und mussten absteigen. Wir waren in Bulatschauri. Das ist georgisch und soll angeblich lauten »Ob es ein Wurm ist?«. Nun, wir haben das nie herausgebracht. Aber dieser Ort war unsere neue Heimat.

Das kleine Lager bestand aus luftigen Zelten, und es sollte auch nur während der warmen Jahreszeit besetzt bleiben. Unsere Aufgabe war es, die neue Wasserversorgung für die Stadt Tiflis herzustellen. Hierzu musste in dem Bergfluss Aragwi eine Quellfassung errichtet werden. Anschließend war, nota bene alles in Handarbeit, die Wasserleitung hundert Kilometer weit bis Tiflis zu graben und mit Betonfertigteilen von etwa 1,30 Metern Höhe zu verkleiden.

So weit kamen wir im ersten Sommer natürlich nicht, zumal uns ja zunächst die Quellfassung aufhielt. Die Brigade, die mir zugeteilt war, hatte Bäume am Ufer des Flusses zu fällen, um die Hauptströmung und damit den Wasserdruck abzulenken. In dem ruhigeren Gewässer sollten anschließend ein Auffang- und ein Klärbecken betoniert werden.

Ein Erlebnis aus dieser Zeit bleibt mir unvergessen. Wir hatten einen jungen, sympathischen Georgier als Natschalnik. Die Russen nannten dieses Volk Grusinier. Die höheren Chargen waren immer Russen, was auch den Georgiern nicht gefiel. Wir sollten also an einem schönen Vormittag einen großen Baum fällen, und zwar so, dass er mitten in den Fluss hineinfiel. Der Baum kippte auch krachend in die gewünschte Richtung. Der georgische Natschalnik und ich standen dicht daneben. Da erfasste ein um den Baumstamm gewundenes Schlinggewächs meine Brille und riss sie mir von der Nase und in das Wasser hinein. Der Natschalnik erfasste sofort die Situation und sprang, ohne sich zu besinnen, der Brille ins eiskalte Wasser nach. Er tauchte und fischte in der Umgebung herum, allerdings ohne Erfolg. Denn einerseits war die Strömung stark und andererseits war in dem milchig-trüben Gletscherschmelzwasser fast nichts zu sehen. Bedrückt stieg er wieder an Land. Ich umarmte ihn zum Dank und riet ihm, sich zunächst einmal umzuziehen.

Der Verlust meiner Brille war für mich angesichts meiner starken Kurzsichtigkeit ein schweres Handicap. Durch Tauschaktionen im Lager hatte ich mir ja vor längerer Zeit wieder ein halbwegs passendes Augenglas verschaffen können. Und nun war es wieder weg.

Deprimiert kam ich mittags an unser Lagerfeuer, wo wir unsere Mittagssuppe aufwärmten. Meine Kameraden bedauerten mich und gaben mir mehr oder weniger gute Ratschläge, was ich tun könne. Da trat ein Landser zu mir, ein kleines, unscheinbares Kerlchen.

»Lass uns zu der Stelle hingehen.« Und auf gut frankforterisch fuhr er fort: »Ich finn die Brill widder!«

»Das hat ja keinen Sinn!«, erwiderte ich. »Hat unser Natschalnik schon versucht! Und jetzt ist sie sicher schon weit abgetrieben!«

Er entgegnete: »Nee, ich hab das im Gefühl!« und erzählte mir eine unglaubliche Geschichte aus dem Goldschmiedebetrieb , in dem er in Frankfurt gearbeitet hatte. Ein wertvoller Brillant sei plötzlich verschwunden gewesen, alle Mitarbeiter seien in Verdacht geraten. Da habe er plötzlich genau gewusst: Der Diamant liegt hinter einem Safe auf dem Boden. Man wollte ihm zunächst nicht glauben, räumte das schwere Teil aber dennoch zur Seite – und siehe da, genau dort fand sich der gesuchte Stein. Und, so sagte er, dieses gleiche Gefühl habe er jetzt auch.

»Wirscht sähe, ich finn die Brill!«

Widerstrebend und ohne jede Hoffnung ging ich mit ihm zu der Stelle, wo der Baum im Wasser lag. Die ersten paar Meter ragte der Stamm noch aus dem Wasser heraus, dann versank er immer weiter in den reißenden Fluten. Zielsicher stieg der Hesse auf den Stamm, zog den Ärmel seiner Jacke bis zum Ellenbogen hoch und tastete blindlings im Wasser herum. Nichts!

Ich zu ihm: »Siehst du, das hat ja keinen Sinn!«

Er ließ sich nicht beirren, ging auf dem Stamm noch einen Meter hinaus, griff wieder unter sich, hob seinen Arm in die Höhe – und hatte doch tatsächlich meine Brille in der Hand. Wie selbstverständlich sagte er nebenbei:

»Isch han doch gleich gesacht, dass ich se finn!«

Bei unserer Rückkehr gab es ein großes Hallo am Lagerfeuer. Und ich war der glücklichste Mensch.

Diese Episode ist auch bezeichnend für unser Betriebsklima. Ein Russe hätte das nie für einen deutschen Plennyi getan. Und dazu kam die Bereitschaft aller Kameraden, einander nach Kräften zu helfen.

Hierzu noch ein anderes Erlebnis: Eines Tages ging ich allein durch die Ortschaft Bulatschauri, vor mir ein alter Georgier. Wir passierten den kleinen Marktplatz mit dem obligaten Lenindenkmal, das den Bolschewikenführer in

Wegweiserpose zeigte. Der Alte vor mir schaute sich kurz um, sah, dass nur ein deutscher Gefangener hinter ihm ging und spuckte dreimal verächtlich und vernehmlich vor dem Denkmal aus. Dann blieb er stehen. Ich ging auf ihn zu und frage, warum er das getan hätte.

Verschmitzt antwortete er: »Verdammt sei Hitler!«

Ich schaute verständnislos.

»Weil seine Truppen schon so nahe bei uns waren. Schau, dort oben auf dem Elbrus haben sie die Fahne gehisst und dann sind sie nicht bis zu uns gekommen, um uns von Stalins Joch zu befreien.«

Die meisten Georgier haben sich nie damit abgefunden, dass Stalin, selbst ein Georgier, das Land 1923 mit Gewalt besetzen ließ und der Sowjetunion einverleibte. Jetzt endlich haben sie wieder einen eigenständigen Staat.

Das Leben in unserem Lager war viel angenehmer, freier und gesünder als in der heißen Kuraregion. Wir schaufelten unser Pensum an dem »Wodoprowod«, der Wasserleitung, für Tiflis. Auch die Normen waren nicht mehr so strikt. Es wurde auch nicht mehr so viel an Material verschoben, was unserer Verpflegung zugutekam. Hinzu kam die herrliche, bergige Umgebung in naturbelassenem Zustand, etwa Wiesen voller Enzian oder Herbstzeitlosen.

Außerdem gab es da die Möglichkeit, einem anderen Kameraden zu helfen. Es war ein Stabsarzt, der Zahnmediziner war. Er war ein feiner Kerl, zart gebaut und nicht für das raue Leben beim Schippen geschaffen, mit Händen, die eben andere Arbeiten gewöhnt waren. Er hieß Herterich und stammte aus der Pfalz. Ich regte an, auch eine Zahnstation im Lager einzurichten. Der Vorschlag fand die Zustimmung auch der russischen Lagerleitung, denn die erhoffte sich auch Vorteile für sich und ihre Angehörigen. Irgendwo fanden wir ein Wehrmachtsbohrgerät mit Fußbedienung. Es funktionierte so ähnlich wie ein

Spinnrad. Nun gab es aber keine Bohreinsätze, außerdem brauchten wir die verschiedenen Extraktionszangen.

Ich fand einen Kameraden, der Feinmechaniker und in der Schlosserei beschäftigt war. Der stellte aus Bauklammern nach Anweisung von Herterich die benötigten Instrumente her. Dann bekam unser Zahnarzt noch einen kleinen Raum und konnte sich betätigen, ohne wieder Erde schaufeln zu müssen. Seinen Dank für meine Hilfe stattete er mir nach unserer Heimkehr durch eine Sendung erlesener pfälzischer Weine ab.

Mit einem anderen Kameraden kam ich in nähere Verbindung. Er war berufsmäßiger Wünschelrutengänger. Das Thema interessierte mich, und er war bereit, mich anzulernen. Gelegenheit dazu gab es genug. Die Trasse für die geplante Führung der Wasserleitung war hunderte von Metern breit ausgesteckt. Wir gingen mit einer Wünschelrute, die er aus einer frischen Astgabel geschnitten hatte, gemeinsam die Trasse entlang. Dabei gingen wir zuerst nebeneinander her, die Handflächen ineinandergelegt, die äußeren jeweils am Ende einer Astgabel. Plötzlich zog es den Ast aus unerklärlichen Gründen nach unten, es war, als hätte man ein Gewicht von ein paar Kilo darangehängt. Dort, wo die Rute ausschlug, brachten wir eine Markierung an. Es erwies sich später, als der Graben ausgehoben wurde, dass genau an diesen Stellen unterirdisch Feuchtigkeit bis hin zu Wassereinbrüchen auftrat. Nach diesem Gemeinschaftstest zu zweit ließ er mich auch allein ran, und ich habe ebenfalls positive Ergebnisse erzielt. Der eine spürt es, meinte er, und der andere eben nicht. So habe ich also auch noch etwas Positives aus der Gefangenschaft mitgebracht.

Bulatschauri liegt an der alten grusinischen Heerstraße, die den Süden des Kaukasus von Tiflis aus mit dem Norden in Ordschonikidse auf der Halbinsel Krim verband.

Die Völker haben seit uralter Zeit diesen Weg benützt, um vom Orient über den Kaukasus in den Norden zu gelangen. Von der Richtigkeit dieser These konnten wir uns selbst überzeugen, denn bei unseren Grabungen stießen wir auf ein vorzeitliches Gräberfeld. In zwei bis drei Metern Tiefe entdeckten wir in dem Lößboden angehäufte Feldsteine, die sich über einer ebenen Bodenschüttung wölbten. Im Innenraum fanden wir Knochenreste sowie Grabbeigaben in Form von Keramikgefäßen oder -scherben. Ein Historiker unter uns, der die Funde zu deuten wusste, versetzte uns in eine wahre Goldgräberstimmung. Wir kratzten an den Grabstellen herum und förderten allerlei Spuren menschlicher Aktivitäten zutage.

Es stellte sich heraus, dass es sich um ein Gräberfeld aus der Spätsteinzeit handeln müsse, dessen Alter zwischen vier und sechstausend Jahren betrug. Die gefundenen Urnen und sonstigen Grabbeigaben, beispielsweise Halsketten, stellten wir in Regalen in unserer Baubude aus, ohne zu ahnen, was für Schätze wir da zutage gefördert hatten.

Eines schönen Tages kam eine Abordnung von Archäologieprofessoren aus Tiflis angefahren. Sie hatten offensichtlich von unseren Funden erfahren. Wir sahen zum ersten Mal seit langer Zeit wieder »Herren« in korrekter Kleidung und mit Hüten auf dem Kopf. Sie palaverten auf Georgisch bei der Betrachtung unserer Schätze, verteilten einige Päckchen Kasbek-Zigaretten an uns, räumten die Regale ab und verschwanden mit den Funden.

Die Sache hatte noch ein Nachspiel. Ich hatte ein wunderschönes Keramikdöschen gefunden, eine Schnurkeramik, die mehrere tausend Jahre alt war, etwa so groß wie eine Zuckerdose, mit drei Füßchen unten und einem Deckelchen. Es war wie neu – aber es hatte einen Fehler, denn neben verschiedenen Bandmotiven waren mehrere Hakenkreuze eingeritzt. Rechtsherum und eckig, genauso wie bei den Nazis. Das Symbol des Sonnenrades ist ja, wie man sieht, uralt und keineswegs eine Erfindung der Nazis. Aber wem sollte man das klarmachen.

Ich wollte mein Döschen unbedingt nach Hause mitbringen. Daher hüllte ich es in einen Tonmantel und nahm es in mein Gepäck. Ein Vierteljahr später wurde mein Freund Karl Listl, ein Obergefreiter, einem Transport zugeteilt, von dem man annahm, er führe in die Heimat. Ich gab ihm meinen Schatz mit, und er versprach, ihn zu Hause abzuliefern, zumal er nach Teugn unweit von Regensburg, nur hundert Kilometer von Ortenburg entfernt, entlassen werden sollte. Er wurde aber nicht entlassen, und sein Transport endete in Suchumi am Schwarzen Meer.

Was jetzt geschah, erfuhr ich erst zwei Jahre später, nach meiner eigenen Entlassung. Während er mit seinen Kameraden auf Arbeit war, wurden die Wohnbaracken gefilzt und alles Gepäck durchsucht. Dabei fanden die Wachsoldaten die »Zuckerdose« in Karls Gepäck. Die Tonumhüllung war schon etwas abgeplatzt, und die Hakenkreuze kamen zum Vorschein. Abends musste er zum Lagernatschalnik, wurde als Nazi beschimpft, und das gute Stück wurde an die Wand gefeuert, sodass es in eine Menge Scherben zerbrach. Karls Beteuerung, es handle sich um einen mehrere tausend Jahre alten archäologischen Fund, wurde mit Hohn quittiert, und Karl wurde noch 14 Tage in den Karzer gesperrt. Er kam auch erst im Jahre 1949 nach Hause und hat mir den Vorfall verziehen.

Kiew

Im Spätherbst 1948, als dort oben im Bergland schon der Winter einzog und die Grabarbeiten eingestellt werden mussten, kamen wir zurück in unser altes Lager in Rustawi. Wir hatten den »Wodoprowod« zwar erst halbwegs bis Tiflis vorangetrieben, den Rest würden dann wohl unsere Nachfolger im nächsten Jahr anpacken müssen. Meinen damaligen Traumjob als Unfallverhütungsingenieur gab es inzwischen nicht mehr – die Sterblichkeitsrate war wohl auf ein Normalmaß zurückgegangen. Daher führte ich wieder ein normales Lagerleben. Wir mussten erneut ein tristes Weihnachten fern der Heimat überstehen, das Jahr 1949 brach an.

Gegen Ostern kam eine gewisse Unruhe auf. Wir Stabsoffiziere wurden von NKWD-Offizieren verhört. Das geschah ebenso in allen benachbarten Lagern. Eines Tages hieß es für uns, dass wir mit unseren Sachen antreten und uns bereit zum Abtransport machen sollten. Wir wussten nicht, was das bedeutete. Klar war, dass es nicht Richtung Heimat gehen würde. Alle Stabsoffiziere der Lagergruppe wurden auf die bereitstehenden Viehwaggons verladen. In den Lagern blieben hauptsächlich die zurück, die der Waffen-SS, der Polizei oder sonstigen NS-Organisationen angehört hatten, und Facharbeiter, die unabkömmlich erschienen. Die normalen Kriegsgefangenen wurden in großen Transporten heimgeschickt.

Wir waren also wieder einmal auf Achse, und es durfte geraten werden, wohin die Reise ging. Auf jeden Fall fuhr unser Zug Richtung Westen und nicht nach Sibirien oder Kamtschatka, wie man es uns manchmal angedroht hatte.

Über Sochumi am Schwarzen Meer, wo sich ein Speziallager für deutsche Ingenieure mit ihren Familien befand, die mit der Entwicklung von Raketen wie der V1 und der V2 befasst gewesen waren und deren Spezialwissen die Sieger nutzen wollten, ging es um die Halbinsel Krim herum, dann Richtung Nordwesten. Schließlich kamen wir in der ukrainischen Hauptstadt Kiew an.

Das Lager, in das wir gebracht wurden, unterschied sich grundlegend von den bisherigen. Es war eine ehemalige Fabrikhalle, und darin hausten tausend Stabsoffiziere auf Viererpritschen, zwei neben- und zwei übereinander im Block. Als Neuankömmlinge wurden wir, etwa hundert Mann aus unserer Lagergruppe, von allen Seiten beäugt. Manche fanden alte Kameraden wieder, die mit lautem Hallo begrüßt wurden.

Wir bekamen es schnell mit, dass im Lager gemäß der Genfer Konvention nicht gearbeitet wurde. Dafür »arbeitete« der NKWD, später KGB genannt, um so mehr mit uns. Hier waren also etwa ab April 1949 alle Offiziere mit den Dienstgraden Major, Oberstleutnant und Oberst versammelt, die in den südlichen Lagern gefangen gehalten worden waren. Die aus den nördlichen hatte man in einem anderen Lager konzentriert.

Zweck der Prozedur war es, durch intensive Vernehmungen die Spreu vom Weizen zu trennen, Kriegsverbrecher von Unbelasteten. Aber wann ist ein Soldat ein Kriegsverbrecher? Es ging dabei überhaupt nicht um Verbrechen in den KZ oder ähnliche Delikte. Das wäre verständlich gewesen. Durch Zufall erfuhren wir, dass ganz in der Nähe viele Juden aus Kiew in der Schlucht Babyi Jar umgebracht worden sein sollten. Wir wussten das nicht und konnten es nicht glauben. Ebensowenig glaubten wir die Geschichte, die uns aufgetischt wurde, als die Ermordung vieler tausend polnischer Offiziere und Intellektueller in Katyn ruchbar wurde. Das wurde ja zunächst der deutschen Wehrmacht angelastet, bis sich herausstellte, dass es die bolschewistischen Truppen gewesen waren, die dieses Massaker begangen hatten. Wir bekamen zur Strafe für unser Verbrechen drei Tage »halbe Ration«.

Seltsamerweise haben uns die Russen nie wegen des Holocaust beschuldigt. Man hätte uns dafür mit Recht zumindest moralisch verurteilen können. Aber davon wurde nie gesprochen. Mit diesem entsetzlichen Thema bin ich erst viel später und in der Heimat konfrontiert worden. Dass es die Russen mieden, kann ich mir nur mit dem Sprichwort erklären: »Wer selbst im Glashaus sitzt, soll nicht mit Steinen werfen« .

Was also war ein Kriegsverbrecher aus der Sicht des NKWD? Dazu reichte es, wenn man einem Offizier anhängen konnte, dass er als Artillerist einen Feuerüberfall auf ein Dorf befohlen hat, in dem außer der Roten Armee auch Zivilisten waren. Oder ein Pionier, der während eines Rückzuges eine Brücke gesprengt hat. Es kam nur darauf an, etwas Derartiges nachweisen zu können. Meistens gelang dies, wenn sich ein Gefangener in Widersprüche verwickelte. Der Druck, den die vernehmenden NKWD-Offiziere ausübten, war groß. Sie arbeiteten in Schichten rund um die Uhr. So konnte man mittags um zwölf Uhr für zwei bis drei Stunden bestellt werden, dann wieder in der Nacht um vier Uhr, dann zwei Tage gar nicht und schließlich wieder am Morgen um sechs Uhr. Durch diese Unregelmäßigkeit wurde man mürbe gemacht. Man wartete nur noch auf den Boten, der einen zum Verhör abholte. Dazu kam das lähmende Nichtstun. Wir wären glücklich gewesen, hätten wir irgendeiner Beschäftigung nachgehen können, und sei es die unsinnigste.

Mir gelang es, durch Aufmerksamkeit, aber auch Standfestigkeit sämtliche Klippen zu umschiffen. Als Pionier war ich nur in den Phasen des Vormarsches in Russland gewesen, bei Rückzügen aber an anderen Fronten. Mein Merkzettelchen von damals, zwar abgegriffen, aber immer noch lesbar, half mir zu vermeiden, dass ich mich in Widersprüche verwickelte. Auch lagen anscheinend keine schriftlichen Beweise gegen mich vor, sodass ich von einer bestimmten Zeit an nicht mehr zu diesen unangenehmen Verhören musste.

Wer nach Ansicht der Vernehmungsoffiziere eines »Kriegsverbrechens« überführt worden war, mit dem wurde kurzer Prozess gemacht. Ein Kriegsgericht, das auch zum Lagerbestand gehörte, trat zusammen. Die Personalien und der Anklagevorwurf wurden verlesen, ein bestellter russischer Pflichtverteidiger gab der Anklage recht. In zehn Minuten war das Urteil gesprochen. Der Verurteilte musste seine Klamotten packen, die grüne Minna wartete schon, und er wurde auf Nimmerwiedersehen in ein ganz gewöhnliches Gefängnis verbracht. So kam es, dass die Sowjetunion 1955 international verkünden konnte, es gäbe keine deutschen Kriegsgefangenen mehr. Die noch Verbliebenen hatten ja nun nach russischem Recht den Status von Strafgefangenen.

Was macht ein Mensch, der nicht mehr auf sein nächstes Verhör warten muss und absolut nichts zu tun hat? Ich habe mich zum Beispiel mit deutscher Lyrik beschäftigt. Es gab Bücher, die im Lager kursierten, und es gab Kameraden, die noch Gedichte auswendig konnten. All das habe ich gesammelt und als einziges Bändchen im Zigarettenblättchenformat mit spitzer Feder aufgeschrieben. Von Schiller bis Heine, von Hölderlin bis Rilke. Wir mussten das Gedächtnis trainieren, denn geistige Lethargie wirkt tödlich, geistige Aktivität hingegen hilft beim Überleben.

Im Dezember wurde es wieder einmal unruhig. Es kursierten Gerüchte, dass die unbelasteten Stabsoffiziere entlassen werden sollen. Wir waren aber sehr skeptisch, denn allzu oft hatte man uns das schon versprochen, und nichts war passiert. Trotzdem mehrten sich die Anzeichen, die auf eine Heimkehr schließen ließen. Wir bekamen neue Fufaikas, die gefütterten so genannten Stalinjacken. Das war schon immer ein Indiz für eine bevorstehende Entlassung. Alles Bluff? Stabsoffiziere sind ja noch nie entlassen worden. Dann kam der Tag, an dem es amtlich wurde. Eine Liste mit etwa 800 Namen wurde bekanntgegeben von Kriegsgefangenen, die zur Entlassung anstanden. Große Freude bei denen, die darauf standen, Enttäuschung bei denjenigen, die noch nicht dabei waren, vermutlich weil ihr Fall noch nicht endgültig geklärt war. Es nahte gegen Mitte Dezember 1949 der denkwürdige Tag des Auszuges aus dem Kiewer Stabsoffizierslager. Der Krieg war bereits seit viereinhalb Jahren Geschichte, in der Heimat war der Wiederaufbau in vollem Gange, und ich verbrachte sinnlose Lebenszeit in einem Kiewer Kriegsgefangenenlager.

Dass es wirklich nach Hause ging, wagte keiner zu hoffen. Zu oft folgte die Enttäuschung auf dem Fuß. Ich habe einem Kameraden, der zurückbleiben musste, meine Gedichtsammlung vermacht, dazu eine Vollmacht, dass er für mich bestimmte Gefangenenpäckchen annehmen durfte. Das war eine Vergünstigung, die uns erst kurz zuvor zuteil geworden war. Wir konnten mit unseren monatlichen Karten auch ein Klebesiegel nach Hause schicken, das die Berechtigung für ein Päckchen beinhaltete. Ich bekam ein paar davon von meiner Frau. Das Aufregendste war eine fein duftende Seife. Nach all dem primitiven Alltag »ein Duft der großen weiten Welt«. Das war mehr als Plätzchen oder Zigaretten!

Es muss den Neid der Russen geweckt haben, wenn sie unsere Päckchen vor unseren Augen öffnen mussten. Solche Schätze kannten sie nicht. Daher war es immer zweckmäßig, ihnen auch etwas aus dem Paket zukommen zu lassen.

Dann kam der große Augenblick. Wir mussten in alphabetischer Reihenfolge in langer Reihe antreten. Am Lagertor saß ein Offizier, auf dem Tisch vor ihm lag die Liste der zu Entlassenden. Jetzt glaubten allmählich auch die größten Skeptiker, dass wir zur Entlassung anstanden. Die Schlange schob sich schrittweise vorwärts, an dem NKWD-Offizier vorbei, der mit einem Haken neben jedem Namen die Entlassung besiegelte. Wir wussten von früheren Entlassungsprozeduren, dass aus den Entlassungslisten immer wieder Einzelne zurückgestellt worden waren. Das hatte irgendwie Methode, um die Unsicherheit zu erhalten.

Ich kam also so nahe an den Check Point, dass ich die Liste des Offiziers sehen konnte. Quer über das Papier zog sich ein roter Strich. Noch drei Kameraden, noch zwei, da kam der rote Strich. Du wirst aus dem Transport zurückgestellt. Alles zog sich in mir zusammen. Zurückgestellt! Noch einen Schritt vorwärts. Ich nannte meinen Vor-, Vater- und Familiennamen: »Eberhard Maxymitsch Dennerlein.«

Passiert! Der rote Strich betraf meinen Hintermann, der, aus welchen Gründen auch immer, zurückbleiben musste.

Diese Situation hat sich in mir zu einem echten Trauma entwickelt. Etwa zehn Jahre lang träumte ich nächtens immer wieder von dieser Situation, durchlebte den Schrecken, dass ich im letzten Augenblick zurückgestellt worden wäre. Schweißgebadet wachte ich auf, bis ich langsam begriff, dass ich ja daheim war.

Ministerium der Streitkräfte
UdSSR

Militäreinheit

Feldpost-Nr.

29 DEZ 1949

Ausweis A.

Ehemaliger Kriegsgefangener Major

Denerbein Eberhardt

(Name, Vorname, Vatersname)

geboren am 1917 ist aus dem Kriegsgefangenenlager entlassen worden und befindet sich auf der Heimreise nach Ortenburg

Entlassungsbeihilfe in Höhe von DM 50,– von der Zahlstelle in Hof-Moschendorf am 31. DEZ 1949 gezahlt.

(Stempel)

Betreuungsausweis Nr. 184261 in Hof-Moschendorf ausgehändigt.

Kommandeur der Einheit der Sowjetarmee

Feldpost-Nr.

Ausweis zur Entlassung aus dem Kriegsgefangenenlager

Wir bestiegen wieder einmal unsere Viehwaggons. Zwar waren sie immer noch verschlossen, aber die Stimmung war gut, denn die Fahrt ging zweifelsfrei nach Westen. Nach ein paar Tagen endete der Zug in Brest Litowsk, an der Grenze zwischen der Sowjetunion und Polen. Wir kamen für ein, zwei Tage in ein Zwischenlager, wurden wieder einmal entlaust und in Waggons mit europäischer Spurweite verfrachtet. Vorher wurden wir noch einmal besonders gründlich gefilzt. Vor allem auf Geschriebenes hatten es die NKWD-Leute abgesehen. Jeder, bei dem irgendwelche Aufzeichnungen gefunden wurden, wurde gnadenlos vom Heimtransport ausgeschlossen. So konnte man beispielsweise Adressen verstorbener Kameraden oder Grußbotschaften aus den Lagern nur auswendig lernen.

Und jetzt kam die Sensation: Die Türen der Waggons blieben offen, es gab keine Wachposten mehr, nur noch einen russischen Offizier als Transportführer. Wir waren frei!

Heimkehr

Noch ruckelten wir zwar gewohnt unkomfortabel durch Polen, aber es war uns trotz aller angebrachten Skepsis eindeutig klar, dass wir in einem Entlassungstransport saßen. Und es war noch dazu der 24. Dezember des Jahres 1949. Heiliger Abend! Kann jemand unsere Stimmung nachempfinden? Am Heiligen Abend frei! So einen Tag vergisst man nie! Alle möglichen Gedanken schossen uns durch den Kopf. Gleichzeitig waren wir aber auch ein wenig bedrückt, dass unsere Angehörigen in der Heimat keine Ahnung hatten, dass wir auf dem Heimweg waren. Wir wussten, dass sie traurig und nachdenklich dieses fünfte Weihnachtsfest ohne uns begingen, zwar immer noch in der Hoffnung auf ein Wiedersehen, aber ohne konkreten Anlass zur Freude. Ach, wenn man doch eine Nachricht heimschicken könnte, nur den einen Satz: »Ich komme!«

Wir stimmten die alten Weihnachtslieder an, als sich die Dämmerung herniedersenkte, aber immer wieder versagten uns die Stimmen, und wir schämten uns unserer Tränen nicht. So schliefen wir langsam ein, überwältigt von unseren Gefühlen.

Dann kamen wir in Frankfurt an der Oder an. Dort befand sich das zentrale Entlassungslager für alle Kriegsgefangenen aus dem Osten. Es war ein dauerndes Kommen und Gehen, aber gut organisiert. Erst begrüßte uns ein sächselnder Funktionär der DDR mit hohlen Worten und der Aufforderung, eine Dankesadresse an die UdSSR zu unterzeichnen. Das taten wir aber nicht. Dann wurden wir auf die vier Besatzungszonen verteilt. Ich wurde nach Bayern in die amerikanische entlassen. Wir bekamen hundert Ost-Mark und etwas Marschverpflegung.

Ich habe das ganze Geld gleich auf den Kopf gehauen. achtzig Mark für ein Blitztelegramm nach Hause mit der Ankündigung meiner Ankunft. So ein Blitztelegramm hatte Vorrang vor allen anderen Nachrichten. Meines traf, wie ich später feststellte, zwei Stunden später ein, während die normalen Telegramme wegen Überlastung der kleinen Poststelle über einen Tag dauerten. Die restlichen zwanzig Mark verprasste ich für einen Kugelschreiber. Ich hatte noch nie so ein neumodisches Schreibgerät gesehen. Man konnte mit ihm auf der einen Seite rot und auf der anderen blau schreiben. Auch die obligatorische Entlausung sowie eine kurze ärztliche Untersuchung brachten wir hinter uns. Offensichtlich hatte man große Sorgen, wir könnten irgendwelche Seuchen oder Parasiten einschleppen.

Jetzt galt es Abschied voneinander zu nehmen, denn wir fuhren ja in vier verschiedene Richtungen auseinander und merkten nun erst so richtig, was für eine verschworene Gemeinschaft wir alten Rustawi-Kameraden doch waren. Noch etwas ungewiss stellte sich die Zukunft derjenigen Kameraden dar, die ihre Familien in der wenige Monate zuvor gegründeten DDR hatten und sich dorthin entlassen ließen.

Sie waren schon einmal gefoppt worden, als sie im Jahre 1947 aus westlichem Gewahrsam von den Amerikanern, Briten und Franzosen in die sowjetische Besatzungszone entlassen worden waren, um gleich wieder eingesammelt und in das ehemalige KZ Oranienburg gesteckt zu werden. Von da war ihr Konvoi bei uns in Rustawi eingetroffen. Und sie waren erneut Gefangene. Ganz Vorsichtige ließen sich daher zunächst einmal an die Adresse irgend-

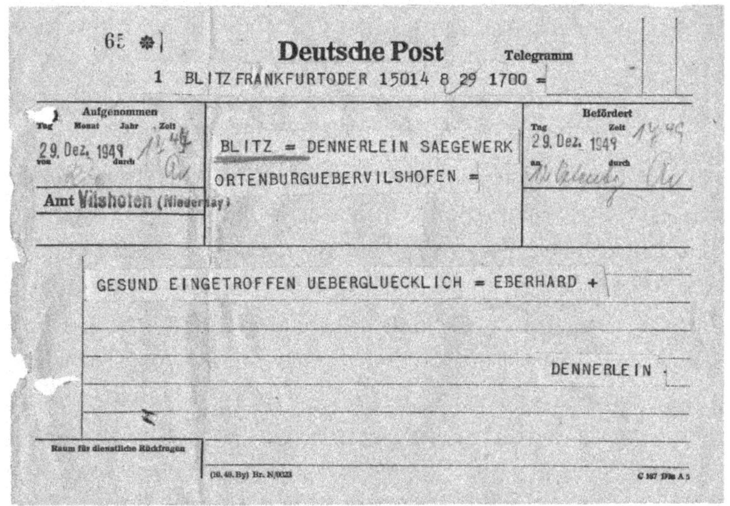

65

Deutsche Post Telegramm

1 BLITZFRANKFURTODER 15014 8 29 1700 =

Aufgenommen
Tag Monat Jahr Zeit
29. Dez. 1949
von durch
Amt Vilshofen (Niederbay.)

BLITZ = DENNERLEIN SAEGEWERK
ORTENBURGUEBERVILSHOFEN =

Befördert
Tag Zeit
29. Dez. 1949
an durch

GESUND EINGETROFFEN UEBERGLUECKLICH = EBERHARD +

DENNERLEIN

Raum für dienstliche Rückfragen

Dieses Telegramm hat große Freude ausgelöst.

welcher Verwandter im Westen entlassen. Mir ist allerdings nicht bekannt geworden, dass irgendjemand noch einmal inhaftiert worden wäre.

Zum ersten Mal in meiner ausgedehnten Reisegeschichte ging es nun in normalen Personenzugwaggons nach Hof-Moschendorf, dem Entlassungslager für die US-Besatzungszone. Dort trafen wir am Silvestertag ein. Es gab eine kurze, unpathetische Begrüßung durch einen US-Offizier, gefolgt vom Ausstellen der endgültigen Entlassungspapiere und einer ärztlichen Untersuchung. Mir wurde eine Malaria-Tablettenkur verordnet. Außerdem sollte ich drei Jahre lang Stuhlproben abliefern, um sicherzustellen, dass ich kein Ausscheider von Typhusbakterien war. Dann bekamen wir Fahrkarten an unseren Heimatort, und bald darauf saß ich gegen Abend im Zug nach Regensburg.

Ich war fast der einzige Fahrgast im Zug – wer reist schon in einer Silvesternacht? Der Schaffner erkannte natürlich gleich an meinem Outfit mit Wattejacke und selbstgefertigter Pelz-Tschapka den Russlandheimkehrer. Wir kamen kurz ins Gespräch, dann setzte er seine Runde durch den Zug fort. Ich musste wohl eingeschlummert sein, sicher mit wohligen Träumen. Plötzlich öffnete sich die Türe meines Abteils, und der Schaffner kam herein, bewaffnet mit einer Piccoloflasche Sekt. Die hatte er sich sicherlich für die heutige Nacht bereitgestellt. Und nun öffnete er sie und teilte den köstlichen Inhalt mit mir. Ich war überwältigt, und wir haben uns noch lange unterhalten, er hatte ja eigentlich nichts zu tun. In Regensburg hatte ich am frühen Morgen noch einen längeren Aufenthalt zu überstehen, dann ging es weiter Richtung Passau bis Vilshofen.

Mein Vater, der zu dieser Zeit in Regensburg und auch durch mein Telegramm informiert war, wollte mich eigentlich am Bahnhof treffen. Das wäre ein Hallo gewesen! Er schaffte es aber nicht mehr, und ich wusste nichts davon, sonst hätte ich einen späteren Zug nehmen können und wir hätten die letzte Strecke gemeinsam zurückgelegt.

So tuckerte ich also allein die wohlbekannte Strecke donauabwärts entlang – Plattling, Osterhofen und schließlich Vilshofen. Ich stand natürlich schon voller Erwartung an der Türe des Waggons, sah am Bahnsteig meine Frau, meine Schwägerin Melanie und ein kleines Mädchen. Ich stieg aus, winkte, sie liefen auf mich zu, am schnellsten meine Tochter Ingrid, die an mir hinaufsprang und sich festklammerte. Ich nahm meine Frau in die Arme und auch Melanie. Es war wie in einem kitschigen Film. Ingrid hatte ich zuletzt in jenem März 1945 gesehen, als ich den fatalen Entschluss gefasst hatte, wieder in den Osten zu meiner Truppe zu fahren. Sie war damals zwei Jahre alt und nun schon sieben. Ich hatte mir immer Sorgen gemacht, dass ich ihr bei der Heimkehr fremd sein würde.

Glücklicherweise war das Gegenteil der Fall. Das Wiedersehen mit ihr verlief so unbeschwert, als wäre ich nur ein paar Tage fort gewesen.

Dann wurde ich zum Auto geleitet, einem Mercedes 170. Wie im Traum stieg ich ein, spürte die weichen Polster und konnte nur noch sagen: »Kak Ministr! – Wie ein Minister!«

Von diesem Moment an weiß ich nichts mehr, es ist, als hätte ich einen Mordsrausch gehabt, meine Erinnerung blieb ausgelöscht. Es soll die ganze Verwandtschaft zur Begrüßung gekommen sein, später traf mein Vater ein, der ja bei meinen Schwiegereltern lebte.

Meine Mutter lebte bereits seit zwei Jahren nicht mehr. Sie war in einem Ortenburger Wehrmachtslazarett gestorben. Über ihren Tod wurde ich erst 1949 informiert, als mein Vater mir aus dem amerikanischen Generalslager unter Vermittlung des dortigen Lagerpfarrers einen Brief in mein Lager schickte – von Garmisch bis in den Kaukasus. Leider habe ich meine Mutter nie mehr gesehen.

Wenn ich in ruhigen Momenten zurückdenke an diese fünf Jahre, sehe ich die Zeit meiner Gefangenschaft nicht, wie manche meiner Kameraden, als sinnlos vergeudete Lebenszeit an. Immerhin kam ich ja erst im Alter von 32 Jahren zurück und hatte eigentlich bis dahin noch kein normales ziviles Leben führen können. Aber diese Zeit hatte mir viel an Erfahrung, Lebenserfahrung, Überlebenserfahrung vermittelt. Das möchte ich im Nachhinein nicht missen. Als ich mich wieder an die Freiheit gewöhnt hatte – aber dazu brauchte es seine Zeit –, hatte ich das Gefühl, es könne mir in diesem Leben nicht mehr allzu viel geschehen, nachdem ich all dies einigermaßen gesund und unbeschadet überstanden hatte.

Wenn man sich in einer ausweglos erscheinenden Situation befindet, dann öffnet sich in aller Regel noch ein Ausweg. Man muss nur daran glauben und darf sich niemals aufgeben und in stumpfe Lethargie verfallen. Der Mensch hält viel mehr aus, als er sich selbst zutraut.

Wenn ich allerdings an die sechs furchtbaren Kriegsjahre zurückdenke, dann kann ich diese Zeit eigentlich immer noch nicht begreifen, schon gar nicht unsere verhängnisvolle Rolle als Soldaten der Wehrmacht. Wir waren erzogen zu gehorchen, ohne nach dem Sinn zu fragen. Was tatsächlich geschehen war, wurde uns erst nach dem Krieg bewusst, und die Frage nach unserem Anteil an der Schuld, die Hitler-Deutschland auf sich geladen hat, haben sich viele von uns nie gestellt. Das Ergebnis des von uns entfesselten Krieges waren sinnloses Blutvergießen, unglaubliche Grausamkeiten, unzählige ausgelöschte Leben, zerstörte Familien, unendlich viele Wunden, die nie verheilen können. Derartiges darf sich nie mehr wiederholen und man darf diese Ereignisse niemals vergessen. Möge dieses Buch dazu einen Beitrag leisten.

Weitere Bücher von Klaus G. Förg

Hinter rotem Stacheldraht

272 Seiten
ISBN 978-3-966000-09-3

Als einfacher Soldat wird Josef Sedlmeier in Tschechien von sowjetischen Truppen aufgegriffen und in ein Gefangenenlager verlegt. Für ihn beginnt eine lange Zeit der Ungewissheit, des Hungers und der körperlichen Arbeit. Lager folgt auf Lager, Arbeitskommando auf Arbeitskommando. Kameradschaft, Einfallsreichtum und Humor helfen dem jungen Mann durch die schwere Zeit und lassen ihn die Hoffnung auf Heimkehr nicht aufgeben.

Irgendwie überlebt
256 Seiten
ISBN 978-3-933708-95-3

In den verschiedenen Geschichten geht es meist um junge Männer, die, gerade einmal volljährig geworden, ihre Einberufung zum Wehrdienst erhalten. Beim Reichsarbeitsdienst bekommen sie eine Grundausbildung, um möglichst schnell einsatzbereit zu sein, bevor ihnen der Marschbefehl erteilt wird. Einer von ihnen kämpft in Frankreich gegen Partisanen und gerät in amerikanische Kriegsgefangenschaft. Ein anderer kommt nach Italien zur Luftwaffe, wird an die Ostfront geschickt und muss sich nach Kriegsende alleine zu Fuß bis in die bayerische Heimat durchschlagen. Dass nicht nur Soldaten unter dem Krieg zu leiden hatten, zeigt die bewegende Geschichte einer jungen Norwegerin, die sich in einen in ihrer Heimat stationierten deutschen Soldaten verliebt.

Weitere Bücher der Edition Förg

Einsatz über den Wolken

288 Seiten
ISBN: 978-3-96600-019-2

Gerhard Thybens Leidenschaft für das Fliegen wurde schon im Kindesalter geweckt, als ihm sein Vater eines Tages einen Bauplan für ein Modellsegelflugzeug schenkte. Die ersten Erfahrungen in der Luft sammelte er in der Flieger-HJ, bevor er für die Luftwaffe im Zweiten Weltkrieg eingezogen wurde. Als Jagdflieger machte er sich durch 157 Luftkämpfe und über 380 Einsätze im Zweiten Weltkrieg einen Namen und wurde für seine Leistungen etliche Male ausgezeichnet. Beeindruckende Originalfotos und –dokumente bezeugen den faszinierenden Werdegang des jungen Mannes.

Amerikaner in Deutschland
128 Seiten
ISBN: 978-3-96600-005-5

Dieses Buch zeigt eine große Sammlung von Originalfotos der Amerikaner über ihr Eingreifen in den 2. Weltkrieg und die Jahre danach. Die zum Teil unveröffentlichten Fotos zeigen die Luftangriffe der Amerikaner in Deutschland, deren Invasion, aber auch erschütternde Bilder der Gefangenenbefreiung eines Konzentrationslagers. Der Bildband dokumentiert eindrucksvoll den Anteil der Amerikaner am Wiederaufbau Deutschlands, aber auch die Berliner Luftbrücke, bei der spätestens die Amerikaner als Freunde wahrgenommen worden sind. Schließlich dokumentiert der Bildband das GI-Leben in Deutschland bis hin zur Heimkehr der Soldaten nach USA.

Lady Death
400 Seiten
ISBN: 978-3-933708-86-1

Ljudmila Pawlitschenko war eine der erfolgreichsten Scharfschützinnen aller Zeiten. Als Hitler im Juni 1941 in Russland einmarschierte, brach sie ihr Studium ab, um in die Rote Armee einzutreten und ihr Land zu verteidigen. Innerhalb eines Jahres konnte Pawlitschenko 309 bestätigte Abschüsse vorweisen und erwarb sich damit ihren düsteren Spitznamen »Lady Death«. Nach ihrem Frontdienst nahm sie an einer diplomatischen Mission in den Westen teil und freundete sich sogar mit Eleanor Roosevelt an, der Frau des amerikanischen Präsidenten.
In ihrer mitreißenden Autobiografie kommt diese ungewöhnliche Frau selbst zu Wort und berichtet vom Alltag an der Front und den Auswirkungen, die der Krieg auf ihr Leben und die ganze Welt hatte.

Flucht auf dem Todesmarsch

320 Seiten
ISBN: 978-3-96600-006-2

David Hersch überlebte zwei der berüchtigten Todesmärsche der Nazis, fünfzig Kilometer lange, meist tödliche Fußmärsche vom KZ Mauthausen zum KZ Gunskirchen. Ihm gelang die Flucht und er fand Unterschlupf bei einem österreichischen Ehepaar, das ihn bis zum Kriegsende versteckte. Sein Sohn, Jack J. Hersch, erfährt durch Zufall von der tragischen Berühmtheit seines Vaters und macht sich auf, mehr über dessen Vergangenheit zu erfahren. In diesem Buch berichtet er von den grausamen Praktiken der Nazis und von einem Menschen, der ihnen zweimal entkommen konnte.

In der Hölle der Ostfront

288 Seiten

ISBN: 978-3-96600-023-9

Mit 18 Jahren wird Fritz nach der Ausbildung beim RAD und der Wehrmacht an die Ostfront zur Heeresgruppe Nord geschickt. Dort wird er mit den Schrecken des Krieges konfrontiert. Ohne Erfahrung kämpfen er und seine Kameraden ums Überleben. Viele von ihnen werden auf dem Schlachtfeld verwundet oder sterben. Auch Fritz wird lebensbedrohlich verletzt. Doch selbst dann hat das Grauen für ihn noch kein Ende.
In einem bewegenden Zeitzeugenroman schildert der Autor Arno Sauer die wahren Erlebnisse seines Vaters Fritz.

Schreie der Ertrinkenden
224 Seiten
ISBN: 978-3-933708-94-6

Mit 17 Jahren wird Hans Fackler in die Wehrmacht eingezogen und an die Ostfront geschickt. Als Pionier legt er Minen, sieht Tag für Tag seine Kameraden fallen und wird selbst durch Granatsplitter schwer verwundet. Zusammen mit tausenden von deutschen Flüchtlingen soll der Verletzte von der *Wilhelm Gustloff* in die Heimat zurückgebracht werden, doch das Schiff wird torpediert und sinkt. Hans überlebt den Untergang, der später als das verlustreichste Schiffsunglück der Menschheitsgeschichte betitelt wird, doch auch zurück in der Heimat ist er nicht sicher. Als die Russen das Lazarett besetzen, in dem er liegt, muss er fliehen und schlägt sich zu Fuß durch das besetzte Deutschland bis nach Hause. Klaus Willmann schildert den unglaublichen und doch wahren Überlebenskampf des Hans Fackler.